# LA EXPERIENCIA DEL AMOR

## PAIDÓS CONTEXTOS

Títulos publicados:

10. N. Aubert y V. De Gaulejac, *El coste de la excelencia*
11. C. Olievenstein, *El yo paranoico*
12. A. Lowen, *La espiritualidad del cuerpo*
13. A. Lowen, *La experiencia del placer*
14. G. Minois, *Historia de los infiernos*
15. L. Tiger, *La búsqueda del placer*
16. T. McKenna, *El manjar de los dioses*
17. A. Lurie, *El lenguaje de la moda*
18. R. Sheldrake, *El renacimiento de la naturaleza*
19. K. Armstrong, *Una historia de Dios*
20. C. Wills, *El cerebro fugitivo*
21. E. Debold, M. Wilson e I. Malavé, *La revolución en las relaciones madre hija*
22. P. Leach, *Los niños, primero*
23. R. Sheldrake, *Siete experimentos que pueden cambiar el mundo*
24. M. Leroy, *El placer femenino*
25. G. Steinem, *Ir más allá de las palabras*
26. E. De Bono, *Lógica fluida*
27. S. Papert, *La máquina de los niños*
28. E. De Bono, *El pensamiento paralelo*
29. A. Piscitelli, *Ciberculturas*
30. A. P. Morrison, *La cultura de la vergüenza*
31. J. S. Gordon, *Manifiesto para una nueva medicina*
32. S. Hays, *Las contradicciones culturales de la maternidad*
33. S. Wilkinson y C. Kitzinger, *Mujer y salud*
34. J. Dominian, *El matrimonio*
35. F. M. Mondimore, *Una historia natural de la homosexualidad*
36. W. Maltz y S. Boss, *El mundo íntimo de las fantasías sexuales femeninas*
37. S. N. Austad, *Por qué envejecemos*
38. S. Wiesenthal, *Los límites del perdón*
39. A. Piscitelli, *Post/televisión*
40. J-M. Terricabras, *Atrévete a pensar*
41. V. A. Frankl, *El hombre en busca del sentido último*
42. M. F. Hirigoyen, *El acoso moral*
43. D. Tannen, *La cultura de la polémica*
44. M. Castañeda, *La experiencia homosexual*
45. S. Wise y L. Stanley, *El acoso sexual en la vida cotidiana*
46. J. Muñoz Redon, *El libro de las preguntas desconcertantes*
47. L. Terr, *El juego: por qué los adultos necesitan jugar*
50. R. J. Sternberg, *La experiencia del amor*

ROBERT J. STERNBERG

# LA EXPERIENCIA DEL AMOR

*La evolución de la relación amorosa
a lo largo del tiempo*

PAIDÓS
Barcelona • Buenos Aires • México

Título original: *Cupid's Arrow.*
Publicado originalmente en inglés, en 1998, por The Press Syndicate of the University of Cambridge, RU

Traducción de Joan Carles Guix Vilaplana

Cubierta de Joan Batallé

Quedan rigurosamente prohibidas, sin la autorización escrita de los titulares del *copyright*, bajo las sanciones establecidas en las leyes, la reproducción total o parcial de esta obra por cualquier medio o procedimiento, comprendidos la reprografía y el tratamiento informático, y la distribución de ejemplares de ella mediante alquiler o préstamo públicos.

© 1998 Cambridge University Press
© 2000 de la traducción, Joan Carles Guix Vilaplana
© 2000 de todas las ediciones en castellano,
    Ediciones Paidós Ibérica, S.A.,
    Mariano Cubí, 92 - 08021 Barcelona
    y Editorial Paidós, SAICF,
    Defensa, 599 - Buenos Aires
    http://www.paidos.com

ISBN: 84-493-0842-9
Depósito legal: B. 6.251/2000

Impreso en A & M Gràfic, s.l.,
08130 Sta. Perpètua de Mogoda (Barcelona)

Impreso en España - Printed in Spain

# Sumario

Introducción .......................................... 9

### Primera parte
COMPOSICIÓN DE LA FLECHA DE CUPIDO: ¿QUÉ ES EL AMOR?

1. El enfoque del amor de tres componentes. ................ 15
2. Siete clases de amor ................................. 29
3. Los diferentes triángulos del amor. .................... 37
4. Evaluación del triángulo del amor ..................... 57

### Segunda parte
APUNTAR LA FLECHA DE CUPIDO:
EL AMOR A LO LARGO DEL TIEMPO

5. La prehistoria del amor ............................. 65
6. La historia del amor a través de la cultura
   *(en colaboración con Anne E. Beall)* ................ 73
7. La historia del amor a través de la literatura
   *(en colaboración con Susan Hayden)* ................ 95

## Tercera parte
### EL DISPARO DE LA FLECHA DE CUPIDO: EL AMOR EN NUESTRO TIEMPO. SUS INICIOS

8. La función de la infancia y la adolescencia ................. 125
9. La función de la edad adulta ........................... 133

## Cuarta parte
### LA FLECHA DE CUPIDO EN PLENO VUELO: EL AMOR EN NUESTRO TIEMPO. LA ETAPA INTERMEDIA

10. La función de la recompensa ......................... 161
11. La función de las relaciones humanas .................. 171

## Quinta parte
### CUANDO LA FLECHA DE CUPIDO YERRA SU OBJETIVO: EL AMOR EN NUESTRO TIEMPO. EL FINAL

12. Declive de las relaciones humanas ..................... 189
13. Disolución y nuevo comienzo de las relaciones humanas ..... 199

# Introducción

Psique era la menor de las tres hijas de un gran rey, y tal era su hermosura, tanto de semblante como de espíritu, que la gente acudía de todos los rincones del mundo para poder contemplarla. Venus, diosa de la belleza, tuvo celos de Psique, puesto que, a raíz de la admiración que ésta despertaba, había quedado relegada al anonimato. Airada, Venus urdió un plan, pidiendo a su hijo, Cupido, el dios del amor, que hiciera lo posible para que Psique cayera rendida a los pies de la criatura más detestable de todo el orbe, una tarea, en principio, fácil para Cupido, cuyas flechas podían hacer que cualquier persona se enamorara de otra previamente seleccionada por el dios.

Cupido dispuso que la muchacha fuese abandonada por sus padres en lo alto de una colina, donde debería prometerse con una vil y horrible serpiente alada. Psique lloró amargamente su fatal destino, aunque acabó resignándose a su suerte, pues a decir verdad, aunque era muy hermosa, nadie se había enamorado aún de ella y parecía como si aquella bestia fuese la única capaz de hacerlo.

Pero Venus no había tenido en cuenta un pequeño detalle que, tratándose como se trataba de amor, era un detalle crucial. Cupido, al ver a Psique, se enamoró perdidamente de ella, y en lugar de entregarla a un monstruo, la llevó hasta su majestuoso palacio y se casó con ella. Sin embargo, al ser mortal, a su esposo le estaba prohibido revelarle su condición divina y su presencia física. Así pues, sólo la visitaba por la noche, haciéndole prometer que nunca le miraría. Pese a tanto misterio, Psique vivía feliz con Cupido.

Un día, sus hermanas, al ver el espléndido palacio en el que moraba, tuvieron envidia de ella y decidieron arruinar su vida. Para ello envenenaron su mente, asegurando a Psique que si su marido era tan reservado con su identidad y su apariencia, algo malo debía ocultar. Sin duda, le dijeron, aquel gentil caballero no era otro que la mismísima serpiente alada.

Al final, la muchacha no pudo resistir más la incertidumbre de no saber quién era su esposo y qué aspecto tenía. Una noche, mientras Cupido dormía, cogió una lámpara y, de puntillas, se acercó a su cama, iluminándole el rostro. Pero en lugar de un monstruo, lo que vio fue el semblante más hermoso que nadie hubiese podido imaginar, y sus manos temblaron de emoción al contemplar a su amado. Por desgracia, al temblar se derramó el aceite de la lámpara, causando una grave quemadura en el hombro del dios. Éste despertó y, descubriendo la traición de su esposa, se desvaneció en el aire.

Como castigo por su deslealtad y por el dolor que le había ocasionado, la joven juró demostrar a Cupido hasta qué punto le amaba dedicando el resto de su vida a ir en su busca. Imploró ayuda a todos los dioses, pero ninguno de ellos quiso arriesgarse a sufrir la cólera de Venus. Por último, desesperada, Psique optó por acudir a ella.

Cupido había volado hasta donde habitaba su madre y le pidió que le curara la herida. Al enterarse de que su hijo se había casado con Psique y que ésta había roto su promesa, decidió castigarla severamente. Cuando la joven imploró el perdón de Venus, la diosa la despreció por haber sido desleal y le dijo que sólo podría aspirar al perdón si realizaba determinadas tareas, todas ellas imposibles, aunque Psique tenía la esperanza de poder encontrar a su perdido amor en el transcurso de los viajes que, sin duda, debería emprender para cumplirlas. Primero, Venus tomó unas cuantas semillas de trigo, adormidera y mijo, las mezcló y las dejó caer formando un montoncito, concediendo a la muchacha tiempo hasta el anochecer para que las separara. Psique estaba desesperada, pero una colonia de hormigas, apiadándose de ella, le hicieron el trabajo. A la hora convenida, Venus regresó y, viendo que Psique había superado tan dura prueba, su cólera fue en aumento.

La diosa propuso a la joven más tareas imposibles, tales como esquilar la lana dorada de varias ovejas salvajes y extraer agua negra de la laguna de la muerte (Estigia). Una vez tras otra, Venus estaba convencida de que Psique no sería capaz de cumplir el correspondiente encargo. Pero una vez tras otra, con la colaboración ajena, la muchacha lo conseguía. Entretanto, Cupido, que ya se había restablecido, sentía una profunda nostalgia de su amada. Así pues, fue a su encuentro, la reprendió con ternura por su pasada deslealtad y le juró que su larga búsqueda había terminado. Ansiaba reunirse con ella, de modo que acudió a Júpiter, el rey de los dioses, suplicándole que concediera la inmortalidad a Psique. Júpiter accedió y, ante la asamblea de los dioses, la convirtió en una diosa, anunciando que, desde aquel momento, Cupido y Psique estaban formalmente casados. Incluso Venus se sentía dichosa, ya que ahora su hijo tenía una pareja apropiada. Además, con Psique en los cielos en lugar de en la Tierra, ya nadie se distraería con su hermosura y los mortales acudirían de nuevo a ella para elevar sus preces.

Me parece muy adecuado dedicar a Cupido el título de un libro que trata del amor, puesto que la historia de Cupido y Psique contiene muchísimos elementos de los relatos de amor tanto pasados como presentes: deseo, misterio, belleza, confusión, búsqueda, celos, fe, deslealtad, perdón, ayuda del prójimo, padres enfadados y arrepentimiento, entre otros. Y por encima de todo, el hecho de que Cupido —que es quien lanza las flechas del amor— se enamorara inesperadamente. *El objetivo de este libro consiste en seguir la trayectoria de la flecha de Cupido. Trata del amor a través del tiempo: el tiempo histórico, el tiempo de la vida y el tiempo del amor.*

La presente obra ha sido escrita para quienes deseen comprender el amor y aprender cosas sobre él. Se basa en mi «teoría triangular» del amor, que, en la primera parte, sienta las bases de los restantes capítulos. En ella analizo la composición de la flecha de Cupido, describo los tres componentes de la teoría triangular (capítulo 1), las siete clases de amor generadas por los tres componentes (capítulo 2), el modo en que dichos componentes crean diferentes triángulos de amor y cómo éstos se desarrollan en el transcurso del tiempo (capítulo 3), y la forma de medir el amor tal y como está caracterizado por la teoría triangular (capítulo 4). Estos conceptos, ya apuntados en mi libro anterior, *El triángulo del amor*, se utilizan a lo largo de toda la obra, que, en realidad, se ha construido a partir de aquélla, aunque no se limita a la simple exposición de una teoría. La teoría que se presenta aquí es diferente a la contenida en mi libro, *El amor es como una historia*, que aborda el modo en que el ser humano modela sus propios triángulos mediante historias sobre lo que debería ser el amor.

En la segunda parte examino hacia dónde apunta la flecha de Cupido: las concepciones que el hombre ha tenido del amor a través del tiempo, tal y como se han revelado en distintos momentos de la vida. Esta parte se inicia con la prehistoria del amor (capítulo 5), y prosigue con la historia del amor, revelada tanto a través de la cultura (capítulo 6) como de la literatura (capítulo 7).

En la tercera parte profundizo en el disparo de la flecha de Cupido —de qué manera se inicia el amor en nuestra era—, haciendo un especial hincapié en la función de la infancia y la adolescencia (capítulo 8) y de la edad adulta (capítulo 9) en la conformación de nuestras preferencias respecto al tipo de persona por la que nos sentiremos atraídos.

En la cuarta parte estudio la flecha de Cupido en pleno vuelo y el momento del impacto —cómo descubrimos el amor en los distintos momentos de la vida y cómo se desarrolla en su etapa intermedia—. Esta sección del libro trata de un mecanismo clave para asegurar la durabilidad de las relaciones humanas, la recompensa (capítulo 10) y la evolución de las relaciones (capítulo 11).

Por último, en la quinta parte examino lo que sucede cuando la flecha de Cupido no da en la diana y el fin de las relaciones interpersonales, abordando su declive (capítulo 12) y su disolución, así como también su renacimiento (capítulo 13).

Quiero dar las gracias a Julia Hough por haber contratado el libro para Cambridge y por su cuidadosa edición. También quiero expresar mi agradecimiento a Anne E. Beall, coautora del capítulo 7. Los otros colaboradores en la investigación, Susan Grajek, Michael Barnes, Sandra Wright y Mahzad Hojjat también han sido de una inestimable ayuda para el desarrollo de mis ideas sobre el amor. Por último, doy las gracias a todos los que, a lo largo de mi vida, han contribuido a que comprendiera mejor el amor.

Los nombres y la información personal que aparece en la presente obra se han cambiado.

# PRIMERA PARTE

## Composición de la flecha de Cupido: ¿qué es el amor?

# CAPÍTULO 1

## El enfoque del amor de tres componentes

La primera vez que Jason se enamoró fue en el primer curso. La chica, a la que llamaré Irene, iba a su misma clase y vivía unos pisos más arriba en el mismo bloque. Pasaban mucho tiempo juntos, entreteniéndose con los juegos propios de la infancia, yendo a la escuela y ayudándose mutuamente siempre que tenían ocasión. Irene y Jason tenían un «modesto» plan: convertirse en el rey y la reina del mundo, de manera que todos los demás seres humanos fuesen sus esclavos. Pero también había otro detalle en aquel plan: irían vestidos, pero nadie más estaría autorizado a hacerlo. No hay duda de que Freud se lo hubiese pasado en grande con ellos.

Con el tiempo Irene se mudó a otra ciudad, lo que significó el final tanto de aquella amistad como de aquel futuro reinado. Jason no volvió a verla jamás. Así pues, por lo que se puede observar, su *affaire* amoroso no fue ni apasionado ni duradero. Pero, por lo menos, Irene y Jason tuvieron un elemento fundamental del amor: eran amigos íntimos y compartían aspectos de su intimidad de los que no hicieron partícipe a nadie más. Se comunicaban bien entre sí y se sentían reconfortados con su mutua presencia. Aunque probablemente no tenían todos los componentes del amor, poseían uno de los más importantes: se cuidaban el uno al otro y eran tolerantes el uno con el otro. Dicho en otras palabras, disfrutaban de una relación íntima desde una perspectiva emocional.

Más tarde Jason se enamoró de Patti, que se sentaba en la mesa de delante, en el aula del instituto. El primer día que el muchacho se fijó realmente en ella, cayó rendido a sus pies. Se pasaba las clases mirándola. Sin embargo, nunca tuvo el valor de decirle lo que sentía por ella. Su falta de comunicación no equivalía a una falta de sentimientos. Pensaba en Patti casi constantemente y, durante un año entero de su vida, en poco más. Hacía las tareas escolares con el piloto automático conectado. Cuando hablaba con alguien estaba, con mucho, medio presente, porque el otro medio pensaba secreta y obstinadamente en su hermosa flor de alhelí. Al término de la jornada regresaba a casa y, una vez allí, se enzarzaba en una interminable secuencia de fantasías en las que Patti siempre era la protagonista.

Transcurrieron los meses, pero Jason seguía sintiéndose incapaz de expresarle sus sentimientos. En realidad, hacía todo lo contrario, se comportaba fríamente con ella porque temía que se diese cuenta —lo que probablemente sucedió en más de una ocasión—. Al descubrir que Patti se había enamorado de otro se sintió morir, y para empeorar aún más las cosas, el chico en cuestión era una estrella del atletismo, mientras que Jason ni siquiera formaba parte de un equipo, lo que le hacía sentir desolado.

Con el tiempo, Jason consiguió superar su obsesión por Patti e incluso entablaron una cierta amistad, aunque no tardó en descubrir que, en realidad, le gustaba menos de lo que la había amado a hurtadillas. Peor aún, a medida que fue conociéndola, advirtió que apenas tenían nada en común.

El sentimiento de Jason hacia Patti era un segundo ingrediente del amor: la pasión. Mientras que la intimidad que había compartido con Irene había sido mutua, tal y como debe ser una verdadera intimidad, la pasión que experimentaba por Patti fue unilateral, como también suele suceder muy a menudo. Echando la vista atrás, más tarde podría calificar de encaprichamiento su amor por Patti, ya que se desarrolló sin que ella ni siquiera se enterara y continuó en ausencia de la menor relación mutua real entre ambos. El combustible que impulsa los caprichos pasajeros no es el conocimiento de cómo es una persona, sino las dudas y las incertidumbres. Al final, Patti se marchó del instituto y Jason no volvió a verla nunca más —ni tampoco experimentó ninguna necesidad de verla.

La tercera vez que Jason se enamoró, lo hizo de Cindy, a la que había conocido poco después de enloquecer por Patti. Su relación con Cindy tuvo todo aquello de lo que careció su relación con Patti y viceversa. Es decir, la relación con Cindy fue «sensible». Tenían unos antecedentes y una educación relativamente similares, los dos sacaban buenas calificaciones y proyectaban estudiar una carrera universitaria. En pocas palabras, eran lo que casi todo el mundo se hubiese atrevido a catalogar como una buena pareja. Su relación

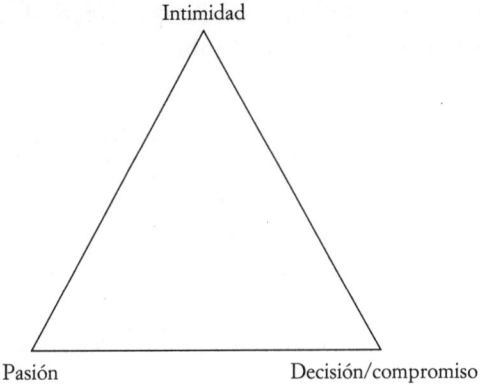

Figura 1.1. El triángulo del amor. La asignación de los componentes a los vértices es arbitraria.

no tuvo ni la profunda intimidad de la relación con Irene ni la abrumadora pasión de la relación unilateral con Patti, pero sí algo de lo que habían carecido las dos experiencias anteriores: Cindy y Jason estaban convencidos de que se amaban y eso hizo que se comprometieran relativamente pronto el uno con el otro.

En cada una de estas relaciones fue fundamental uno de los tres ingredientes o componentes del amor: intimidad (con Irene), pasión (hacia Patti) y compromiso (con Cindy). Así pues, el amor se puede comprender como un triángulo —que no se debe confundir con un «triángulo amoroso» de tres personas— en cada uno de cuyos vértices se sitúa uno de estos tres componentes: intimidad (el vértice superior del triángulo), pasión (el vértice inferior izquierdo) y decisión/compromiso (vértice inferior derecho). (Véase la figura 1.1.)

## El triángulo del amor

Un considerable número de pruebas sugieren que la intimidad, la pasión y el compromiso desempeñan una función primordial en el amor, por encima de otros atributos.[1] Incluso antes de recopilar los primeros datos para verificar mi teoría, tenía varios motivos para elegir estos tres componentes como piedras angulares de la misma.

1. Sternberg, R. J., *The triangle of love*, Nueva York, Basic, 1988 (trad. cast.: *El triángulo del amor: intimidad, pasión y compromiso*, Barcelona, Paidós, 1989).

Primero, muchos de los restantes aspectos del amor demuestran ser, si se analizan con detenimiento, partes o manifestaciones de estos tres componentes. La comunicación, por ejemplo, forma parte de la intimidad, al igual que el cuidado o la compasión. Aunque subdividiésemos la intimidad, la pasión y el compromiso en sus propias subvariantes, la teoría seguiría conteniendo los suficientes elementos para conservar su solidez. No existe un único método correcto de división. Sin embargo, una división en tres componentes resulta eficaz por diversas razones, tal y como espero demostrar en este capítulo y más adelante.

Segundo, mi revisión de la literatura sobre las relaciones de pareja en Estados Unidos, así como en otros países, sugiere que, si bien algunos elementos del amor están bastante vinculados a un tiempo o a una cultura específicos, los tres que propongo son generales en todas las épocas y lugares. Como veremos, no tienen el mismo peso en todas las culturas, pero por lo menos cada componente ha gozado y sigue gozando de una mayor o menor consideración —consideración al fin— prácticamente en todas las épocas o lugares.

Tercero, los tres componentes dan la sensación de ser diferentes, pese a estar, naturalmente, relacionados. Se puede tener cualquiera de ellos en ausencia de uno o de los dos restantes. En cambio, otras piedras angulares potenciales de una teoría del amor —por ejemplo, la nutrición y el cuidado— tienden a ser difíciles de separar, tanto lógica como psicológicamente.

Cuarto, como demostraré más adelante, muchas otras historias de amor parecen asimilarse a mi propio relato o a una versión del mismo. Dejando a un lado las distinciones relativas al lenguaje y al tono, el espíritu de innumerables teorías converge con el mío.

Por último, y quizá lo más importante, la teoría se basa en sentimientos y conductas —como confío poder demostrar a lo largo del libro.

## *Intimidad*

En el contexto de la teoría triangular, la intimidad se refiere a aquellos sentimientos que se dan en una relación humana y que fomentan la proximidad, el vínculo y la conexión. Mis investigaciones con Susan Grajek indican que la intimidad consta, como mínimo, de diez elementos:[2]

---

2. Sternberg, R. J. y Grajek, S., «The nature of love», *Journal of Personality and Social Psychology,* 55, 1984, págs. 312-329.

1. *Deseo de potenciar el bienestar del amado.* El amante observa a su pareja e intenta velar por su bienestar. El bienestar ajeno que se puede fomentar a costa del bienestar propio, aunque con la esperanza de que la pareja actuará en consonancia cuando sea necesario. Experimentamos este elemento cuando deseamos que nuestra pareja consiga el empleo que ansía o cuando daríamos lo que fuera con tal de que superase una situación especialmente desagradable en su vida.

2. *Sentirse feliz en compañía del amado.* El amante se siente dichoso cuando está con su pareja. Cuando hacen cosas juntos se lo pasan en grande y construyen un almacén de recuerdos a los que podrán recurrir cuando vengan tiempos difíciles. Además, los buenos momentos influyen muy positivamente en la relación, mejorándola. Experimentamos este elemento cuando disfrutamos de unos maravillosos momentos en compañía de nuestra pareja (esquiando, asistiendo a un concierto, etc.).

3. *Tener al amado en gran consideración.* El amante tiene a su pareja en un altar y la respeta por encima de todo. Aunque es capaz de reconocer sus defectos, dicho reconocimiento no va en detrimento de la estima general que siente por ella. Experimentamos este elemento cuando creemos que nuestra pareja es la mejor del mundo, a pesar de todos los pesares.

4. *Poder contar con el amado en los momentos difíciles.* El amante confía en que su pareja estará a su lado siempre que la necesite. A la hora de la verdad, el amante sabe que puede llamar al amado y que éste acudirá raudo y veloz. Experimentamos este sentimiento cuando la economía familiar hace aguas y nuestra pareja, que nunca antes había trabajado, no se lo piensa dos veces y se dispone a buscar un empleo para salir del apuro.

5. *Comprenderse mutuamente.* Los amantes se comprenden el uno al otro. Conocen los puntos fuertes y débiles de cada cual y saben cómo deben reaccionar para demostrar una genuina empatía a tenor del estado emocional específico del amado. Cuando uno «va», el otro «vuelve». Experimentamos esta comprensión cuando, tras haber invitado a cenar a casa a nuestra pareja por primera vez, ambos sabemos, quizá sin mediar una palabra, que probablemente desayunaremos juntos a la mañana siguiente —¡salvo que se produzca un cataclismo!

6. *Compartirlo todo con el amado.* Es decir, tener la voluntad de entregarse personal y materialmente: lo que se es y lo que se tiene. Aunque no todas las cosas tienen por qué ser obligatoriamente una propiedad conjunta, los amantes tienden a compartir sus pertenencias siempre que es necesario. Y lo más importante, se comparten a sí mismos.

7. *Recibir apoyo emocional del amado.* El amante se siente estimulado, reafirmado e incluso renovado por el amado, sobre todo en las situaciones di-

fíciles. Este elemento se experimenta cuando tenemos la sensación de que todo va mal, pero nos damos cuenta de que una cosa sí marcha a la perfección: él o ella sigue a nuestro lado.

8. *Dar apoyo emocional al amado.* El amante ofrece un sincero apoyo emocional al amado cuando éste se halla en dificultades. Somos conscientes de nuestra capacidad para dar este apoyo emocional cuando reconocemos que nuestra pareja está actuando injustificadamente en el trabajo y, aun así, le damos un voto de confianza incondicional, tanto si estamos de acuerdo como no con sus actos.

9. *Comunicarse íntimamente con el amado.* El amante puede comunicarse profunda y sinceramente con el amado, compartiendo sus sentimientos más secretos. Ésta es la clase de comunicación que experimentamos cuando nos sentimos avergonzados por algo que hemos hecho y, pese a todo, se lo contamos a nuestra pareja.

10. *Valorar al amado.* El amante es consciente de la gran importancia que tiene el amado en su vida. Experimentamos este elemento cuando sabemos perfectamente que nuestra pareja es más importante que todas nuestras posesiones materiales.

Éstos son sólo algunos de los posibles sentimientos que se pueden experimentar a través de la intimidad del amor. Por otro lado, no hace falta experimentarlos todos para vivir la intimidad, sino que, por el contrario, nuestras investigaciones indican que existe intimidad cuando se experimenta un número suficiente de estos sentimientos, sin necesidad de especificarlos exactamente. Habitualmente, los sentimientos no se experimentan de una forma independiente, sino global.

¿En qué consiste la intimidad? Los psicólogos tienen ideas similares sobre este particular, aunque las expresan de forma diferente. La intimidad es el resultado de intensas, frecuentes y diversas interconexiones entre las personas.[3] Así pues, la pareja que vive en intimidad se caracteriza por fuertes vínculos y frecuentes interacciones de distintas clases. Entre las cualidades de la amistad que son fundamentales en la intimidad figuran la confianza, la sinceridad, el respeto, el compromiso, la seguridad, el apoyo, la generosidad, la lealtad, la constancia, la comprensión y la aceptación.[4]

La intimidad se inicia, muy probablemente, con la autorrevelación. Para tener intimidad con alguien, es preciso abatir los muros que separan a una

---

3. Kelley, H. H., «Analizing close relationships», en Kelley H. H. y otros (comps.), *Close relationships*, Nueva York, Freeman, 1983, págs. 20-67.

4. Rubin, L. B., *Just friends*, Nueva York, Harper & Row, 1985.

persona de otra. Como es sabido, la autorrevelación genera autorrevelación. La mejor manera de saber cómo es alguien consiste en dejar que ese alguien sepa cosas de nosotros. Pero a menudo, la autorrevelación es más fácil en las relaciones de amistad del mismo sexo que en las relaciones amorosas, probablemente porque se suele considerar que con la autorrevelación hay más que perder en las relaciones amorosas. Y por extraño que pueda parecer, los cónyuges pueden ser menos simétricos que los desconocidos por lo que respecta a la autorrevelación, debido, una vez más, a que el coste de la autorrevelación puede ser muy elevado en el amor. Contarle al amado algo negativo de nuestra persona puede dar la sensación de estar arriesgando la relación.

Un experto ha intentado reunir los diversos descubrimientos que se han realizado sobre la autorrevelación, sugiriendo la existencia de una relación curvilínea entre reciprocidad y autorrevelación. La idea se basa en que las recompensas de la reciprocidad en la autorrevelación se incrementan hasta llegar a un punto determinado, mientras que cuando una pareja desarrolla un alto grado de intimidad, el coste de la autorrevelación alcanza cotas tan elevadas que, con frecuencia, propicia su descenso respecto a uno de los miembros de la relación, sino de ambos.[5]

Muchos de nosotros hemos vivido la experiencia, alguna que otra vez, de confiar un secreto muy personal a alguien, y tarde o temprano nos hemos arrepentido de haberlo hecho. Tuve un amigo al que confié lo que para mí era un secreto de lo más íntimo. Con el tiempo, hablando con un amigo de mi amigo, descubrí, para mi propio desengaño, que aquella persona, con la que no me unía ningún lazo de amistad, conocía hasta el último detalle. Ni que decir tiene que no volví a confiar nunca más en mi supuesto «amigo». A decir verdad, durante bastante tiempo no confié ni en él ni en nadie.

En consecuencia, la intimidad es un fundamento del amor, pero un fundamento que se desarrolla lentamente, paso a paso, y que es difícil conseguir. Además, y paradójicamente, cuando se empieza a lograr puede ocurrir que se empiece a perder, a causa de la amenaza que supone. Una amenaza en términos no sólo de los peligros derivados de la autorrevelación, sino también del riesgo para la propia vida como seres autónomos e independientes. Son pocos los que desean verse «reducidos a cenizas» por culpa de una relación, aunque quien más quien menos puede sentirse como si se estuviese consu-

---

5. Derlega, V. J., Wilson, M. y Chaikin, A. L., «Friendship and disclosure reciprocity», *Journal of Personality and Social Psychology, 34,* 1976, págs. 578-582; Morton, T. L., «Intimacy and reciprocity of exchange: A comparison of spouses and strangers», *Journal of Personality and Social Psychology, 36,* 1978, págs. 72-81; Cozby, P. C., «Self-disclosure, reciprocity, and liking», *Sociometry, 35,* 1972, págs. 151-160.

miendo cuando está demasiado cerca de otro ser humano. El resultado es una acción equilibrada entre intimidad y autonomía que se perpetúa a lo largo de toda la vida de la mayoría de las parejas, una acción equilibrada en la que raras veces se consigue un equilibrio totalmente estable. Pero esto no es, en sí mismo, necesariamente negativo, sino que, en realidad, el constante balanceo del péndulo de la intimidad proporciona una buena parte de la excitación que mantiene vivas muchas relaciones.

*Pasión*

El segundo componente del amor, la pasión, implica «un estado de intensa nostalgia por la *unión* con la pareja».[6] La pasión es, en gran medida, la expresión de deseos y necesidades, tales como la autoestima, la afiliación, el dominio, la sumisión y la satisfacción sexual. El orden de prioridades de estas diversas necesidades varía de una persona a otra, de una situación a otra y de un tipo de relación amorosa a otra. Por ejemplo, es probable que la satisfacción sexual sea una necesidad preeminente en las relaciones románticas, pero no en las paterno-filiales. Estas necesidades se manifiestan a través de la excitación psicológica y fisiológica, a menudo inseparables.

En el amor, la pasión tiende a entretejerse con los sentimientos de intimidad y, muchas veces, se alimentan mutuamente. Así, por ejemplo, la intimidad puede indicar hasta qué punto una relación humana satisface las necesidades de pasión del sujeto, y viceversa, es decir, que la pasión también puede estar impulsada por la intimidad. En algunas relaciones íntimas con miembros del sexo opuesto, por ejemplo, el componente pasión se desarrolla casi de inmediato, mientras que la intimidad no entra en escena hasta que ha transcurrido un cierto período de tiempo. Es muy probable que la pasión sea el desencadenante que estimule a entablar una relación interpersonal, pero la intimidad es indispensable para que ésta conserve sus vínculos de unión y de estrecha proximidad. Sin embargo, en otras relaciones íntimas, la pasión, sobre todo si se aplica a la atracción física, sólo se desarrolla después de la intimidad. De este modo, en un momento determinado de su vida, dos amigos íntimos de sexo opuesto pueden empezar a desarrollar una atracción física mutua siempre y cuando, previamente, hayan alcanzado una cierta intimidad emocional.

En ocasiones, intimidad y pasión actúan la una en contra de la otra. Veamos un ejemplo. En la relación con una prostituta, un varón puede buscar

---

6. Hatfield, E. y Walster, G.W., *A new look at love*, Reading, Massachusetts, Addison-Wesley, 1981.

prioritariamente la satisfacción de sus necesidades de pasión, relegando la intimidad a un segundo plano, mientras que la relación inversa entre estos dos componentes del amor puede constituir, al tiempo, una función de la persona y de la situación, como en el caso de quienes entienden que la consecución de la proximidad emocional y de la intimidad interfiere directamente con la satisfacción sexual, o que el factor pasión va en detrimento de la intimidad emocional. En realidad, la cuestión es relativamente simple y estriba en que, si bien la intimidad y la pasión siempre están presentes e interactúan, de un modo u otro, en todas las relaciones íntimas, el grado de interacción varía de un individuo a otro y de una situación a otra.

La mayoría de las personas, cuando piensan en la pasión, la visualizan desde una perspectiva estrictamente sexual —como el clásico sentimiento de estar «excitado»—. No obstante, cualquier forma de excitación psicofisiológica puede generar una experiencia pasional. Por ejemplo, un individuo con una gran necesidad de afiliación puede experimentar pasión hacia otro que esté en condición de satisfacérsela. En tal caso, este último proporciona al primero aquel sentimiento de pertenencia que tanto ansía.

Estas pautas de respuesta han sido establecidas a lo largo de muchos años de observación y, a veces, de experiencias de primera mano, y sería muy improbable que un asistente social o cualquier otra persona pudiese desestructurarlas en unos pocos meses. El mecanismo de aprendizaje más inusual para la elaboración de una respuesta apasionada quizá sea el que se conoce como *refuerzo intermitente*, es decir, la recompensa periódica y, en ocasiones, casual, de una respuesta específica ante un estímulo. Si cuando intentamos cumplir algo, unas veces se nos recompensa el esfuerzo y otras no, en realidad se nos está reforzando intermitentemente.

Por extraño que parezca, un refuerzo intermitente puede ser aún más poderoso, si cabe, en el mantenimiento de una determinada pauta de conducta que un refuerzo continuado. Existe una mayor probabilidad de perder el interés o el deseo por alguna cosa y, en consecuencia, de aburrirse, si la recompensa es constante en lugar de intermitente —unas veces sí, pero otras no—. Dicho de otro modo, en ocasiones la diversión no reside tanto en conseguir algo como en desearlo, y si una pauta de conducta no se recompensa nunca, es casi seguro que, tarde o temprano, se acabe abandonando —«se extinga», como dirían los teóricos del aprendizaje—, aunque sólo sea por la extrema frustración que se experimenta al actuar de una forma concreta.

La pasión se desarrolla a partir del refuerzo intermitente, que suele ser más intenso en las primeras etapas de una relación. Cuando deseamos a una persona, a veces nos sentimos más cerca y otras más lejos de ella. Esa alternancia es la que mantiene viva la pasión. De ahí que, en la búsqueda de su madre, los niños pequeños puedan sentir durante un período de tiempo determinado que están haciendo progresos en su deseo de tenerla, aunque más tarde acaben llegando a la dura conclusión de que nunca podrán hacerlo de la forma que desean. Eso no quiere decir, ni mucho menos, que aquellos sentimientos apasionados desaparezcan por completo, sino que permanecen en un estado latente, a la espera de renacer, generalmente al cabo de algunos años, en la pareja femenina.

El estímulo que revitaliza la pasión es similar al de la infancia —la madre—. En este caso, la pauta de refuerzo intermitente se inicia de nuevo, con la diferencia de que esta vez alberga alguna esperanza de conseguir el objeto de deseo. Con todo, si su consecución o su mantenimiento resulta demasiado fácil, y el refuerzo continuo sustituye al intermitente, cabe la posibilidad de que, aunque pueda parecer una ironía, el varón pierda interés en lo que ha estado buscando. Los mismos principios se aplican a las mujeres respecto a la figura del padre.

*Decisión y compromiso*

El componente decisión/compromiso del amor consta de dos aspectos: uno a corto plazo y otro a largo. El aspecto a corto plazo consiste en la decisión de amar a cierta persona, mientras que el aspecto a largo plazo lo constituye el compromiso de mantener ese amor. Ambos aspectos de la decisión/compromiso del amor no tienen por qué darse necesariamente al mismo tiempo. La decisión de amar no siempre implica un compromiso hacia ese amor. Por extraño que pueda parecer, el caso contrario también es posible, es decir, la existencia de un compromiso en una relación en la que no se ha tomado la decisión de amar, como ocurre en el caso de los matrimonios concertados. Algunas personas se ven comprometidas a amarse sin ni siquiera haber confesado su amor. Sin embargo, la mayoría de las veces la decisión suele preceder al compromiso. En efecto, la institución matrimonial representa una legalización del compromiso otorgado a una previa decisión de amar a otra persona durante toda la vida.

Aunque el componente decisión/compromiso del amor puede carecer del «calor» o la «carga» de intimidad y pasión, es casi inevitable que toda relación amorosa tenga sus altibajos, y durante los bajos, el componente decisión/compromiso es el que la mantiene unida. Puede ser fundamental para atravesar tiempos difíciles y para recuperar los buenos, y si lo ignoramos o lo separamos del amor, en realidad estamos pasando por alto el único componente de la relación interpersonal que nos permite superar los momentos de apuro y llegar a los de felicidad. En ocasiones, incluso es posible que tengamos que confiar en nuestro propio compromiso para que sea él, y sólo él, el que nos conduzca hasta los buenos tiempos futuros en los que hemos depositado todas nuestras esperanzas.

El componente decisión/compromiso del amor pone en juego tanto la intimidad como la pasión. Para la mayoría de la gente, es el resultado de la combinación de implicación íntima y excitación pasional. No obstante, la una como la otra pueden ser la consecuencia de un compromiso, tal y como sucede en algunos matrimonios concertados o en aquellas relaciones íntimas en las que no se puede elegir a los compañeros, como por ejemplo la madre, el padre, los hermanos, los tíos, las tías o los primos. En este tipo de relaciones, cualquier sentimiento de intimidad o de pasión que se experimente es muchísimo más probable que se derive del propio compromiso cognitivo de dicha relación que a la inversa.

Amor y compromiso se traslapan, aunque es posible tener uno sin el otro.[7] Harold Kelley ha puesto el ejemplo de Michelle Triola —el juicio de Lee Marvin en el que Triola demandó al actor solicitando la pensión alimenticia debida al ex concubino—. A pesar de que Triola y Marvin habían vivido juntos durante algún tiempo, no se habían casado. Y aunque pudieron perfectamente haberse amado, a Marvin la idea de compromiso permanente no le había pasado ni remotamente por la cabeza.

¿Hasta qué punto es probable que se adhiera un individuo a una persona o cosa, conservándola hasta el final? La respuesta a esa pregunta nos da la definición de compromiso. Una persona comprometida en algo casi siempre persiste hasta lograr el objetivo que subyace debajo del compromiso. Uno de los problemas de las relaciones temporales consiste en que los dos miembros de una pareja pueden tener distintas ideas acerca de lo que significa adherirse a alguien hasta el final o la consecución de un objetivo. También es posible que estas diferencias no se lleguen nunca a articular. Un individuo, por ejemplo, puede considerar como «final» aquel punto en el que la relación ya no funciona, mientras que para otro puede tratarse simplemente del término de una de las múltiples vidas —o etapas— por las que atraviesa una pareja a lo largo de su relación. En una época como la actual, en la que los valores y las nociones de compromiso cambian constantemente, cada vez es más habitual que las parejas estén en desacuerdo sobre la naturaleza y la duración exactas de su compromiso mutuo. Cuando se daba por sentado que los compromisos conyugales eran siempre de por vida, el divorcio estaba muy mal visto. Pero hoy en día, en muchas partes del mundo, el grado de aceptación del divorcio

---

7. Hatfield, E. y Walster, G.W., *A new look at love*.

es notablemente más elevado que hace treinta años, debido, en parte, a que mucha gente tiene diferentes ideas acerca de cuál debería ser la duración de la relación conyugal. Por otro lado, también es mucho más consciente de lo que pueden llegar a cambiar muchos individuos con el tiempo: la persona que un día conocimos no parece ser, en numerosos aspectos, aquella con la que originariamente nos comprometimos.

Las dificultades derivadas de la falta de conexión entre las nociones de compromiso no siempre se pueden evaluar discutiendo las definiciones que cada cual tiene sobre el particular, ya que éstas pueden cambiar con los años y de un modo distinto para cada miembro de la pareja. Es muy probable por ejemplo que, en el momento del matrimonio, tengan la intención de comprometerse para toda la vida, pero puede suceder que, con el paso del tiempo, uno de ellos cambie de opinión —o de sentimientos emotivos— respecto a su pareja. Además, es importante distinguir entre el compromiso con una persona y el compromiso con una relación. Si bien dos sujetos pueden perfectamente comprometerse el uno con el otro, también cabe la posibilidad de que uno de ellos haga extensivo dicho compromiso a la persona y a la relación con esa persona, pero no necesariamente al tipo de relación que la pareja ha venido manteniendo hasta la fecha, y que quizá desee alterar ese tipo de relación. Así, por ejemplo, una mujer puede estar comprometida con su esposo y tener una relación con él, pero no la de sumisión que ha mantenido en el pasado.

PROPIEDADES DE LOS COMPONENTES DEL AMOR

Los tres componentes del amor tienen diferentes propiedades (véase la tabla 1.1). La intimidad y el compromiso, por poner un ejemplo, parecen ser relativamente estables en las relaciones amorosas, mientras que la pasión tiende a ser un tanto inestable y puede fluctuar impredeciblemente. Se suele tener un nivel de control consciente sobre los sentimientos de intimidad —si se es consciente de ellos—, un alto nivel de control sobre el compromiso del componente decisión/compromiso que cada cual invierte en la relación —si se da por supuesta, una vez más, el conocimiento del mismo—, pero muy poco control sobre la cantidad de excitación pasional que se experimenta como resultado de estar o incluso de mirar a otra persona. En general, somos conscientes de la pasión, pero lo que ya no es tan probable es que lo seamos plenamente por lo que se refiere a la intimidad y el compromiso. A veces, experimentamos cálidos sentimientos de intimidad sin tener consciencia de ellos o sin ser capaces de etiquetarlos. De un modo similar, a menudo no es-

TABLA 1.1. Propiedades del triángulo.

| Propiedades | Intimidad | Pasión | Decisión/compromiso |
|---|---|---|---|
| Estabilidad | Moderadamente alta | Baja | Moderadamente alta |
| Controlabilidad consciente | Moderada | Baja | Alta |
| Experiencia notable | Variable | Alta | Variable |
| Importancia en las relaciones a corto plazo | Moderada | Alta | Baja |
| Importancia en las relaciones a largo plazo | Alta | Moderada | Alta |
| Habitualidad en las relaciones amorosas | Alta | Baja | Moderada |
| Implicación psicofisiológica | Moderada | Alta | Baja |
| Susceptibilidad al conocimiento consciente | Moderadamente baja | Alta | Moderadamente alta |

tamos seguros de cuál es nuestro grado de compromiso en una relación hasta que la gente o los acontecimientos se encargan de ponerlo a prueba.

La importancia de cada uno de los tres componentes del amor suele variar según la relación amorosa sea a corto o a largo plazo. En las relaciones a corto plazo y, en especial, en las personas románticas, la pasión tiende a desempeñar una función primordial, mientras que la intimidad puede jugar un papel de segundo orden y la decisión/compromiso apenas interviene en ellas. Por el contrario, en las relaciones de pareja a largo plazo, la intimidad y la decisión/compromiso están llamadas a desempeñar funciones relativamente decisivas.

En este tipo de intercambios, la pasión sólo interviene de una forma moderada, y podría declinar ligeramente con el tiempo. Los tres componentes del amor también difieren en su presencia en distintos tipos de relación. La intimidad suele ser, casi siempre, el núcleo de innumerables relaciones amorosas, tanto si se establecen con el padre, el hermano, el amante o un fiel amigo. La pasión tiende a limitarse a determinadas clases de relaciones amorosas, especialmente las románticas, mientras que la decisión/compromiso puede variar sustancialmente en cada una de las diferentes relaciones amorosas. Así, por ejemplo, el compromiso suele ser elevado en el amor que se profesa a los hijos, pero relativamente escaso en el que se siente por los amigos que vienen y van a lo largo de la vida.

Los tres componentes también se diferencian en la cantidad de excitación psicofisiológica que generan. La pasión depende de un modo extraordinario de la excitación psicofisiológica, mientras que la decisión/compromiso parece implicar una escasa respuesta de este tipo y la intimidad se sitúa en un estadio intermedio de excitación.

En resumen, los tres componentes del amor poseen propiedades diversas, que tienden a destacar algunas de sus formas de funcionamiento en lo que concierne a las experiencias amorosas que se desarrollan en las distintas relaciones íntimas. Tal y como se verá en el capítulo 2, los tres dan lugar a siete tipos diferentes de amor.

CAPÍTULO

# 2

## Siete clases de amor

Aunque sólo sean tres los componentes fundamentales del amor, cuando se combinan generan siete tipos diferenciados de amor, que se distinguen entre sí por el número de componentes que los integran y por el más significativo.[1] En la tabla 2.1 se incluye un resumen de estos siete tipos de amor.

TIPOS DE AMOR

*Agrado (únicamente intimidad)*

Joe estaba muy celoso. Después de siete meses, se había hecho a la idea de que él y Stephanie eran «una pareja». Pero Stephanie parecía estar pasando tanto tiempo con Alex como el que pasaba con Joe, quien temía que le estuviese traicionando. Un día, se encaró con ella.

«Ya no lo aguanto más.»

---

1. Sternberg, R. J., *El triángulo del amor*, op.cit.; Sternberg, R. J., «A triangular theory of love», *Psychological Review,* 93, 1986, págs. 119-135; Sternberg, R. J., «Triangulating love» en Sternberg, R. J. y Barnes, M. L. (comps.), *The psychology of love*, New Haven, Connecticut, Yale University Press, 1988, págs. 119-138.

TABLA 2.1. Taxonomía de los tipos de amor.

| Tipo de amor | Intimidad | Pasión | Decisión/compromiso |
| --- | --- | --- | --- |
| Ausencia de amor | – | – | – |
| Agrado | + | – | – |
| Encaprichamiento | – | + | – |
| Amor vacío | – | – | + |
| Amor romántico | + | + | – |
| Amor de compañía | + | – | + |
| Amor necio | – | + | + |
| Amor consumado | + | + | + |

Nota: + = componente presente; – = componente ausente. Estos tipos de amor representan casos idealizados basados en la teoría triangular. La mayoría de las relaciones amorosas caerán en alguna de estas categorías, ya que los componentes del amor no están simplemente presentes o ausentes, sino que se manifiestan en distintos niveles.

«¿Sí? ¿Y qué es lo que no aguantas más?»

«Tu relación con Alex. Si le prefieres a él, ¡perfecto! No tienes más que decirlo y te dejaré vía libre. Parece como si nos quisieras a los dos y eso no va conmigo.»

«No sé de qué estás hablando. Alex no es ningún competidor tuyo —no lo es en absoluto—. ¿Qué te ha hecho pensarlo?»

«Muy sencillo. Pasas tanto tiempo con él como conmigo. Eso sin mencionar lo que debéis de hacer durante ese rato.»

«Pero Joe, estás completamente loco. Alex es un buen amigo. Me gusta estar con él. Me gusta hacer cosas con él. Me gusta hablar con él. Pero no le amo ni nunca lo haré. No estoy proyectando pasar mi vida a su lado, si es eso lo que te preocupa. Es un amigo, ni más ni menos.»

«Ya veo.»

Pero a Joe, la relación de Stephanie con Alex no le parecía simplemente de amistad. Seguía celoso a pesar de sus palabras.

El agrado es el resultado de experimentar única y exclusivamente el componente de intimidad del amor, sin pasión ni decisión/compromiso. El término *agrado* no se emplea aquí en un sentido trivial, para describir simplemente los sentimientos que se tienen hacia los conocidos más o menos ocasionales, sino aquellos que se dan en el seno de relaciones que se pueden catalogar como de auténtica amistad. Experimentamos proximidad, vínculo y calidez hacia el otro, aunque ausentes de pasión intensa o de compromiso a largo plazo. Dicho de otro modo, nos sentimos emocionalmente próximos al amigo, pero sin que éste despierte pasión en nosotros o nos haga sentir el deseo de pasar el resto de la vida con él.

En las relaciones de amistad es posible que existan elementos de excitación pasional o compromiso a largo plazo, aunque en tal caso la amistad va más allá del mero agrado. En este sentido, el test de ausencia es ideal para distinguir el agrado del amor. Si un amigo, al que queremos como tal pero nada más, se marcha durante un largo período de tiempo, le podremos echar de menos, aunque no es probable que nos obsesionemos con la idea de su pérdida. Pasados algunos años, quizá tengamos la oportunidad de continuar aquella relación, a menudo de una forma distinta y sin que hayamos pensado demasiado en ella durante todo este tiempo. Sin embargo, cuando una relación íntima va más allá del agrado, se siente una profunda nostalgia de la otra persona; nos obsesiona la idea de su marcha o, cuando menos, nos preocupa. La ausencia posee un efecto sustancial y en un plazo relativamente dilatado en nuestra vida. Cuando la ausencia del otro despierta poderosos sentimientos de intimidad, pasión o compromiso, es innegable que la relación ha traspasado los límites del agrado.

### *Encaprichamiento (sólo pasión)*

Tom conoció a Lisa en el trabajo. Le bastó con verla una sola vez para que su vida diera un vuelco. Se enamoró locamente de ella y le resultaba imposible concentrarse en sus obligaciones; no podía quitarse a Lisa de la cabeza. Ella sabía cuáles eran los sentimientos de Tom, pero lo cierto es que aquel chico no le importaba demasiado. Siempre que intentaba hablar con ella, Lisa se salía por la tangente y se esfumaba a la velocidad de la luz.

Las miradas de Tom y sus reiteradas tentativas de conversar con ella incomodaban a Lisa. Por su parte, él apenas podía pensar en otra cosa que no fuera en Lisa, y su trabajo empezó a resentirse, pues las horas que debía dedicarle se las pasaba dando rienda suelta a su imaginación. Era un hombre obsesionado, y aquella obsesión hubiese podido durar una eternidad, pero por suerte o por desgracia Lisa abandonó la empresa y Tom no volvió a verla nunca más. Al final, después de varias cartas de amor sin respuesta, se dio por vencido.

El «flechazo» de Tom es un amor de capricho o, simplemente, un encaprichamiento, y es el resultado de experimentar los tres componentes del amor: excitación pasional acompañada de intimidad y decisión/compromiso. El encaprichamiento suele ser manifiesto, aunque tiende a ser más fácil de advertir para los demás que para quien lo vive. Un encaprichamiento puede surgir casi instantáneamente y disiparse con la misma rapidez. En general, los encaprichamientos conllevan un alto nivel de excitación psicofisiológica y síntomas orgánicos, tales como el aumento del ritmo cardíaco —o incluso palpitaciones—, una mayor secreción hormonal y la erección genital (pene o clítoris). Raras veces causan problemas, a menos que el individuo crea que ese amor pasajero es algo más que eso.

*Amor vacío (sólo decisión/compromiso)*

John y Mary llevaban casados veinte años y, durante quince, Mary estuvo pensando en el divorcio, aunque le horrorizaba la idea de pasar por aquel trance y no se decidió. Al no trabajar fuera de casa, tenía miedo de ser incapaz de salir adelante. Además, vivir sola incluso podría ser peor que vivir con John. En realidad, con su marido las cosas no le iban tan mal. El problema residía en que John casi nunca estaba en el hogar, y cuando estaba, seguía enfrascado en su trabajo. Si alguna vez hubo pasión entre ellos, hacía ya mucho tiempo que se había evaporado. Mary temía que John hubiese encontrado a otras mujeres y que incluso la escasa intimidad de la que disfrutaron años atrás se hubiese desvanecido por completo. Habían llegado a un estadio de su relación en el que apenas hablaban. Mary se preguntaba con frecuencia si su esposo acabaría abandonándola, y en ocasiones deseaba que lo hiciese. Pero él parecía estar muy satisfecho de que Mary le lavara la ropa, le preparara la comida, se ocupara de la casa y realizara todas aquellas cosas que, desde pequeña, le habían dicho que debía hacer una esposa. Muchas veces, Mary sentía que su vida estaba completamente vacía y que lo único que la mantenía en pie eran sus hijos.

El tipo de amor de Mary deriva de la decisión de amar a la pareja y de comprometerse con ese amor, aunque la intimidad o la pasión que suele ir asociado con algunas relaciones amorosas brille por su ausencia; el amor que, a veces, se puede encontrar en las relaciones de pareja estancadas, que han funcionado durante más o menos años, pero que, al final, han perdido tanto la implicación emocional mutua como la atracción física. A no ser que el compromiso con el amor sea muy fuerte, la relación de pareja puede quedar en nada. Aunque en nuestra sociedad el amor vacío casi siempre constituye la etapa final de una relación a largo plazo, en otras puede constituir la primera. Así, en aquellas culturas en las que predominan los matrimonios concertados, los cónyuges inician su relación asumiendo el compromiso de amarse el uno al otro o, por lo menos, de intentarlo, pero poco más. Aquí, *vacío* denota una relación que, en el futuro, puede llegar a desarrollar un cierto nivel de pasión e intimidad y que, por consiguiente, se identifica más con un principio que con un fin.

*Amor romántico (intimidad y pasión)*

Susan y Ralph se conocieron en la universidad. Su relación empezó siendo una buena amistad, aunque enseguida derivó en un *affaire* amoroso caracterizado por su marcado carácter romántico. Pasaban juntos tanto tiempo como podían y disfrutaban intensamente de cada minuto. Pero Susan y Ralph no estaban preparados para comprometerse permanentemente con su relación. Ambos sabían que eran demasiado jóvenes para tomar decisiones a largo plazo y que, hasta que no supiesen lo que iban a hacer y adónde irían una vez terminada la carrera, les sería imposible aventurar ni siquiera la cantidad de tiempo que podrían estar el uno con el otro. Ralph fue admitido en la Universidad de Los Ángeles para realizar un curso de doctorado y decidió ir, mientras que Susan, que se había licenciado en ingeniería, solicitó una plaza de posgrado, también en Los Ángeles, y fue aceptada, pero sin beca. Asimismo, la Universidad de Boston aceptó su candidatura, esta vez con una beca muy suculenta. La diferencia en los condicionantes económicos no le dejó otra alternativa que optar por Boston. Al marcharse al este, ninguno de los dos confiaba en que su relación pudiese sobrevivir a la distancia. En efecto, después de un año de coincidencias ocasionales y de tensiones no tan ocasionales, llegó a su fin.

La relación de Ralph y Susan combina dos componentes del amor: la intimidad y la pasión. Se trata de un agrado, pero con un elemento añadido: la excitación generada por la atracción física. En este tipo de amor, el hombre y la mujer no sólo se sienten atraídos físicamente, sino también unidos emocionalmente. Se trata, ni más ni menos, del amor romántico que podemos encontrar en las obras clásicas de la literatura, tales como *Romeo y Julieta*.

*Amor de compañía (intimidad y compromiso)*

En sus veinte años de matrimonio, Sam y Sarah habían atravesado períodos difíciles: muchos de sus amigos se divorciaron, Sam tuvo que cambiar varias veces de trabajo y Sarah contrajo una enfermedad que a punto estuvo de costarle la vida. Ambos tenían amigos, pero no dudaban ni por un momento de que cada cual era el mejor amigo que el otro podría tener jamás. Sabían que podían contar el uno con el otro. A decir verdad, ni Sam ni Sarah sentían una gran pasión en su relación, pero eso nunca les había llevado a buscar otra pareja fuera del hogar, porque los dos estaban plenamente convencidos de tener lo que más les importaba, es decir, la capacidad de decir o de hacer lo que desearan sin temor a las iras o las represalias de su pareja, y si bien cada cual sabía muy bien dónde estaban los límites de su libertad, nunca intentaron ponerlos a prueba, pues eran felices viviendo sin necesidad de rebasarlos.

El tipo de amor de Sam y Sarah evoluciona a partir de una combinación de dos componentes del amor: intimidad y decisión/compromiso. Se trata, fundamentalmente, de una amistad comprometida a largo plazo, una relación que se suele dar muy a menudo en los matrimonios en los que la atracción física —una de las principales fuentes de pasión— se ha extinguido.

*Amor necio (pasión y compromiso)*

Cuando Tim y Diana se conocieron en un complejo turístico en las Bahamas, ambos se estaban recuperando de una mala experiencia. La prometida de Tim había roto inesperadamente su compromiso para fugarse, literalmente, con quien había sido el mejor amigo de su ex novio. Por si fuera poco, Tim acababa de perder el trabajo. Diana se había divorciado hacía poco, víctima de «otra mujer». Los dos andaban desesperadamente en busca del amor, y al coincidir, enseguida vieron el uno en el otro a su pareja perfecta. En efecto, era como si alguien hubiese estado cuidando de ellos, hubiera advertido su aflicción y les hubiese unido cuando más difícil era su situación y más lo necesitaban. El director del complejo, que siempre estaba alerta a los romances vacacionales como excelente recurso publicitario, les propuso casarles allí mismo, ofreciéndoles una lujosa celebración y la estancia completamente gratis a cambio de su colaboración en los materiales promocionales. Después de meditarlo un poco, Tim y Diana aceptaron el trato. Para ella, Tim era el hombre ideal, y para él, Diana era la mujer ideal. Por otro lado, dado que su situación económica no era especialmente boyante en aquel momento, la idea de una boda gratuita les resultaba francamente seductora.

Por desgracia, la vida matrimonial demostró ser un auténtico desastre cuando regresaron de sus vacaciones. Aunque Tim era un hombre muy divertido en la convivencia diaria, lo cierto es que nunca se había tomado en serio el trabajo, mientras que Diana esperaba que encontrara un empleo cuanto antes para no tener que trabajar. Por su parte, a Tim le sorprendió sobremanera descubrir que a su esposa no le había pasado ni remotamente por la cabeza la idea de trabajar fuera de casa, echando por la borda sus expectativas de recibir, por lo menos, algún apoyo financiero por su parte y poder, así, seguir adelante con su máxima aspiración de convertirse en poeta.

El amor necio, como en el caso de Tim y Diana, es el resultado de la combinación de pasión y decisión/compromiso sin intimidad, que tarda en desarrollarse. Es el tipo de amor que en ocasiones asociamos a Hollywood y a otros noviazgos-relámpago, en los que una pareja se conoce hoy, se jura amor eterno y se casa de inmediato. Es un amor necio en el sentido de que ambos se comprometen mutuamente sobre la base de una pasión sin el elemento estabilizador que supone la implicación íntima. Teniendo en cuenta que la pasión se puede desarrollar de una forma casi instantánea, pero no la intimidad, las relaciones que se fundan en el amor necio no suelen durar demasiado tiempo.

*Amor consumado (intimidad, pasión y compromiso)*

A los ojos de todos sus amigos, Harry y Edith daban la sensación de ser la pareja perfecta. Lo que les diferenciaba de otras muchas «parejas perfectas» era que cumplían casi al cien por cien ese concepto. Se sentían muy próximos el uno al otro, continuaban gozando del sexo después de quince años de casados y eran incapaces de imaginarse felices, a largo plazo, con cualquier otra persona. Habían atravesado muy pocos momentos difíciles y estaban encantados con su pareja y con su relación.

El amor consumado, o completo, como el de Edith y Harry es fruto de la combinación de los tres componentes en una misma proporción. Es un amor que muchos de nosotros desearíamos experimentar, sobre todo en las relaciones románticas. Alcanzar un estadio de amor consumado es análogo, en parte, a cumplir la meta que nos hemos propuesto en un programa de pérdida de peso: conseguir el peso ideal casi siempre es más fácil que conservarlo. Lograr un amor consumado no garantiza que éste haya de perdurar en el tiempo —uno puede darse cuenta de la pérdida que ha sufrido cuando ya es demasiado tarde—. Al igual que otros objetos de valor, el amor consumado requiere un cuidado y una protección constantes.

No creo que todos los aspectos del amor completo sean necesariamente difíciles de desarrollar o de mantener. Por ejemplo, el amor hacia los hijos suele acarrear una profunda implicación emocional del componente intimidad, la satisfacción de necesidades emotivas (educación, autoestima, etc.) del componente pasión y el firme compromiso del componente decisión/compromiso. Para muchos padres, aunque no para todos, la generación y el mantenimiento de este amor no constituye ningún problema. Es probable que el vínculo que se crea entre padres e hijos en el momento del nacimiento facilite relativamente el mantenimiento de ese amor, o que las fuerzas evolutivas tiendan a asegurar que el vínculo padres-hijos sobreviva, como mínimo, durante los años formativos en los que el niño está llamado a depender considerablemente del amor y del apoyo de sus padres. Sea como fuere, el hecho de que el amor consumado sea fácil o difícil de generar y de mantener depende exclusivamente de la relación y del mayor o menor nivel con el que la situación presta su apoyo a dicha relación.

## Encaprichamiento y amor romántico

Cuando se ha dicho y se ha hecho todo, uno de los problemas más importantes con el que todos nos enfrentamos es el de distinguir el amor romántico, o la experiencia de «estar enamorado», del amor apasionado, o mero «encaprichamiento». Las investigaciones sugieren que la gente considera el enamoramiento, pero no el encaprichamiento, como un tipo de amor genuino.[2] ¿Cómo es posible distinguirlos?

Francesco Alberoni, un prestigioso investigador italiano de las cuestiones del amor, ha propuesto un conjunto de signos que caracterizan al verdadero amor romántico.[3] Estos signos establecen una clara diferencia entre estar enamorado y haberse encaprichado. Cuanto mayor es el número de signos que percibe el individuo, más probable es que esté enamorado. Entre los principales se incluyen el sentimiento de haber encontrado a la persona completamente perfecta; el de experimentar, hasta cierto punto, la sensación de volver a nacer; el sentimiento de que las posesiones materiales dejan de tener importancia; el de querer compartirlo todo con el amado; y el de desear fundirse espiritualmente con la pareja. Como es natural, todos estos sentimientos se pueden contemplar desde una perspectiva exclusivamente subjetiva y resultar engañosos en sí mismos o prestarse a malas interpretaciones.

Representan el profundo sentido de la intimidad y la pasión que se experimenta hacia la pareja y, en un determinado momento, aunque no obligatoriamente, tal vez un sentimiento de compromiso hacia un futuro indefinido, motivo por el cual el amor consumado tarda bastante en desarrollarse. La intimidad y la pasión que constituyen nuestro triángulo, y quizá también el de nuestro amante, son sólo dos de los triángulos que aparecen en cualquier relación amorosa. Porque, en realidad, tal y como veremos en el capítulo 3, hay muchos otros triángulos.

---

2. Alberoni, F., *Falling in love* (traducción inglesa de L. Venut), Nueva York, Random House, 1983 (trad. cast.: *Enamoramiento y amor*, Barcelona, Gedisa, 1988); Alberoni, F., *I love you*, Milán, Cooperation Libraria I.V.L.M., 1996 (trad. cast.: *Te amo*, Barcelona, Gedisa, 1996).

3. Alberoni, *I love you*.

CAPÍTULO
# 3

# Los diferentes triángulos del amor

Una relación interpersonal puede disponer de múltiples y diferentes triángulos del amor, que tienen en común tres vértices: intimidad, pasión y compromiso, y que se distinguen por su tamaño (cantidad de amor), por su forma (equilibrio del amor), por si representan lo que se tiene (relación real), lo que se desearía tener (relación ideal), los sentimientos o las acciones. Además, cada miembro de una pareja tiene un conjunto específico de triángulos. A continuación, veremos cuáles son y cómo se crean.

La geometría del triángulo del amor

Allen y Wendy eran conscientes del amor que se profesaban, al igual que del problema que tenían. Para Allen, el verdadero amor se basaba en la pasión física. Después de una serie de relaciones insatisfactorias, había llegado a la conclusión de que si una pareja se llevaba bien en la cama, podía superar cualquier dificultad. Para Wendy, lo más importante era la proximidad, la unión de ambos. Le resultaba imposible acostarse con Allen si habían discutido o se sentían distantes el uno del otro. Su actitud frustraba a Allen, porque éste estaba convencido de que no existía ningún problema que una pareja no pudiese resolver en la cama. Pero para ello, había que propiciar la relación física. Al mismo tiempo, Wendy se sentía disgustada con Allen, ya que para ella, las soluciones a los problemas debían buscarse antes de ir a la cama. Cualquier arreglo fruto del intercambio sexual no era una autentica solución, sino que equivalía a rehuir los problemas de base. Al final, Allen y Wendy se separaron, incapaces de resolver sus diferencias esenciales.

Los triángulos del amor pueden tener distintas formas. Es evidente que Allen y Wendy tenían ideas diferentes sobre la forma que debía tener el suyo. La geometría del triángulo del amor depende de dos factores: cantidad de amor y equilibrio del amor.

*Cantidad de amor: área del triángulo*

La figura 3.1 muestra tres triángulos que sólo se diferencian por el área. Estas diferencias en el área representan diferencias en las cantidades de amor experimentadas en tres relaciones hipotéticas: cuanto mayor es el triángulo,

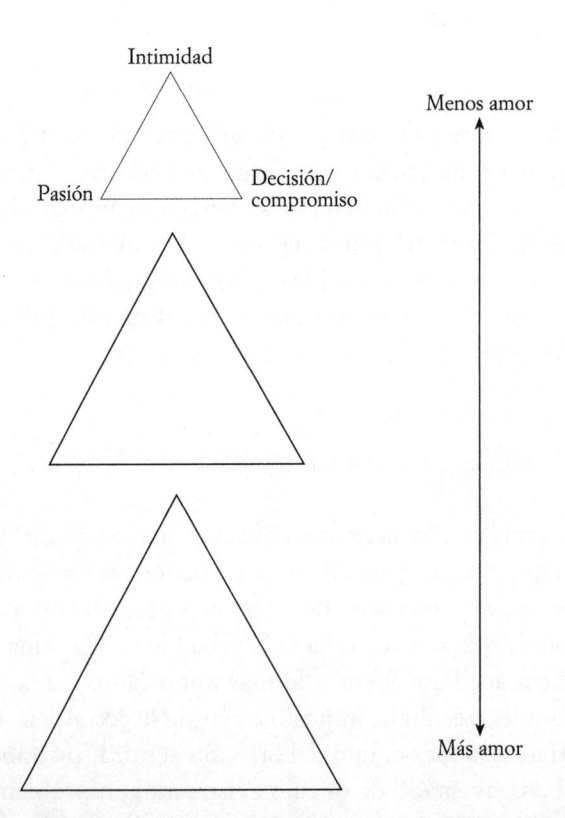

FIGURA 3.1. El área de un triángulo como un índice de la cantidad de amor.

mayor es la cantidad de amor experimentado. Es posible asignar coordenadas a los tres componentes del amor, donde los valores absolutos más elevados representan cantidades mayores de cada uno de ellos.

*Equilibrio del amor: forma del triángulo*

La figura 3.2 muestra cuatro triángulos distintos, pero que se parecen por la forma. El triángulo superior tiene tres lados iguales y representa el amor equilibrado. Los tres componentes del amor coinciden casi por completo. El segundo (inferior izquierda) no tiene ningún lado igual y representa una relación en la que la pasión predomina sobre los otros dos componentes, donde es muy probable que la atracción física juegue un papel mucho más significativo que la intimidad y la decisión/compromiso. El tercer triángulo (inferior centro), con dos lados de igual longitud, representa una relación en la que la intimidad desempeña una función de primer orden, mien-

TRIÁNGULO EQUILIBRADO

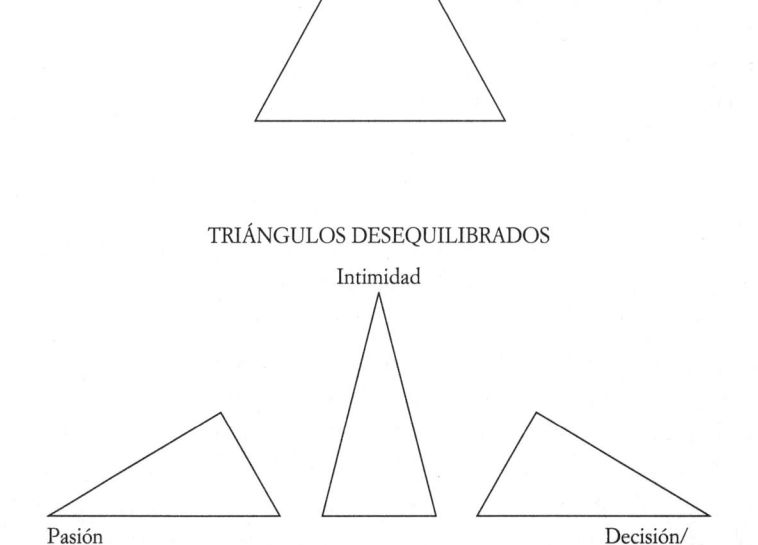

TRIÁNGULOS DESEQUILIBRADOS

Intimidad

Pasión        Decisión/
              compromiso

FIGURA 3.2. Forma del triángulo en función del tipo de amor.

tras que la pasión y la decisión/compromiso juegan un papel secundario. Los dos amantes son buenos amigos y se sienten muy próximos el uno del otro, pero los aspectos físicos y el compromiso de futuro tienen un carácter marginal. El cuarto triángulo (inferior derecha) representa una relación en la que el componente decisión/compromiso predomina sobre la intimidad y la pasión. Nos hallamos ante una relación altamente comprometida en la que la intimidad y la atracción física han languidecido o nunca han ocupado un lugar de privilegio en su escala de valores. Evidentemente, también existen otras posibilidades, como por ejemplo un triángulo en el que dos de sus componentes son casi idénticos, y el tercero posee un valor inferior o superior al de aquéllos.

Modificando el área y la forma del triángulo del amor, se puede representar una amplia gama de relaciones y, en especial, la trayectoria de una relación de pareja a lo largo del tiempo. Como es natural, el triángulo sólo es una representación *grosso modo* de los mil y un matices que puede adquirir el amor en el seno de una relación interpersonal. Como ya se ha dicho anteriormente, en una relación amorosa el componente intimidad no es un sentimiento más, sino el conjunto de muchos sentimientos diferentes. De un modo similar, en el amor que preside una relación íntima entre dos personas pueden intervenir distintas fuentes de pasión. Por su parte, una diversidad de condiciones en el componente decisión/compromiso propicia la decisión de amar a alguien y de respetar el compromiso adquirido hacia ese amor. De ahí que un diagnóstico detallado del estado de una relación exija ir más allá de un simple análisis del área y la forma del triángulo. Por lo demás, para que una relación funcione, hace falta mucho más que amor. Así, por ejemplo, factores como la seguridad económica, los puntos de vista sobre la educación de los hijos, la posible existencia de apoyos externos en su formación y la implicación de los padres pueden contribuir a cultivarla o desmoronarla, según los casos. Para unos, la amistad puede constituir el objetivo principal de su búsqueda, mientras que otras parejas se pueden sentir extremadamente frustradas si se ven incapaces de alcanzar algo más.

Richard y Martha, por ejemplo, se separaron hace poco, después de que, durante años, hubiesen sido el mejor amigo que cada cual podía tener en la vida. Coincidían en todo, no parecían discutir jamás y hacían muchísimas cosas juntos. Eran la pareja por la que todos apostaban; a nadie de su círculo de amistades se le había pasado ni remotamente por la cabeza que algún día pudiesen tomar caminos separados. Tras su ruptura, hablé con ellos. Martha, que fue quien tomó la decisión, sigue considerando a Richard como su mejor amigo. Sin embargo, según me contó, el problema era que ambos «eran más compañeros de habitación que amantes». Por supuesto que quería un amigo, pero no sólo eso, sino también algo más, y llegó a la conclusión de que, por mucho que lo intentara, sería imposible conseguirlo con Richard. La relación era muy cálida, dijo, pero nunca caliente. No había pasión entre ellos. Richard describió la relación de una forma muy similar a Martha, aunque la decisión de separarse, que en su opinión fue inesperada e injustificada, le había dolido muchísimo más que a su compañera. Estaba convencido de que tenían lo que debe ser el amor en una relación a largo plazo, es decir, una pasión intensa en las primeras etapas, pero, siempre según Richard, reemplazada rápidamente por la amistad. En consecuencia, cada miembro de la pareja definía de un modo diferente el significado del amor en una relación larga, una diferencia que para Martha resultó irreconciliable.

Las relaciones interpersonales en las que apenas haya algo más que pasión no son, ni mucho menos, inusuales. En ocasiones la pasión es recíproca, se ve correspondida, y puede darse dentro —y también fuera— del matrimonio.

Jason y Bernadette lo ejemplifican a la perfección. Casados durante tres años, discutían constantemente y se engañaban, timaban, estafaban, una y otra vez, en el fragor de sus combates verbales, propinándose «golpes bajos» con una extraordinaria regularidad. (Aunque parezca una ironía, Jason es asesor y su trabajo consiste en sembrar la armonía en el seno de las grandes organizaciones.) Si Jason y Bernadette se gustaban mutuamente, la verdad es que lo ocultaban muy bien a los demás y, lo que es peor, también a sí mismos. ¿Qué les mantenía unidos? «El sexo —dice Jason—, el mejor sexo que he tenido nunca, y lo digo con conocimiento de causa, pues antes tuve muchas relaciones íntimas.» Según Jason, él y Bernadette discuten incluso haciendo el amor, y le gusta que sea así, ya que, en su opinión, eso dispara la excitación. «El romance —dice Bernadette—. No vamos nunca a la una, pero estamos locamente enamorados el uno del otro, y así ha sido durante tres años. No coincidimos en nada, pero es algo parecido al magnetismo: somos los polos opuestos que se atraen.» Tanto si son conscientes de ello como si no, Jason y Bernadette están firmemente comprometidos entre sí.

Muchas parejas siguen juntas gracias a un compromiso mutuo consciente, unas veces directo, otras indirecto. En este último caso, pueden estar comprometidas con la institución del matrimonio, preservando intacta la familia por el bien de los hijos, para mantener la solvencia financiera o por cualquier otro motivo. Así, por ejemplo, el modelo de pareja de Jerry y Susan suele ser muy frecuente.

Susan afirma no sentir nada por Jerry. Un día le amó, pero eso es agua pasada. En más de una ocasión ha pensado en dejarle, pero lo cierto es que no lo hará nunca. ¿Por qué sigue adelante? «Por los niños —dice (tienen dos)— y porque no tengo dinero ni una formación profesional suficiente que me permita encontrar un buen empleo. Podría intentar hacerle polvo en el juicio, pero perdería. Harry me ha repetido hasta la saciedad que si alguna vez intentaba abandonarle, no sacaría un centavo. Y le creo. No puedo arriesgarme. Quizá lo haría si no tuviese hijos, pero no puedo jugar con ellos.» Susan se ha comprometido con una vida que sólo puede tener si permanece junto a su marido.

Los tamaños y las formas de los triángulos se pueden trasladar a los acontecimientos diarios que modelan y son modelados por las propias relaciones. A menudo, las relaciones en las que los individuos están implicados a diferentes niveles —distintos tamaños de triángulos— fracasan porque el miembro menos involucrado se siente incapaz de aportar lo que desea el miembro más involucrado, mientras que este último cree que su pareja mantiene una actitud de contención, impidiendo aprovechar todo el potencial de la relación.

Si cada miembro de la pareja tiene un triángulo de distinta forma, el resultado puede ser igualmente devastador. Si uno se siente frustrado por la ausencia de intimidad y el otro por la ausencia de pasión, es muy difícil que llegue a existir una conexión mental —o de cualquier otro tipo— entre ellos cuando intentan que su relación funcione. Cada cual quiere lo que el otro no tiene y de este modo la pareja puede dar vueltas y más vueltas empeñada en poner en marcha una relación que está fallando a causa de los distintos «triángulos del amor» que ansían el uno y el otro.

## Los demás triángulos del amor

A sus treinta y seis años, Gene se sentía aceptablemente feliz y con ganas de contraer matrimonio. Pero aunque, con los años, había conocido a varias mujeres, no le parecieron adecuadas para él. Se consideraba un hombre de grandes cualidades y ninguna de aquellas mujeres se le podían comparar. Gene no se imaginaba iniciando una relación permanente con una chica que no se ajustase a lo que realmente deseaba. Y ninguna de las que había conocido satisfacía esta condición. Al principio de algunas de sus relaciones, llegó a pensar que había dado con lo que andaba buscando, pero luego se desengañaba al conocer más a fondo a su pareja. Desanimado, se preguntaba si alguna vez podría encontrar a la mujer de sus sueños. Los amigos le aconsejaban componer un juego de condiciones más razonable, pero desde su punto de vista, sus condiciones no tenían nada de irrazonable. Un matrimonio que representase un compromiso no era, en absoluto, un buen matrimonio, porque se pasaría la vida preguntándose si, de haber esperado un poco más, hubiese podido encontrar a la mujer que siempre había estado buscando.

No hay que olvidar que el amor implica no sólo un simple triángulo, sino un gran número de ellos. Los principales tipos de triángulos enfrentan lo real y lo ideal, lo autopercibido y lo que percibe la pareja, los sentimientos y las acciones. Analicemos cada una de estas clases de triángulos.

*Triángulos reales y triángulos ideales*

En una relación íntima no sólo existe el triángulo que representa el amor hacia la pareja, sino también el que representa a la pareja ideal en esa relación. Ese ideal se puede basar, en parte, en la experiencia adquirida en relaciones anteriores del mismo tipo y, en parte, en expectativas sobre lo que puede ser la relación amorosa.[1] A su vez, las expectativas de una relación potencial pueden fundarse o no en la realidad.

La relación de Dahlia con su esposo, Layton, no difiere excesivamente de la que mantienen la mayoría de sus amigas con sus respectivos maridos. Eso es algo que ha podido constatar en innumerables charlas tomando un café o en el club de bridge. Sin embargo, la diferencia entre Dahlia y sus amigas es de expectativa, de ideal. Mientras ellas no parecen esperar demasiado y tienen, más o menos, lo que se habían propuesto, Dahlia ha tenido y sigue teniendo sueños de gran amor, es decir, de profunda y cálida intimidad, de compartir y de apoyarse mutuamente. Y eso es precisamente de lo que carece. Su «triángulo del amor» es casi igual al de sus amigas, pero su triángulo ideal busca una mayor intimidad en su relación. Y al no encontrarla, experimenta una sensación de insatisfacción que no conocen sus amigas.

La figura 3.3 representa cuatro de las posibles relaciones que se pueden dar entre los triángulos reales e ideales. El primer panel muestra una coincidencia absoluta entre ellos. Dicho en otras palabras, la relación actual se corresponde, esencialmente, de una forma perfecta con el ideal de esa relación. El segundo panel muestra una infraimplicación. El triángulo de la relación actual indica la existencia de unos niveles más bajos de los tres componentes de aquellos que la persona hubiese deseado como situación ideal. El tercer panel es un claro ejemplo de sobreimplicación. En efecto, los niveles de los tres componentes son superiores de lo que uno desearía. Y el cuarto triángu-

---

1. Sternberg, R. J. y Barnes, M. L., «Real and ideal others in romantic relationships: Is four a crowd?», *Journal of Personality and Social Psychology, 49*, 1985, págs. 1.586-1.608.

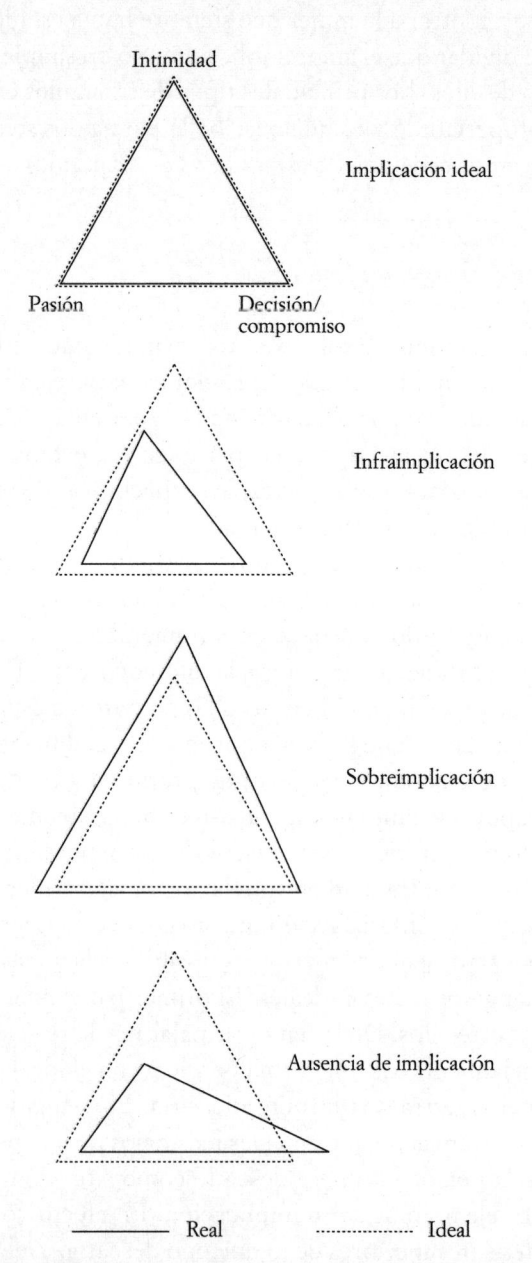

FIGURA 3.3. Relaciones entre los niveles de implicación reales e ideales.

lo muestra una situación de falta de implicación. En este caso, los niveles de intimidad y pasión son inferiores de lo que sería de desear en el plano ideal, aunque el de decisión/compromiso es superior. Mientras que en el segundo y tercer triángulos se aprecia una equiparación fundamental en el área, en el cuarto la equiparación se produce en la forma. Como es natural, también cabe la posibilidad de que existan desniveles en el área y en la forma o en ninguna de las dos, como ocurre en el primer triángulo.

La zona traslapada entre el triángulo ideal y el real se asocia al grado de satisfacción en las relaciones íntimas, mientras que la superficie no traslapada se refiere al grado de insatisfacción. O lo que es lo mismo: una vez más, somos más felices cuando el nivel de implicación no es superior ni inferior al deseado.

*Triángulos autopercibidos y triángulos percibidos por la pareja*

También cabe distinguir entre triángulos autopercibidos —tal y como vemos las cosas— y triángulos percibidos por la pareja —tal y como las ve el otro—. En una relación amorosa, cada cual tiene un triángulo que representa el amor que siente hacia la pareja. Sin embargo, eso no garantiza que dicho triángulo —esa forma de sentir— la experimente la otra persona de la misma manera que uno la experimenta. Dado que en una relación amorosa la pareja puede percibir nuestro nivel de los tres componentes del amor de un modo diferente a como nosotros juzgamos nuestro propio nivel de implicación, se pueden producir discrepancias en un triángulo entre lo que experimenta un miembro y lo experimentado por el otro. La figura 3.4 muestra dos posibles niveles de discrepancia —uno menor y otro mayor— entre triángulos autopercibidos y triángulos percibidos por la pareja.

Lennart se considera a sí mismo cuidadoso, generoso, preocupado y responsable. Es difícil imaginar un marido mejor. Liv es muy afortunada de tener un esposo como él. Pero su punto de vista difiere considerablemente del de Lennart. Para ella, la especialidad de su marido consiste en la «proyección de imágenes». Hubo un tiempo en que dichas imágenes se veían con nitidez en su pantalla. Pero ahora se ha dado cuenta de que lo que en realidad estaba viendo eran películas. Lennart no se parece en lo más mínimo a las imágenes que proyecta. Por desgracia, él no es capaz de percibir ese hecho y, hasta cierto punto, se cree el guión que ha escrito. En consecuencia, su triángulo autoproyectado no tiene nada que ver con el que Liv percibe de él en realidad.

46                    ¿QUÉ ES EL AMOR?

Intimidad

Implicaciones
perfectamente coincidentes

Pasión    Decisión/
          compromiso

Implicaciones
relativamente coincidentes

Implicaciones
moderadamente convergentes

Implicaciones
gravemente divergentes

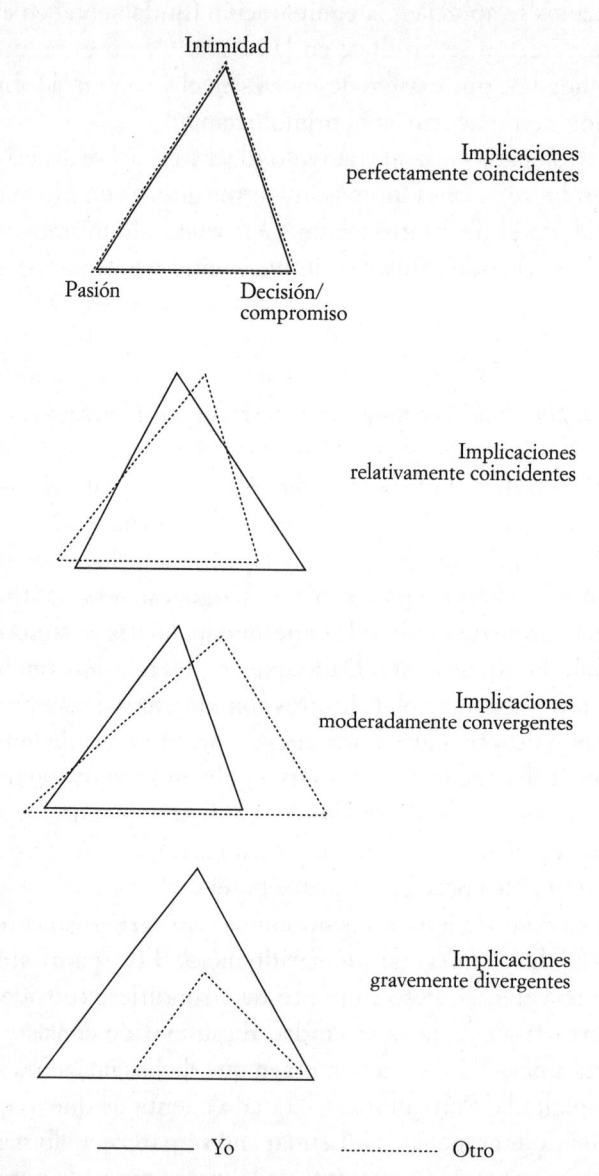

———— Yo    ·········· Otro

FIGURA 3.4. Relaciones entre la implicación de dos individuos en una relación.

*Sentimientos y triángulos de acción*

Craig había jurado a Lucy que ella lo era todo para él y que su vida carecería de sentido sin ella. Pero sus actos no eran un claro reflejo de sus palabras. Al principio, Lucy estaba encantada con sus promesas. Quería un hombre que la considerara la prioridad número uno en su vida. Pero con el tiempo, las promesas empezaron a debilitarse. Aunque Craig seguía asegurando a su compañera que era lo más importante en su vida, algo había en su comportamiento que le hacía presagiar lo contrario. Viajaba muchísimo, y cuando estaba en casa siempre parecía tener cosas más urgentes que hacer que estar con ella. Ambos hablaron de este sentimiento y Craig le dijo que comprendía perfectamente que se sintiera de aquel modo, pero que estaba malinterpretando sus actos, ya que en realidad siempre había sido lo más importante para él. Aun así, tenía otras responsabilidades y no podía desatenderlas. Al final, viéndose incapaz de reconciliar los actos y las palabras de Craig —sus actos no corroboraban lo que decían sus palabras—, Lucy decidió romper la relación.

El caso de Lucy y Craig demuestra hasta qué punto pueden divergir los sentimientos y los actos. Entre la forma de sentir de una persona y de otra pueden haber innumerables fuentes de discrepancias, aunque, sin ningún género de dudas, una de las más relevantes consiste en la incapacidad para expresar el amor no sólo con palabras, sino también con acciones. Una cosa es experimentar un determinado sentimiento, y otra radicalmente distinta expresarlo. A menudo, los sentimientos no se consiguen comunicar a causa de la incapacidad o de la falta de disposición para exteriorizarlos como es debido.

Otra fuente de discrepancias reside en el hecho de que algunos de los actos que realizamos para demostrar nuestro amor no son percibidos como tales por nuestra pareja, o incluso pasan totalmente inadvertidos. Una de las causas de esta discrepancia puede consistir en el distinto origen, nivel educativo, formación y experiencia a través de los cuales cada individuo analiza, evalúa y comprende el significado del término comportamiento. Esta situación se hace más evidente en aquellas parejas que proceden de diferentes culturas o religiones, donde la noción de lo que implica una relación íntima puede diferir sustancialmente.

Cuando los sujetos proceden de distintas culturas, lo que para uno es un verdadero acto de amor, puede carecer de la menor trascendencia para otro. Tomemos como ejemplo el afecto físico. Para unos, los signos de afecto físico —abrazarse, acariciarse, tocarse, cogerse de la mano— son ingredientes cruciales del amor romántico, pero para otros no. La importancia del afecto físico manifiesto también puede variar de una cultura a otra.

Cada uno de los tres componentes del amor se expresa por medio de acciones concretas. Así, por ejemplo, podríamos expresar la intimidad comunicando sentimientos internos; fomentando el bienestar de nuestra pareja; compartiendo las cosas, el tiempo y nuestro propio ser; demostrándole empatía y ofreciéndole apoyo emocional y material. Entre las formas de expresar la pasión se incluyen los besos, los abrazos, las miradas, las caricias y el acto sexual. Por último, la decisión/compromiso se puede expresar con promesas de fidelidad, defendiendo la relación en los momentos difíciles, con el matrimonio, etc. Ni que decir tiene que las acciones que expresan un determinado componente del amor suelen diferir un poco según sea la persona, la relación y la situación.

No obstante, es importante considerar el amor tal y como se manifiesta a través de los actos, por medio de signos concretos de amor, como por ejemplo planificar unas vacaciones sorpresa, regalar flores o bombones en lugar de mandar una tarjeta de felicitación, llamar por teléfono simplemente para saludar en el momento menos pensado, etc. La acción tiene distintos efectos en una relación. Veamos algunos de ellos.

Primero, las acciones pueden influir en el nivel de los tres componentes. En efecto, los sentimientos y las ideas de un individuo se podrían ver afectados por los actos de su pareja de la misma manera que éstos se vean influidos por los sentimientos y las ideas de aquélla.[2] Es decir, que la forma de actuar de la gente modela su modo de sentir y de pensar, al igual, probablemente, que la forma en la que sienten y piensan modela el modo de actuar.

Segundo, determinadas acciones desencadenan otras acciones. Dicho en otras palabras, actuar de un cierto modo tiende a generar acciones en modos afines de actuar, creando, por consiguiente, una red de acciones. Expresar el amor con los actos, no sólo con las palabras, puede conducir a nuevas formas de expresar el amor por medio de la acción, mientras que la falta de autoexpresión a veces provoca sucesivas ausencias de este tipo.

Tercero, es probable que nuestro modo de actuar influya en lo que la pareja siente y piensa de nosotros. Es decir, que se pueda esperar que nuestras acciones influyan en el triángulo del amor que siente hacia nosotros nuestra pareja.

Cuarto y último, las acciones de un miembro de la relación tendrán un efecto casi inevitable en las acciones del otro miembro, dando lugar a una serie de secuencias de actos emparejados que se fortalecen mutuamente. ¿Qué ocurre si, con el tiempo, estas secuencias de acciones emparejadas evolucionan?

---

2. Bem, J. D., «Self-perception theory», *Advances in Experimental Social Psychology*, 6, 1972, págs. 1-62.

## La evolución de los triángulos del amor a lo largo del tiempo

Cada uno de los tres componentes del amor ha evolucionado de un modo diferente, y los cambios, casi inevitables, operados a lo largo del tiempo han modificado la naturaleza de las relaciones amorosas.

### *Intimidad*

Bill y Brenda disfrutaron de lo que para ellos fue un noviazgo ideal. Compartían los mismos intereses y valores, y confiaban el uno en el otro. Al casarse, estaban convencidos de que la suya sería una relación maravillosa. Y no les fue mal, aunque con el tiempo cada vez tenían menos cosas que decirse y, en ocasiones, se veían obligados a idear alguna que otra conversación intrascendente para entretenerse. Bill trabajaba una barbaridad, aunque nunca le había gustado llevarse trabajo a casa y, en consecuencia, jamás hablaba a su esposa de sus quehaceres cotidianos. Por su parte, Brenda colaboraba en la administración de un refugio para mujeres maltratadas, pero a Bill no le interesaba demasiado saber lo que hacía. Sus relaciones sexuales seguían siendo buenas, aunque empezaban a sentir que se estaban alejando un poco el uno del otro. No era por nada concreto; simplemente un alejamiento lento e inexorable. Lo que se había iniciado como una relación íntima se convirtió en una relación bastante distante, hasta que al final, Brenda se dio cuenta de que, en realidad, no estaban viviendo juntos, sino en paralelo. Llegados a este punto, acudieron a un consejero matrimonial que consiguió reunirlos de nuevo al descubrir que su falta de comunicación y de apoyo mutuo se había convertido, básicamente, en un mal hábito, pero que se podía vencer con el esfuerzo de ambas partes.

La evolución de la intimidad como componente del amor se basa en las teorías contemporáneas de la emoción en las relaciones amorosas.[3] Según estos planteamientos, la emoción sólo se experimenta como resultado de una interrupción de las interacciones comunes y bien ensayadas que existen entre los miembros de la pareja —lo que podríamos calificar de *guiones*—. Es decir, la realización de una acción esperada no causa ningún sentimiento especial de emoción, pero si nuestra pareja deja de realizar una acción esperada o

---

3. Berscheid, E., «Emotion», en Kelley, H. H. y otros, *Close relationships*, Nueva York, Freeman, 1983, págs. 110-168; Mandler, G., «The generation of emotion: A psychological theory», en Plutchik, R. y Kellerman, H. (comps.), *Emotion: Theory, research and experience: vol 1. Theories of emotion*, Nueva York, Academic Press, 1980, págs. 219-243.

lleva a cabo una acción inesperada, lo más probable es que experimentemos algún tipo de emoción, igualmente inesperada, respecto a ella.

A medida que dos personas se van conociendo más a fondo, acumulan un mayor número de guiones. En las primeras etapas de una relación, cada individuo tiene innumerables incertidumbres acerca de lo que siente, dice o hace su pareja, y eso es así porque ninguno de los dos es capaz de predecir su comportamiento mutuo. En general, se producen frecuentes interrupciones y trastornos en la relación a medida que ambos se van conociendo. Con el tiempo, la frecuencia de las interrupciones suele disminuir, porque se conocen mejor, son más predecibles mutuamente y dependen el uno del otro por lo que se refiere a su comportamiento predecible. Al decrecer las interrupciones también se reduce la emoción experimentada, hasta que al final, uno o los dos miembros de la pareja pueden llegar a experimentar muy poca o ninguna emoción.

La disminución de la intimidad experimentada en una relación amorosa, sobre todo si es de tipo romántico, tiene una vertiente positiva y negativa. Según la positiva, el descenso de la intimidad es fruto de un aumento en los vínculos interpersonales, es decir, de la mayor proximidad que se establece entre los dos miembros de la pareja. Ambos están tan unidos entre sí que uno ni siquiera se da cuenta que el otro está ahí. Viene a ser algo parecido al aire que respiramos; damos por supuesto su existencia sin necesidad de pensar en él, pese a ser indispensable para la vida. Por lo tanto, se podría considerar que la relación goza de una gran cantidad de intimidad. Según la negativa, la falta de intimidad apreciable suele dificultar la distinción entre una relación amorosa íntima y la inexistencia de relación.

Esta situación está representada en la figura 3.5, que muestra los dos niveles de intimidad —el oculto y el experimentado— como una función de la evolución de la relación en el tiempo. La relación fracasada o en vías de fracaso se diferencia, fundamentalmente, de la relación satisfactoria más por lo que respecta a la intimidad oculta que a la experimentada o apreciable.

Afortunadamente, una relación viva se puede distinguir de una relación agonizante o muerta de varias formas. La más evidente consiste en generar alguna interrupción —acción impredecible o cambio en la conducta— para activar la intimidad. Por ejemplo, la separación de los amantes, aunque sólo sea durante un breve período de tiempo, puede ayudar a concretar hasta qué punto sigue existiendo un sentimiento de amor mutuo. La alteración de los hábitos rutinarios establecidos, como en el caso de unas vacaciones juntos, también será útil para determinar el estado de la intimidad en una relación.

Hay veces en que sólo se consigue saber cuál es el grado de intimidad que uno tiene o ha tenido en una relación mediante una intervención extre-

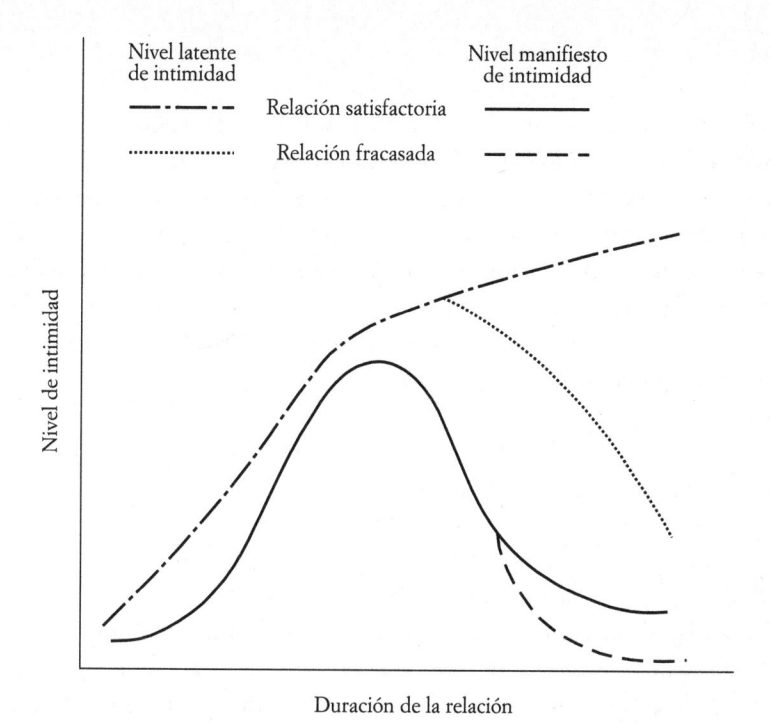

FIGURA 3.5. El curso de la intimidad como una función de la duración de una relación.

ma. Así, por ejemplo, cuando uno de los miembros de la pareja contrae una grave enfermedad, el otro suele sorprenderse por la profunda preocupación y malestar que le causa esa situación. Incluso quienes han llegado al punto de dar por supuesta su relación pueden darse cuenta de lo importante que es para ellos el bienestar de su compañero. En todos estos casos existe intimidad, aunque ni uno ni otro sean conscientes de ello. De un modo similar, las parejas que parecen —y afirman— no estar nunca de acuerdo en nada pueden haber invertido una considerable intimidad en su relación, cualquiera que sea su naturaleza.[4] Partiendo de esta perspectiva de la evolución de este componente del amor en las relaciones íntimas, es esencial que las parejas experimenten la menor cantidad posible de interrupciones para poder recuperar la conciencia de su implicación íntima antes de llegar a un estadio más avanzado de trastorno interpersonal, como el divorcio.

4. Sternberg, R. J., «Love is a story», *General Psychologist, 31*, 1994, págs. 1-11; Sternberg, R. J., «Love stories», *Personal Relationships, 3*, 1996, págs. 69-70.

*Pasión*

Cuando Rick conoció a Sally, sintió un amor apasionado por primera vez en su vida. Había tenido otras relaciones y un sinfín de *affaires* más o menos casuales, pero la relación con Sally era distinta. Nunca antes se había sentido verdaderamente apasionado y absorto por una mujer. Por su parte, Sally consideraba aquella relación como su auténtica salvación. Acababa de dar por terminada la segunda de dos experiencias desastrosas, y estaba convencida de que ahora las cosas iban a cambiar. Rick y Sally se veían a diario y hacían el amor muy a menudo. Con el tiempo, la relación siguió siendo reconfortante y satisfactoria, aunque ambos se daban perfecta cuenta de que el grado de pasión declinaba paulatinamente. Y eso les tenía muy preocupados. ¿Dónde había quedado aquella pasión que habían experimentado el uno por el otro? ¿Cómo podían recuperarla?

Pero por mucho que lo intentaban no lograban revitalizarla, y se sentían muy disgustados por la pérdida de algo que, en su día, había sido tan valioso para ellos. La evolución del componente pasión en las relaciones amorosas difiere de la del componente intimidad. La visión que presentamos aquí, y que se detalla en la figura 3.6, se basa en la teoría de los procesos opuestos de la motivación adquirida.[5]

La motivación experimentada —deseada o anhelada— hacia un individuo o un objeto es una función de dos procesos opuestos subyacentes: el primero, un proceso positivo, se desarrolla rápidamente, pero también declina con la misma celeridad; el segundo, un proceso negativo, evoluciona lentamente y también se debilita con lentitud. El resultado de ambos procesos operando conjuntamente consiste en una evolución motivacional semejante a la representada en la figura 3.6.

El componente pasión del amor parece ser un poderoso acicate de la excitación psicológica y corporal. Además, su desarrollo guarda una estrecha relación con el que plantea la teoría de los procesos opuestos. Podemos, pues, concluir que dicha teoría describe perfectamente la evolución temporal del componente pasión o, por lo menos, de sus aspectos motivacionales.

Aplicando esta teoría al amor, podemos experimentar una erupción casi inmediata de la pasión en el momento de conocer a una persona por la que nos sentimos atraídos, tanto físicamente como por cualquier otro motivo. Esa excitación pasional se incrementa a la velocidad de la luz, aunque tarda relativamente poco en alcanzar su punto de máximo auge.

5. Solomon, R. L., «The opponent-process theory of acquired motivation: The cost of pleasure and the benefits of pain», *American Psychologist, 35*, 1980, págs. 691-712.

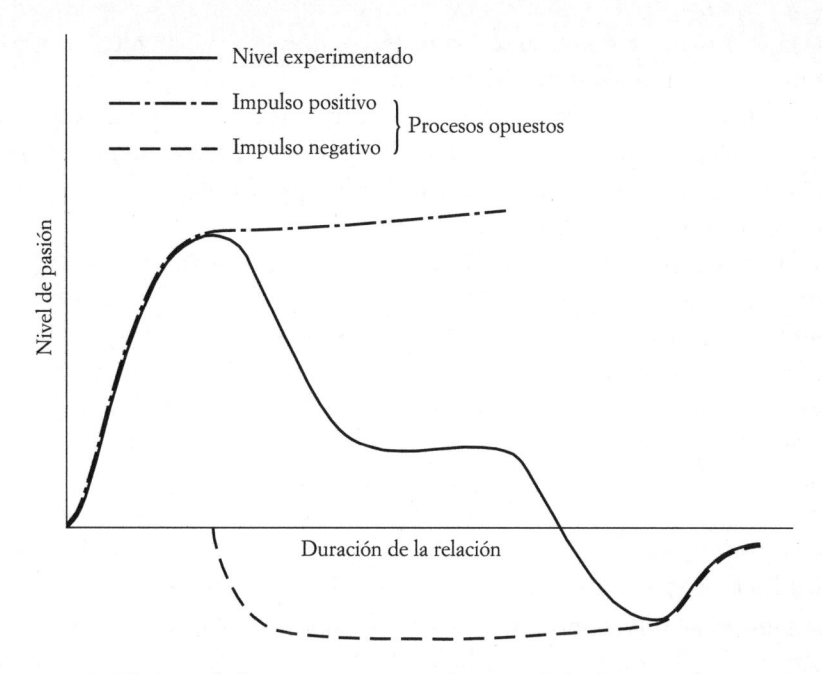

FIGURA 3.6. El curso de la pasión como una función de la duración de una relación.

A partir de ese instante, una fuerza negativa empieza a actuar en oposición al sentimiento pasional, una fuerza decisiva para el equilibrio de la persona, ya que contribuye a evitar que se convierta en una adicción absoluta e irrefrenable, tanto a una sustancia como a un ser humano. En ocasiones, en el amor, evita que la pasión se eche a perder, se estropee, «caduque» —aunque no siempre, tal y como lo demuestran claramente los crímenes pasionales—. Cuando la pasión ha llegado a su cenit, empieza a decrecer y, bajo la influencia de aquella fuerza negativa, evolucionamos gradualmente hasta alcanzar un estadio más o menos estable de *habituación* del sentimiento hacia la persona u objeto.

Ahora, tanto la fuerza positiva como la negativa (fuerzas opuestas) están equilibradas, y en el supuesto caso de perder a aquella persona —o aquel objeto—, no nos limitaríamos a retroceder hasta el punto de partida, es decir, el nivel cero de excitación pasional que sentíamos antes de conocer a la persona u objeto—, sino que, probablemente, nos sumiríamos en una profunda depresión, nos acosarían los remordimientos y experimentaríamos un extraordinario malestar. Esa caída en picado es fruto de la pérdida de la fuerza pasional positiva —la persona o el objeto se ha esfumado— junto con la continuación de la fuerza negativa —seguimos sintiendo los efectos de la ausencia—. Con el tiempo, los efectos de la fuerza negativa, que tardan mucho en desaparecer, empezarán a moderarse muy gradualmente hasta que, por fin, regresamos al estadio original.

Resulta útil pensar en el modelo motivacional en términos de adicción. En efecto, la similitud entre el componente pasión del amor y el aspecto motivacional de una adicción ha conducido a algunos investigadores a referirse al amor precisamente como a una adicción.[6]

Al principio, uno no siente ninguna motivación o necesidad especial respecto a las sustancias adictivas, tales como las drogas, el tabaco o el café. Cuando empieza a consumirlas y llega a la conclusión de que le han dado un «buen» resultado, surge la probabilidad de seguir consumiéndolas. Sin embargo, al incrementar el consumo, se empieza a habituar, hasta el punto de que una determinada cantidad ya no le causa el mismo efecto ni le produce aquel «buen» resultado de antes. Al final, acaba estando tan habituado que necesita seguir consumiendo las sustancias para evitar el síndrome de abstinencia, con sus inevitables síntomas de depresión, irritabilidad y ansias irrefrenables de conseguir nuevas dosis. Si decide interrumpir el consumo, deberá superar un difícil período en el que se experimenta una gran diversidad de desagradables síntomas psicológicos y somáticos. Transcurrido este período, se vuelve al estado normal. Respecto a la pasión en las relaciones amorosas, mucha gente afirma que el poderoso impulso sexual experimentado en los inicios de la relación se atenúa y se transforma con el paso del tiempo, aunque no necesariamente en algo menos satisfactorio.

*Decisión y compromiso*

Jeanne y Jim no eran nada si no se comprometían mutuamente. El compromiso estaba por encima de todo lo demás en la relación que les unía. Se casaron después de un noviazgo de cuatro años. Su matrimonio tuvo los altibajos normales de cualquier relación, con algunos períodos de tiempo inciertos, puesto que el trabajo de Jim le obligaba a cambiar frecuentemente de residencia para poder ascender en la jerarquía empresarial. Pero consiguieron superarlos. Cuando Jim cumplió los sesenta años, decidieron que ya estaban preparados para su segunda luna de miel. Entonces descubrieron que, incluso cuando se casaron, no se habían dado cuenta de hasta qué punto estaban comprometidos el uno con el otro. Su compromiso ya no consistía en largas declaraciones de amor eterno o de que su vínculo iba a durar toda la vida. El compromiso surgió estando juntos y permaneciendo juntos durante las situa-

---

6. Peele, S. y Brodsky, A., *Love and addiction*, Nueva York, New American Library, 1976.

ciones difíciles y también durante las fáciles, y reafirmándose personal y mutuamente que su relación siempre había sido lo primero y siempre lo sería.

La evolución del componente decisión/compromiso del amor en una relación íntima depende en gran medida del éxito de dicha relación —y viceversa—. Habitualmente, el nivel de compromiso parte de cero, antes de conocer a la pareja, y luego va en aumento. Por lo general, en las relaciones a largo plazo el incremento del compromiso, en el marco del componente decisión/compromiso, será gradual al principio y, después, se acelerará. Si la relación se prolonga a lo largo de los años, el compromiso casi siempre se nivela, describiendo una curva en forma de S. Si se debilita, el compromiso empezará a declinar; y si fracasa, el compromiso desaparece por completo. La figura 3.7 muestra gráficamente el desarrollo de este componente del amor. Como siempre, la suavidad de la hipotética curva no toma en consideración las tribulaciones por las que atraviesan muchas relaciones. Tal y como se puede observar en dicha figura, incluso la más satisfactoria de las relaciones experimenta sus altibajos.

Para finalizar, las curvas que representan el grado de intimidad, pasión y decisión/compromiso tienen formas distintas, diferencias que pueden ser incluso más acusadas de las que aparecen en este gráfico a causa de las diver-

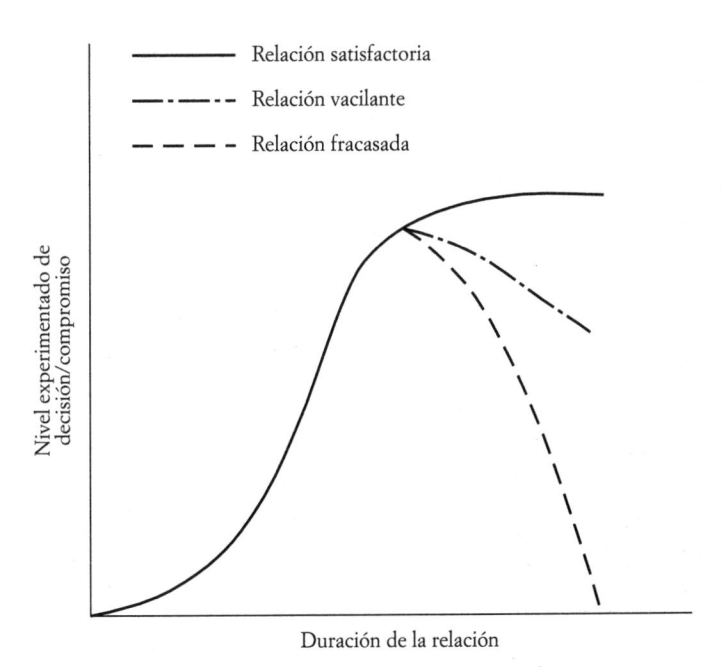

FIGURA 3.7. El curso de la decisión/compromiso como una función de la duración de una relación.

gencias individuales en las relaciones amorosas. Debido a las diferentes trayectorias que describen los tres componentes del amor a lo largo del tiempo, las relaciones irán cambiando poco a poco.

La consabida frase de «Y vivieron felices por siempre jamás» no tiene por qué ser exclusiva de los cuentos de hadas, aunque para hacerse realidad debe tratarse de una felicidad basada en las distintas configuraciones que adquieren los sentimientos mutuos en las diferentes etapas de una relación. Las parejas que esperan que la pasión dure eternamente, o que la intimidad permanezca inmutable, están predestinadas a sufrir un gran desengaño. Las relaciones son construcciones que se desmoronan con el tiempo si no se llevan a cabo las obras de mantenimiento, e incluso de mejora, necesarias. Al igual que un edificio, una relación no es capaz de cuidarse por sí sola. Somos nosotros quienes debemos asumir la responsabilidad de conseguir que nuestras relaciones sean lo mejor posible, trabajando constantemente para comprenderlas, conservarlas y reconstruirlas. Para ello, nos puede resultar muy útil conocer en qué estado se hallan. La Escala triangular del amor, que se analiza en el capítulo 4, nos ayudará a evaluarlo correctamente.

# CAPÍTULO 4

# Evaluación del triángulo del amor

Desde la perspectiva de la teoría triangular, el amor se puede medir. A tal efecto, he desarrollado una escala para medir cada uno de sus tres componentes, lo que permite a las parejas conocer mejor el posicionamiento de cada cual en una relación íntima. Al poner de manifiesto las diferencias específicas que existen entre el amor de los dos miembros de una pareja, esta escala puede ser terapéutica, ayudando a destacar las áreas en las que es necesario que se produzca un cambio y sugiriendo las clases de acciones que podrían actuar en él. Así pues, los miembros de la pareja pueden aproximarse más el uno al otro o, cuando menos, al estadio en el que cada uno de ellos es capaz de comprender y respetar las diferencias de su compañero.

En este capítulo he reproducido un cuestionario que he utilizado para medir el amor —la Escala triangular del amor de Sternberg—. En uno de mis estudios, intenté validar dos cosas a la vez: por un lado, esta nueva escala y, por otro, la teoría triangular.[1] En dicho estudio participaron 101 adultos de la zona de New Haven —50 eran varones y 51 mujeres— de entre todos los que respondieron a un anuncio insertado en un periódico local. Las condiciones de la selección fueron las siguientes: tener más de dieciocho años, considerarse a sí

---

1. Sternberg, R. J., «Construct validation of a triangular love scale», *European Journal of Social Psychology,* 27, 1997, págs. 313-335.

mismos como eminentemente heterosexuales y, o bien estar casados, o estar manteniendo una relación amorosa. Podían ser individuos que no hubiesen tomado parte en ninguno de nuestros experimentos anteriores. La edad de los participantes oscilaba entre dieciocho y setenta y un años, con una media de treinta y uno. Por otro lado, la duración de sus relaciones interpersonales estaba comprendida entre uno y cuarenta y dos años, con 6,3 de media.

La Escala triangular del amor de Sternberg

*Instrucciones*

Los espacios en blanco representan a la persona con la que está manteniendo una relación. Puntúe dos veces cada afirmación del 1 al 9, de tal modo que 1 = «en absoluto», 5 = «moderadamente» y 9 = «Sí, sin paliativos». Use las demás puntuaciones de la escala para indicar niveles intermedios de sentimientos.

La primera puntuación debería representar hasta qué punto la afirmación es *característica* de su relación. Es decir, ¿hasta qué punto diría que esta afirmación refleja cómo se siente en su relación? La segunda indicaría el grado de *importancia* de la afirmación en su experiencia personal. O sea, ¿hasta qué punto cree que es importante sentir eso que siente, independientemente de cómo se sienta en realidad?

*Intimidad*

1. Fomento activamente el bienestar de ____.
2. Tengo una relación muy cálida con ____.
3. Puedo contar con ____ cuando es necesario.
4. ____ puede contar conmigo cuando es necesario.
5. Me gusta compartir mi tiempo y mis pertenencias con ____.
6. Recibo un notable apoyo emocional de ____.
7. Presto un notable apoyo emocional a ____.
8. Me comunico bien con ____.
9. ____ tiene un valor extraordinario en mi vida.
10. Me siento próximo a ____.
11. Tengo una relación cómoda con ____.
12. Siento que verdaderamente comprendo a ____.
13. Siento que ____ realmente me comprende.
14. Siento que puedo confiar plenamente en ____.

15. Comparto toda mi información estrictamente personal sobre mí mismo con ____.

*Pasión*

16. Me basta con ver a ____ para excitarme.
17. Pienso en ____ muchas veces durante el día.
18. Mi relación con ____ es muy romántica.
19. Creo que ____ es muy atractivo/a.
20. Idealizo a ____.
21. No puedo imaginar a otra persona haciéndome tan feliz como lo hace ____.
22. Estaría con ____ antes que con cualquier otra persona.
23. Para mí, no hay nada más importante que mi relación con ____.
24. Me gusta muy especialmente el contacto físico con ____.
25. Hay algo «mágico» en mi relación con ____.
26. Adoro a ____.
27. No puedo concebir mi vida sin ____.
28. Mi relación con ____ es apasionada.
29. Cuando veo una película romántica y leo libros románticos pienso en ____.
30. Suelo fantasear con ____.

*Compromiso*

31. Sé que cuido a ____.
32. Estoy comprometido en el mantenimiento de mi relación con ____.
33. Debido a mi compromiso con ____, no permitiría que otras personas se interpusieran entre nosotros.
34. Confío en la estabilidad de mi relación con ____.
35. No permitiría que nada se interpusiera en mi compromiso con ____.
36. Espero que mi amor hacia ____ dure el resto de mi vida.
37. Siempre me sentiré responsable de ____.
38. Considero que mi compromiso con ____ es sólido.
39. No puedo imaginar dar por terminada mi relación con ____.
40. Estoy seguro de mi amor hacia ____.
41. Considero que mi relación con ____ es permanente.
42. Considero que mi relación con ____ es una buena decisión.

43. Siento una especie de responsabilidad hacia ____.
44. Tengo previsto continuar mi relación con ____.
45. Aunque a veces ____ es difícil de tratar, sigo comprometido con nuestra relación.

Explicación de los enunciados en la Escala triangular del amor

Los enunciados del 1 al 15 evalúan el componente intimidad; los del 16 al 30, el componente pasión; y los del 31 al 45 el componente decisión/compromiso. El resultado se obtiene sumando las puntuaciones asignadas a cada una de las subescala de los componentes y dividiendo la cifra por 15. Eso le dará la puntuación media de cada enunciado. (En la escala que se utiliza fuera del contexto de este libro, los enunciados figuran ordenados al azar y no agrupados por componentes, como aquí.)

Información normativa para la Escala triangular del amor

A continuación incluimos alguna información normativa que hemos recogido en nuestros estudios. La hemos presentado dividida por características e importancia. En teoría, el punto hasta el que un determinado enunciado es característico de una relación debería coincidir aproximadamente con su nivel de importancia para la misma. Cuanto mayor sea la divergencia, mayor será el potencial de malestar y desavenencia entre los miembros de la pareja.[2]

*Características*

«¿Hasta qué punto es característico de su relación la descripción de cada enunciado?»

|  | Intimidad | Pasión | Compromiso |
|---|---|---|---|
| Mucho | 8,6 | 8,2 | 8,7 |
| Regular | 7,4 | 6,5 | 7,2 |
| Poco | 6,2 | 4,9 | 5,7 |

2. Sternberg, R. J. y Hojjat, M., *Empirical tests of aspects of a theory of love as a story* (manuscrito en proceso de publicación).

*Importancia*

«¿Hasta qué punto es importante para su relación la descripción de cada enunciado?»

|  | Intimidad | Pasión | Compromiso |
|---|---|---|---|
| Mucho | 9,0 | 8,0 | 8,8 |
| Regular | 8,2 | 6,8 | 7,6 |
| Poco | 7,4 | 5,4 | 6,5 |

Quienes respondieron «mucho» representan alrededor del 15% de los resultados más elevados y quienes respondieron «poco» el 15% de los más bajos.

## Conclusiones del uso de la escala

En nuestro estudio, las diferencias entre los sexos no fueron significativas.

Utilicé la técnica estadística del análisis de los factores para determinar si la estructura subyacente del cuestionario era la que esperábamos. Es decir, aunque la teoría identifica la intimidad, la pasión y la decisión/compromiso como componentes fundamentales del amor, no existe ninguna garantía de que sean los únicos o de que las puntuaciones que les otorga la gente al cumplimentar el cuestionario estén de acuerdo con la estructura sugerida por la teoría. El análisis de los factores constituye un buen método de determinar si el cuestionario mide estos tres componentes o si evalúa algo más.

La aplicación de dicho análisis a las puntuaciones de la caracterización y de la importancia de cada enunciado en la relación interpersonal reveló la presencia de tres factores, que se corresponden con el compromiso, la pasión y la intimidad (el orden indica la intensidad de cada factor). Aunque, en términos generales, los enunciados dieron los resultados esperados, algunos —15 de 45— no se ajustaron exactamente al modelo previsto por la teoría triangular.

Por otro lado, también pedimos a los participantes en nuestro estudio que puntuaran el nivel de satisfacción en su relación amorosa, observando que la intimidad y la pasión son los factores que generan una mayor satisfacción, seguidos del compromiso. En particular, la satisfacción derivada de la intimidad se expresa, eminentemente, en términos de felicidad, proximidad y carácter positivo y reconfortante de la relación, y no porque la escala de la satisfacción destacara este componente por encima de los demás.

Resumiendo, éstos y otros datos más técnicos apoyaron bastante bien la teoría triangular del amor. Es evidente que los datos podrían haber corroborado cualquier otra teoría —o ninguna— y que los componentes de la teoría hubiesen podido fracasar a la hora de predecir el grado de satisfacción en las relaciones. Pero lo cierto es que coincidieron. La teoría triangular no sólo es intuitivamente plausible, sino que también tiene su lógica en términos de datos empíricos. De ahí que se puedan aplicar tanto la teoría como la escala con la confianza de llegar a comprender la función del amor en las relaciones interpersonales, aunque sin perder nunca de vista que ni ésta ni ninguna otra teoría podrán responder a todas las cuestiones posibles sobre el amor. Para entender mejor el significado del amor, es necesario echar una ojeada a su historia, y eso es precisamente lo que haremos en la segunda parte del libro.

# SEGUNDA PARTE

## Apuntar la flecha de Cupido: el amor a lo largo del tiempo

CAPÍTULO
5

## La prehistoria del amor

Como es lógico, la teoría de la evolución se aplicó, en primer lugar, a los organismos biológicos.[1] Una de las cuestiones fundamentales que plantea esta teoría se refiere a la aparición de los seres humanos en nuestro planeta. Según los evolucionistas, a través de un proceso de selección natural, los organismos que fueron capaces de adaptarse al entorno sobrevivieron y se reprodujeron, y los que no consiguieron adaptarse se extinguieron antes de poder reproducirse.

Con el tiempo, las fuerzas selectivas favorecieron más a unos genes que a otros. A través de mutaciones esencialmente casuales, se desarrollaron nuevos tipos de organismos, la mayoría de los cuales dificultaban la capacidad de adaptación de los mutantes. Pero de vez en cuando se producía una mutación favorable, que proporcionaba una ventaja al mutante sobre las especies existentes. Al final, el hombre evolucionó, especialmente dotado para la adaptación al medio ambiente.

---

1. Darwin, C., *On the origin of species by means of natural selection, or preservation of favoured races in the struggle for life*, Londres, Murray, 1859 (trad. cast.: *El origen de las especies*, Madrid, Alba, 1997); Darwin, C., *The descent of man and selection in relation to sex*, Londres, Murray, 1971 (trad. cast.: *El origen del hombre*, Madrid, Edimat, 1998).

En el siglo XIX se realizaron algunos intentos de aplicación de la teoría de la evolución a la esfera social y a la biológica, aunque el «darwinismo social» demostró ser poco más que una apología del orden social existente.[2] Dicho movimiento, que tenía muy poco que aportar, declinó rápidamente.

En el transcurso de las dos últimas décadas, aproximadamente, se han llevado a cabo nuevos intentos de adaptación de la teoría evolucionista al ámbito social en general y a las relaciones interpersonales en particular. Numerosos defensores de este punto de vista han propuesto planteamientos evolucionistas del amor y de la atracción.[3]

Según esta perspectiva, el amor adulto es el producto de, por lo menos, tres tendencias principales.

La primera consiste en la necesidad del niño de ser protegido por sus padres o por quienes les sustituyan. Los padres deben mostrar un *compromiso* hacia el niño, el importantísimo tercer componente de la teoría triangular del amor. La función evolutiva de vinculación se expresa, ante todo, en la protección de los predadores; los individuos —tanto niños como adultos— tienden a buscar nexos de unión cuando se hallan ante una amenaza externa. Por ejemplo, en las guerras, las naciones asediadas buscan aliados; las personas que se ven amenazadas por una acción legal buscan abogados que defiendan sus intereses; en el entorno familiar, cuando un miembro está en peligro, todos los demás suelen apiñarse a su alrededor, aun cuando en el pasado no hubiesen estado particularmente unidos. La tragedia puede unir a las parejas y a las familias, si bien una tensión extrema también puede separar a la pareja o desmoronar el núcleo familiar.

Un investigador ha sugerido la existencia de una estrecha analogía entre la vinculación que John Bowlby ha estudiado en los niños y la que se puede observar en los amantes adultos.[4] Bowlby descubrió la inclinación del niño a buscar —a vincularse— a la madre como una manifestación de seguridad y

---

2. Spencer, H., *The principles of psychology*, Nueva York, Appleton, 1886.

3. Ackerman, D., *A natural history of love*, Nueva York, Random House, 1994; Buss, D. M., *The evolution of desire*, Nueva York, Basic, 1994 (trad. cast.: *La evolución del deseo*, Madrid, Alianza, 1997); Fisher, M. E., *Anatomy of love*, Nueva York, Norton, 1992; Kenrick, D. T. y Trost, M. R., «A reproductive exchange model of heterosexual relationships: Putting proximate economics in ultimate perspective», en Hendrick, C. (comp.), *Close relationships: Review of personality and social psychology*, Newbury Park, California, Sage, 1989, vol. 10, págs. 92-118; Small, M. F., *What's love got to do with it?*, Nueva York, Anchor Books, 1995; Wilson, G., *The Coolidge effect: An evolutionary account of human sexuality*, Nueva York, Morrow, 1981.

4. Bowlby, J., *Attachment and Loss: vol. 1. Attachment*, Nueva York, Basic, 1969 (trad. cast.: *La pérdida afectiva*, vol. 1, *El apego*, Barcelona, Paidós, 1998).

un refugio ante el estrés. Desde esta perspectiva, los niños son una réplica de sus padres y se vinculan a ellos como nunca lo harán con ningún otro adulto. Más tarde, cuando se hacen adultos, tienden a buscar amantes que se parezcan a sus padres en determinados aspectos fundamentales. La gente puede ser especialmente susceptible a la réplica visual, hasta el punto de que incluso pueden escoger amantes que se asemejen físicamente a su progenitor de sexo opuesto. Básicamente, los niveles y los tipos futuros de *intimidad* del ser humano —el primer componente en la teoría triangular— se determinan, en parte, en su infancia.

La segunda tendencia fundamental —que en algunos aspectos es la cruz de la moneda— consiste en la inclinación protectora paterna. No sólo buscamos la protección de nuestra pareja, sino, a su vez, poder protegerla. En consecuencia, los varones se sienten atraídos, muy a menudo, por las mujeres que, en cierto modo, parecen niñas, ya sea por sus grandes ojos o por la suavidad de su piel, describiendo a sus amantes como monísimas, lindísimas, que están para comérselas y que son adorables, utilizando apodos diminutivos y empleando un lenguaje infantil —media lengua— para hablarles cuando existe un alto nivel de intimidad entre ellos. Asimismo, a las mujeres les suelen encantar los aspectos de «niño pequeño» de sus novios y de sus maridos, refiriéndose a ellos igualmente con apodos diminutivos. La función evolutiva consiste en la protección que uno proporciona al otro y, por consiguiente, a cualquier descendiente que sea fruto de la relación. Dicha protección depende del *compromiso* que exista entre los dos individuos que forman la pareja para seguir adelante con la relación pase lo que pase.

El tercer tipo de tendencia es sexual y, por lo tanto, está eminentemente asociada al componente *pasión* de la teoría triangular. La réplica sexual se puede desarrollar a partir de los tres o cuatro años de edad. En general, aunque no siempre, la vinculación se establece con un miembro del sexo opuesto, aunque a largo plazo esa réplica no tiene por qué traducirse necesariamente en un comportamiento comparable al del sexo opuesto.

Los varones pueden experimentar una inclinación muy particular hacia las relaciones sexuales apasionadas de corta duración. Al elegir a sus parejas sexuales suelen ser menos selectivos que las mujeres, ya que les resulta muy fácil propagar sus genes a través del acto sexual y pueden seguir haciéndolo durante una buena parte de su vida adulta. Casi siempre apuestan por mujeres que estén en condición de darles hijos —mujeres que gozan de buena salud y cuyos máximos poderes suelen ser el atractivo físico y la juventud—. Las mujeres tienden a ser más selectivas, ya que sus posibilidades de propagación genética son limitadas. Ovulan una vez al mes —sólo hasta la menopausia— y sólo pueden quedar encintas una vez al año poco más o menos. En cambio, el número de mujeres que un varón puede fecundar es casi ilimitado, incluso en un corto período de tiempo. Las mujeres, dadas sus escasas oportunidades, suelen inclinarse por tener los niños más sanos posible, desde un punto de vista genético: de ahí que sean muy cuidadosas a la hora de elegir al varón con el que van a copular y el momento en el que van a hacerlo. Lo más habitual es que se decanten por varones de mayor edad que hayan demostrado su capacidad en la consecución de los recursos necesarios para mantener tanto a su pareja como a su progenie. Asimismo, optarán por aquellos varones cuyo compromiso hacia ellas y sus descendientes les inspire confianza.

Nuestra civilización actual, por lo menos en Occidente, fomenta y, por lo general, sólo permite legalmente la adquisición de un único compromiso conyugal en un momento determinado —monogamia—. Dos fuerzas nos impulsan en esta dirección: por un lado, un sentido de moralidad y de justicia, y por otro, la búsqueda de condiciones de vida estables para los padres y los hijos. Así, por ejemplo, los niños disfrutan de un entorno más estable en un hogar convencional que si conviven con un padre o una madre que va cambiando regularmente de pareja.

Desde una perspectiva evolucionista, la última función del amor romántico consiste en la propagación de las especies a través de la relación sexual. El amor romántico (intimidad más pasión) no suele durar demasiado tiempo, y en aquellos casos en que es la única fuerza que mantiene unida a la pareja, puede ocasionar problemas a la hora de asegurar que los niños crezcan de un modo que les permita desarrollar todo su potencial. El amor de compañía (intimidad más compromiso), o incluso el simple agrado, contribuye a que la pareja permanezca unida y se vuelque en la educación de los niños una vez que el amor romántico ha pasado a mejor vida. Sin embargo, desde el punto de vista de la evolución es posible que las relaciones a largo plazo no constituyan el estado natural del ser humano. En efecto, algunas parejas deciden separarse cuando sus hijos ya son mayores.

El carácter incondicional del amor que sienten los padres hacia sus hijos se expresa, en términos evolucionistas, en la necesidad, igualmente incondicional, que sienten los niños de que sus padres estén a su lado durante los primeros años de su vida. Efectivamente, para algunos padres, por lo menos, una buena parte de la incondicionalidad del compromiso declina a medida que el niño va creciendo y deja de depender esencialmente de ellos.

La teoría evolucionista constituye un audaz intento de situar el amor en un amplio marco biológico. Es evidente que no puede responder a todas las cuestiones relacionadas con el amor, aunque, al mismo tiempo, da respuestas que no sería capaz de dar ninguna otra teoría del amor, como por ejemplo, por qué el amor hacia los niños pequeños da la sensación de implicar una especie de nostalgia inequívoca de otros tipos de amor, y por qué los bebés nos parecen una monada, aun cuando, a tenor de ciertos estándares, sean francamente feos. Se trata, obviamente, de un valor de supervivencia de las especies que los padres encuentren guapísimos a sus hijos y no feos.

David Buss ha sugerido ocho finalidades de los actos de amor, basadas todas ellas en la evolución y que tienden al incremento del éxito reproductivo.[5]

1. *Uso de recursos*. El éxito reproductivo aumentará hasta el extremo de que tanto el macho como la hembra puedan encontrar una pareja sexual que esté en condición de comprometer el mayor número de recursos posible. En muchas sociedades, uno de los principales recursos masculinos estriba en su éxito financiero, que contribuye a asegurar el bienestar de los descendientes que engendre, mientras que uno de los recursos femeninos más destacados consiste en su atractivo, que, según han demostrado las investigaciones, es un factor que genera pasión y fomenta el prestigio del varón.

2. *Exclusividad: fidelidad y defensa de la pareja sexual.* En innumerables especies, el macho y la hembra se defienden mutuamente del interés sexual y la pasión de terceros —debido, nuevamente, a una razón de índole evolucionista—. La hembra se preocupa porque el macho no tenga descendientes con otras hembras, so pena de que los suyos se vean privados de algunos recursos previamente comprometidos por el macho, mientras que a éste le interesa defender a la hembra porque el hecho de quedar encinta de otro macho demoraría sus propias oportunidades (no hechas efectivas por las razones que sean) de fecundarla. También podría darse el caso de que el macho acabase suministrando recursos a la progenie de otra hembra. Así pues, la fidelidad se enmarca en un ámbito estrictamente evolucionista.

3. *Apoyo y protección mutuos.* Dado que los descendientes dependen de sus padres por lo que respecta a su alimentación y a una amplia tipología de apoyos, el hecho de que los padres se apoyen y protejan el uno al otro constituye un indiscutible beneficio para ellos.

4. *Compromiso y matrimonio.* La pregunta de por qué, con una tasa tan elevada de divorcios, los seres humanos siguen empeñados en casarse, también tiene una respuesta evolucionista. Los niños de hogares estables son los que tienen una mayor probabilidad de prosperar. Como es natural, una familia con dos padres puede ser más inestable y desgastarse más que una con

---

5. Buss, D. M., *The evolution of desire, op. cit.*; Sternberg, R. J., «Triangulating love», en Sternberg, R. J. y Barnes, M. L. (comps.), *The psychology of love*, New Haven, Connecticut, Yale University Press, 1988, págs. 119-138.

un solo padre, pero el matrimonio contribuye a asegurar que una ruptura del compromiso y la subsiguiente separación de los cónyuges no será una decisión que se adopte caprichosamente. En realidad, la mayoría de las sociedades tienen costumbres y leyes que complican de un modo u otro el acto de la separación.

5. *Sentimientos sexuales.* Evidentemente, la intimidad y la pasión sexuales son imprescindibles para la reproducción.

6. *Reproducción.* Dado que, desde un punto de vista evolucionista, la finalidad de la intimidad y la pasión sexuales se concreta en la reproducción de las especies, la reproducción es un objetivo fundamental del acto del amor.

7. *Compartir recursos.* El hecho de compartir los recursos se puede entender como una forma de compromiso, protección y apoyo mutuos, ya que potencia el entorno en el que crecen los niños.

8. *Inversión de los padres.* El compromiso y la inversión que realizan los padres en los hijos son necesarios para que éstos se esfuercen y al final consigan, también, tener éxito en la reproducción.

Estas finalidades demuestran que, desde una perspectiva evolucionista, los hombres y las mujeres parecen desear cosas diferentes de una relación. Pero, ¿qué es exactamente lo que quiere cada sexo? Un estudio de David Buss realizado sobre 50 colaboradores de todo el mundo ha detectado asombrosas similitudes.[6] Por término medio, las mujeres desean un varón con capacidad económica, estatus social, edad, ambición y laboriosidad, formalidad, estabilidad, inteligencia, compatibilidad, estatura y fuerza, buena salud, amor y compromiso, mientras que los varones desean una mujer joven, físicamente hermosa, con un cuerpo atractivo, casta y fiel. Sin embargo, es importante añadir que lo que buscan los hombres en una relación casual parece diferir de lo que pretenden en una relación a largo plazo, un hecho que se ha podido comprobar a lo largo de la historia.[7] La castidad y la fidelidad, en particular, constituyen un objetivo mucho menos relevante para los varones en las parejas a corto plazo que en las parejas a largo plazo. Eso significa que el hombre pone un mayor énfasis en los elementos asociados a la pasión, mientras que la mujer considera prioritarios los asociados al compromiso.

Ni que decir tiene que no todos los expertos aceptan la teoría evolucionista. Según una explicación alternativa de estos datos, no es el género feme-

---

6. Buss, D. M., «Sex differences in human mate preferences: Evolutionary hypotheses tested in 87 cultures», *Behavioral and Brain Sciences, 12,* 1989, págs. 1-49.

7. Ackerman, D., *A natural history of love*; Singer, I., *The nature of love*, Chicago, University of Chicago Press, 1987.

nino sino el estatus inferior el que conduce a las mujeres a desear todo aquello que sugiere esa teoría. De acuerdo con este punto de vista, el hecho de que las mujeres tengan un estatus inferior hace que quieran aquellas cosas que pueden elevarlas a un estatus superior, y si fuesen los varones quienes tuviesen un estatus inferior, buscarían en las mujeres las mismas cosas que éstas buscan en los hombres.[8] En esta hipótesis, las evidencias están entremezcladas. Por una parte, está claro que incluso en las culturas en las que las mujeres poseen un estatus superior al de los hombres, desean las mismas cosas que las mujeres que tienen un estatus inferior,[9] y por otra, tampoco se puede negar que las mujeres de estatus superior manifiestan ciertas preferencias respecto al dinero que no son características de sus homólogas de estatus inferior.[10] Además, el estatus parece influir en muchos tipos de interacciones. Así, por ejemplo, por término medio, los varones interrumpen más a las mujeres que éstas a aquéllos. Supongamos por un momento que invertimos la situación habitual en la que los hombres son más poderosos que las mujeres. En tal caso, serían las mujeres las que interrumpirían más a los hombres de lo que éstos interrumpen a aquéllas.[11] Evidentemente, el poder es lo que realmente importa.

Hay otros aspectos de interés en todos estos datos con relación a las diferencias entre los varones y las mujeres. Por ejemplo, las que existen entre la envergadura que unos y otras parecen querer asociar a lo que cuentan sobre sí mismos y la derivada de su conducta.[12] Es decir, que lo que la gente dice y hace puede ser divergente, y que las divergencias casi siempre son mayores en lo que dice.

Otro excelente estudio analizó las preferencias masculinas y femeninas en áreas geográficas con índices de enfermedad altos o bajos. Según una teoría, no es el mero atractivo, *per se*, lo que verdaderamente mueve a los varones o a las mujeres, sino el atractivo como una vía para liberarse de la enfermedad. En regiones con índices de enfermedad muy elevados, la belleza física tendría una especial importancia, debido a la mayor semejanza existente entre los individuos portadores de enfermedades que pueden interferir en su potencial éxito

---

8. Berscheid, E. y Reis, H. T., «Attraction and close relationships», en *Handbook of social psychology*, 4ª ed., Nueva York, McGraw-Hill, 1997; Howard, J. A., Blumstein, P. y Swartz, P., «Social or evolutionary theories? Some observations on preferences in human mate selection», *Journal of Personality and Social Psychology, 53*, 1987, págs. 194-200.

9. Gangestad, S. W., «Sexual selection and physical attractiveness: Implications for mating dynamics», *Human Nature, 4*, 1993, págs. 205-235.

10. Gangestad, S. W., «Sexual selection...», *op. cit.*, págs. 205-235.

11. Berscheid, E. y Reis H. T., «Attraction and close relationships», *op. cit.*

12. Buss, D. M., *The evolution of desire*.

reproductivo, mientras que en zonas con bajos índices de enfermedad, tanto los hombres como las mujeres valorarían menos el atractivo físico. Eso es exactamente lo que buscan los investigadores.[13] Evidentemente, el uso del atractivo físico como un medio de eludir la enfermedad se remonta tanto al pasado lejano como reciente, aunque a decir verdad, su incidencia ha sido mínima en la era del sida.

Todavía no se ha podido llegar a un acuerdo sobre si la evolución o el estatus en una cultura —o algún otro factor— generan los modelos de datos para los hombres y las mujeres que conocemos hoy en día. Realicemos ahora una incursión en la influencia de la cultura, tanto en las preferencias sexuales como en lo que entendemos, por encima de todo, por amor. El capítulo 6 aborda estas cuestiones.

---

13. Gangestad, S. W., «Sexual selection and physical attractiveness», *op. cit.*, págs. 205-235; Gangestad, S. W. y Buss, D.M., «Pathogen prevalence and human mate preferences», *Ethology and Sociobiology, 14*, 1993, págs. 89-96; Grammer, K. y Thornhill, R., «Human (Homo sapiens) facial attractiveness and sexual selection: The role of simmetry and averageness», *Journal of Personality and Social Psychology, 59*, 1994, págs. 1.180-1.191.

# CAPÍTULO 6

## La historia del amor a través de la cultura*

¿A qué se debe que la humanidad haya intentado definir el amor durante generaciones y generaciones? Muy fácil. Basta con echar una ojeada a las cinco acepciones que da el *Merriam Webster Dictionary* de 1974. «1: afecto intenso; 2: unión cálida; 3: atracción basada en un deseo sexual; 4: persona querida; y 5: [en terminología anglosajona], cero en tenis».

Ahora ya sabe por qué la mayoría de la gente hace caso omiso de los diccionarios. Las definiciones de la palabra «amor» siempre han dado la sensación de ser versiones incompletas y breves de una experiencia que, en ocasiones, puede llegar a ser explosiva, lo que nos lleva a preguntarnos si el autor de las definiciones del diccionario ha estado enamorado alguna vez. En caso afirmativo, es evidente que no ha aplicado su experiencia a la construcción de la definición.

Por un lado, el amor siempre implica determinadas combinaciones de intimidad, pasión y compromiso, y por otro, aunque nos parezca asombroso, la manifestación de estos componentes en distintos momentos históricos y lugares geográficos puede ser diferente.

\* Este capítulo ha sido escrito en colaboración con Anne E. Beall. Las ideas se basan en el artículo «The social construction of love», de A. E. Beall y R. J. Sternberg, *Journal of Social and Personal Relationships, 12*, 1995, págs. 417-438.

Por ejemplo, en una época y un lugar específicos, un individuo puede considerar el hecho de que su pareja tenga relaciones sexuales con un tercero como equivalente a renegar del compromiso matrimonial y como un fundamento de un divorcio inmediato, mientras que en otra época y lugar, es posible que la misma acción no tenga la menor trascendencia y se considere como absolutamente irrelevante desde la perspectiva del compromiso conyugal.

En un tiempo y lugar, el hecho de que un varón jure amor eterno a una mujer, manifestándole su ardiente deseo de hacer el amor con ella cuando la ocasión sea propicia puede ser contemplado como el preludio de una relación seria y comprometida, mientras que en un tiempo y lugar diferentes, estas mismas acciones pueden desembocar en un pleito o, como mínimo, en la adopción de severas medidas disciplinarias en contra del osado caballero.

La pasión y el compromiso son elementos importantes del amor, aunque sus manifestaciones en las situaciones que acabamos de ver demuestran que lo que se considera como una expresión aceptable de los mismos puede variar extraordinariamente en el tiempo y el espacio.

El modo de contemplar el amor es, siempre, un fiel reflejo de un período temporal y de un lugar, y, en particular, de las funciones románticas que cumple el amor asimismo romántico y de las que se supone que debió de cumplir en dicho período temporal y en ese lugar. Veamos ahora algunas preguntas muchísimo más útiles: ¿por qué se diferencia el amor a lo largo del tiempo o de las culturas? O tal vez: ¿cuál es la función del amor en una cultura determinada?

El amor romántico es muy significativo para una cultura, aunque la forma de ser importante puede diferir bastante de una a otra cultura. El modo en que se manifiesta es una construcción social primordial para una sociedad, y lo es de diversas maneras.

El amor como una idea construida socialmente

*El enfoque socioconstruccionista*

El amor es una construcción social. Pero, ¿qué es una «construcción social»? La expresión *construcción social* se refiere a la idea de que no existe ninguna «realidad» particular que sea experimentada simultáneamente por todas las personas.[1] Cada sociedad y cada cultura tiene sus propias y exclusi-

---

1. Berger, P. L. y Luckman, T., *The social construction of reality*, Nueva York, Irvington, 1980.

vas formas de comprender el mundo, útiles para quienes interactúan dentro de la sociedad o cultura de que se trate. A pesar de que, habitualmente, definen el amor en términos de alguna que otra combinación de intimidad, pasión y compromiso, o de algún que otro subconjunto de tales elementos, dichas combinaciones difieren enormemente en el tiempo y el espacio.

Los socioconstruccionistas se diferencian de otros teóricos en su creencia de que los individuos construyen activamente sus percepciones del mundo y usan la cultura como una guía para hacerlo. Según la perspectiva socioconstruccionista, los individuos no son destinatarios pasivos de un conjunto de acontecimientos que se producen en su entorno, sino que, por el contrario, los humanos, y en particular la sociedad humana, está comprometida activamente en la determinación de lo que está «bien» y lo que está «mal», de lo que es «moral» y lo que es «inmoral». De ahí que las culturas se afanen, de un modo dinámico y permanente, en la elaboración —construcción— de información social.

La cultura es un concepto esencial en el enfoque socioconstruccionista. Determinadas culturas proporcionan a sus miembros un acervo de conocimientos que conocemos como «sentido común» y que empleamos para explicar los sucesos que acontecen en el mundo. En consecuencia, el ardoroso macho mencionado anteriormente podría ser contemplado, en un lugar y un tiempo, como una pareja potencial, y en otro lugar y otro tiempo, como un acosador sexual. Lo que se considera como una interpretación de «sentido común» difiere considerablemente. Así pues, las culturas dan a sus ciudadanos un conjunto de lentes con las que se puede comprender el entorno, y el sentido del mundo que tiene cada cual está determinado por estas lentes culturales. La socialización consiste en enseñar a los niños a utilizar las «lentes» que ya están usando los demás miembros de su misma cultura. Estas lentes son importantes porque otorgan a los individuos unos conocimientos similares del mundo y una manera de interpretar la información ambigua.

El enfoque socioconstruccionista se ha aplicado a diversos aspectos del comportamiento humano, tales como la sexualidad, las relaciones interpersonales y las emociones.[2] Por ejemplo, nuestra moderna conceptualización

---

2. Averill, J. R., «The social construction of emotion: With special reference to love», en Gergen, K. J. y Davis K. E. (comps.), *The social construction of the person*, Nueva York, Springer, 1985 (trad. cast.: *Realidades y relaciones: aproximación a la construcción social*, Barcelona, Paidós, 1996); Davis, M. S., *Smut: Erotic reality/obscene ideology*, Chicago, University of Chicago Press, 1983; Gergen, M. M. y Gergen, K. J., «Attributions, accounts, and close relationships: Close calls and relational resolutions», en Harvey, J. H., Orbuch, T. L. y Weber, A. L. (comps.), *Attributions, accounts, and close relationships*, Nueva York, Springer, 1992.

del dolor está construida socialmente de un modo diferente a lo largo de la historia.[3] Así, según la moderna conceptualización occidental del dolor, hay que «experimentar» la muerte de alguien y la «pérdida» de un ser querido. Sin embargo, en la época romántica mucha gente permanecía emocionalmente vinculada a los seres amados que habían fallecido, y su reacción ante la muerte del amado se consideraba algo completamente normal.

En el ámbito de la sexualidad, las culturas también tienen distintas costumbres. Las prácticas sexuales se interpretan y reinterpretan a lo largo de las culturas, lo que explica por qué algunas actividades específicas han adquirido significados tan divergentes con el paso del tiempo.[4] ¿Es desagradable el coito anal, es erótico o sólo motiva indiferencia? No existe una única respuesta a esa pregunta. Todo depende del tiempo y el lugar, así como de los individuos concretos que den su opinión al respecto.

Respecto al amor, la perspectiva socioconstruccionista afirma que las sociedades se distinguen las unas de las otras por su comprensión de la naturaleza del amor. Las culturas de distintos períodos lo han definido de formas sustancialmente opuestas. En algunas épocas, la gente ha creído que el amor incluía un componente sexual, y en otras que era una experiencia noble y totalmente asexual.[5] Durante los dos últimos siglos, el amor se ha convertido en uno de los fundamentos del matrimonio, lo cual no deja de ser un desarrollo relativamente nuevo.[6] En el pasado, y aún hoy en muchas culturas, los matrimonios se pactan sin tener en cuenta en lo más mínimo si los dos miembros de la futura pareja llegarán o no a experimentar intimidad o a sentir pasión entre sí.

Las culturas reconocen la existencia de más de un tipo de experiencia amorosa, aunque difieren en la forma de contemplarlas y en la especificación de las que consideran aceptables o incluso ideales. Así, por ejemplo, unas culturas pueden diferenciarse de otras en la comprensión de cómo, cuándo o con quién se produce un encaprichamiento apasionado. Asimismo, pueden estar en desacuerdo en el grado de respetabilidad otorgado a la expresión de determinados tipos de sentimientos entre dos personas.

---

3. Stroebe, M., Gergen, M. M., Gergen, K. J. y Stroebe, W., «Broken hearts or broken bonds: Love and death in historical perspective», en *American Psychologist, 47*, 1992, págs. 1.205-1.212.

4. Davis, *Smut, op. cit.*

5. Seidman, S., «The power of desire and the danger of pleasure: Victorian sexuality reconsidered», *Journal of Social History, 24*, 1990, págs. 47-67.

6. Rothman, E. K., *Hands and hearts: A history of courtship in America*, Cambridge, Massachusetts, Harvard University Press, 1984; Stearns, P. N., «Historical analysis in the study of emotion», en *Motivation and Emotion, 10*, 1986, págs. 185-193.

En las culturas extremadamente represivas, los sentimientos sexuales apasionados pueden existir, aunque se consideran un mal necesario, mientras que en las culturas permisivas se valoran y fomentan. Por lo que respecta a este tema, nada es absolutamente bueno o malo.

*Algunas concepciones del amor*

La historia del concepto de amor demuestra hasta qué punto puede cambiar un concepto, incluso en el transcurso de un corto período de tiempo. En la antigua Grecia, por ejemplo, mucha gente creía que el verdadero amor era el que nacía entre un varón adulto y un niño adolescente.[7] A menudo, los hombres griegos despreciaban a sus mujeres. Sin embargo, los varones adolescentes se consideraban un auténtico tesoro para el amor de los hombres de mayor edad, quienes dirigían la pasión e incluso la intimidad, dos de los componentes de la teoría triangular del amor, más hacia esos niños que hacia las esposas, un hecho que las teorías evolucionistas no han conseguido explicar satisfactoriamente.

El análisis de un jarrón cuya antigüedad se remonta al 530-450 a. de C. reveló que el 91% de las 925 inscripciones eróticas que contenía fueron escritas por varones e iban dirigidas a otros varones.[8] Los chicos jóvenes estaban tan idealizados que, con frecuencia, los adultos maduros utilizaban los gimnasios infantiles y juveniles como lugares de reunión, con el fin de poder observarlos semidesnudos mientras realizaban actividades físicas.[9] Los hombres también se interesaban por las mujeres desde una perspectiva romántica, aunque no eran precisamente sus esposas las que encendían su pasión,[10] sino que se sentían mucho más atraídos por las relaciones extremadamente estereotipadas e incluso comercializadas que podían mantener con una *hetaera*, o prostituta de «alto *standing*» de la época.[11]

Por desgracia, poco se sabe de la vida amorosa de las mujeres en la antigua Grecia, ya que existen escasos registros escritos referentes tanto a la vida como al amor del colectivo femenino. En su mayoría, no recibían la misma

---

7. MacCarey, W. T., *Childlike Achilles: Ontogeny and phylogeny in the Iliad*, Nueva York, Columbia University Press, 1982.

8. González-Reigosa, F. y Kaminsky, H., «Greek sexuality, Greek homosexuality, Greek culture: The invention of Apollo», *Psychohistory Review, 17*, 1989, págs. 149-181.

9. Tannahill, R., *Sex in history*, Londres, Sphere, 1989.

10. Tannahill, R., *Sex in history*.

11. Tannahill, R., *Sex in history*; Pomeroy, S. B., *Goddesses, whores, wiwes, and slaves: Women in classical antiquity*, Nueva York, Schocken, 1975.

formación que los hombres —ni en cantidad ni en calidad—, eran muy pocas las que sabían leer o escribir y casi siempre vivían segregadas respecto a la población varonil.[12]

Algunos historiadores que, recientemente, han estudiado la vida de la mujer en la Grecia antigua afirman que, en realidad, eran las destinatarias del amor de los hombres con muchísima más asiduidad de lo que hasta la fecha se creía. Sin ir más lejos, un investigador que ha analizado diversas comedias griegas sostiene que el amor de los hombres hacia las mujeres podría asimilarse, como mínimo, a un ideal, aunque no exacerbado.[13]

En el siglo XIX, el ideal de muchos victorianos era el amor entre hombres y mujeres, pero eso sí, un amor asexualmente comprometido, pues solían considerar el sexo conyugal como un mal necesario y, a decir verdad, sólo estaba permitido para procrear.[14] La pasión debía dirigirse a Dios, no a la pareja conyugal.

Durante este período, el amor y la sexualidad se disociaron radicalmente. Las buenas mujeres eran aquellas que se sentían muy poco interesadas por las actividades sexuales. El deseo carnal nunca debía controlar o presidir su matrimonio. La pasión era muy valiosa, pero la pasión sexual era la más ruin de las bajezas.[15]

A diferencia del sexo, el amor se contemplaba como una experiencia enaltecedora, sobre todo para los varones, que necesitaban influencias que les ennoblecieran. Se creía que las mujeres podían educar a los hombres —civilizarles— y moralizarles, pese a su naturaleza amoral.[16] Sin embargo, hoy en día existe un movimiento revisionista en la interpretación de la sexualidad victoriana, según el cual, algunas mujeres habrían asociado el amor con la sensualidad.[17]

En los tiempos modernos, las culturas tienen concepciones del amor diversas y divergentes.[18] En algunas de ellas, el amor se considera una experiencia que puede superar todas las dificultades que puedan existir en una relación, mientras que en otras, se contempla como una experiencia que hay

---

12. Tannahill, R., *Sex in history*; Pomeroy, S. B., *Goddesses, whores, wiwes, and slaves: Women in classical antiquity*.

13. Brown, P. G., «Love and marriage in Greek new comedy», *Classical Quarterly*, 43, 1993, págs. 189-205.

14. Archer, D., «Social deviance», en Lindzey, G. y Aronson, E. (comps.), *Handbook of social psychology*, vol. 2, Nueva York, Random House, 1985.

15. Seidman, «The power of desire and the danger of pleasure», págs. 47-67.

16. Rothman, *Hands and hearts*.

17. Peterson, M. J., *Family, love, and work in the lives of Victorian gentlewomen*, Bloomington, Indiana University Press, 1989.

18. Dion, K. K. y Dion, K. L., «Personality, gender, and the phenomenology of romantic love», en Shaver, P. (comp.), *Review of personality and social psychology: Self, situations, and so-*

que vivir bajo un cuidadoso control.[19] En Francia, por ejemplo, las personas encuestadas sobre este particular han dicho que el amor es una experiencia irracional que domina al individuo y que no se puede abordar con objetividad, mientras que los norteamericanos respondieron que el amor es una experiencia importante, aunque no necesariamente incontrolable ni el único fundamento de las relaciones románticas. En términos de la teoría triangular, los franceses hacen un mayor hincapié en la función que desempeña la pasión libre y espontánea en el amor.

Las concepciones modernas del amor pueden ser tan divergentes que a los individuos de una determinada cultura les resulte difícil comprender la versión de otra cultura. Por ejemplo, mucha gente de la sociedad china considera poco menos que aberrante la concepción del amor que impera en Estados Unidos.[20] De hecho, en China, el término *amor* se usa, generalmente, para describir una unión ilícita que carece del respeto social.[21]

Es probable que estos diferentes puntos de vista sobre el amor sean el resultado de las formas en que cada cultura contempla las relaciones sociales. A la sociedad norteamericana se la suele considerar individualista, y a la cultura china, colectivista, haciendo un menor énfasis en el cumplimiento de los deseos personales,[22] a la vez que concede más importancia a las relaciones so-

---

*cial behaviour*, vol. 6, Beverly Hills, California, Sage, 1985; Hendrick, C. y Hendrick, S., «A theory and method of love», *Journal of Personality and Social Psychology, 50*, 1986, págs. 392-402; Philbrick, J. L. y Opolot, J. A., «Love style: Comparison of African and American attitudes», *Psychological Reports, 46*, 1980, pág. 286; Philbrick, J. L. y Stones, C. R., «Love attitudes in black South Africa: A comparison of school and university students», *Psychological Record, 38*, 1988, págs. 249-251; Philbrick, J. L. y Stones, C. R., «Love attitudes of white South African adolescents», *Psychological Reports, 62*, 1988, págs. 17-18; Stones, C. R., «Love styles revisited: A cross-national comparison with particular reference to South Africa», *Human Relations, 39*, 1986, págs. 379-382; Stones, C. R. y Philbrick, J. L., «Attitudes toward love among Xhosa University students in South Africa», *Journal of Social Psychology, 129*, 1989, págs. 573-575; Vandewiele, M. y Philbrick, J. L., «Attitudes of Senegalese students toward love», *Psychological Reports, 52*, 1983, págs. 915-918.

19. Simmons, C. H., Kolke, A. V. y Shimizu, H., «Attitudes toward romantic love among American, German, and Japanese students», *Journal of social Psychology, 126*, 1986, págs. 327-336.

20. Dion, K. L. y Dion, K. K., «Romantic love: Individual and cultural perspectives», en Sternberg, R. J. y Barnes, M. L. (comps.). *The psychology of love*, New Haven, Connecticut, Yale University Press, 1988, págs. 264-289.

21. Hsu, F. L. K., *Americans and Chinese: Passage to difference*, 3ª ed., Honolulu, University Press of Hawaii, 1989.

22. Hsu, F. L. K., *Americans and Chinese: Passage to difference*; Bellah, R. N., Madsen, R., Sullivan, W. M., Swidler, A. y Tripton, S. M., *Habits of the heart*, Berkeley, University of California Press, 1985 (trad. cast.: *Hábitos del corazón*, Madrid, Alianza, 1989).

ciales con los demás. Muchos chinos sólo se ven a sí mismos en términos de los roles sociales que desempeñan, tales como el de padre, madre e hijo. Casi nunca tienen una imagen propia como personas individuales que cuidan, o buscan, su verdadero ser.[23] La intimidad tiene que dirigirse no sólo hacia un compañero romántico, sino también hacia toda la familia.

En la cultura china, la expresión de las emociones individuales, que tanto se valora en Estados Unidos, puede calificarse de inaceptable si interfiere con las relaciones sociales. De ahí que los modernos conceptos norteamericanos sobre el amor romántico hayan tenido un escaso impacto en aquella nación.[24]

### Razones por las que el amor varía de una cultura a otra

Uno de los motivos por los que el amor difiere entre las culturas consiste en que la experiencia del amor depende, en parte, de factores externos, definidos por la propia cultura. Tal y como pueden comprobar rápidamente las parejas que mantienen relaciones catalogadas como ilícitas, es muy difícil —por no decir imposible— bloquear la influencia de los demás. En efecto, una de las razones que conserva vivas este tipo de relaciones estriba, parcialmente, en el desafío de intentar apantallar los efectos de terceros que no desean verse apartados.

Uno de los factores externos se traduce, simplemente, en la presencia de una persona considerada como socialmente deseable y un destinatario apropiado de los sentimientos sexuales. Cuando la gente está muy excitada y se halla, además, en presencia de cómplices atractivos, dice experimentar una atracción y un amor románticos, mientras que esa misma excitación en presencia de alguien al que no se considera socialmente deseable conduce a la experimentación de diversos tipos de sentimientos, pero casi nunca románticos.[25]

---

23. Hsu, *Americans and Chinese*.
24. Dion, K. L. y Dion, K. K., «Romantic love: Individual and cultural perspectives», págs. 264-289.
25. Beall, A. E. y Sternberg, R. J., «The social construction of love», *Journal of Social and Personal Relationships, 12*, págs. 417-438; Gold, J. A., Ryckman, R. M. y Mosley, N. R., «Romantic mood induction and attraction to a dissimilar other: Is love blind?», *Personality and Social Psychology Bulletin, 10*, 1984, págs. 358-368; White, G. L., Fishbein, S. y Rutstein, J., «Passionate love and the misattribution or arousal», *Journal of Personality and Social Psychology, 41*, 1981, págs. 52-62; White, G. L. y Knight, T. D., «Misattribution of arousal and attraction: Effects of salience of explanations for arousal», *Journal of Experimental Social Psychology, 20*, 1984, págs. 55-64.

Evidentemente, el concepto «atractivo» y «socialmente deseable» varía de una cultura a otra. Las características que en una de ellas pueden calificarse de atractivas, en otra pueden resultar desagradables. A lo largo de la historia, por ejemplo, el peso ha ido asociado al deseo, aunque ésa no es, ni mucho menos, la concepción norteamericana actual.[26]

Por otro lado, factores tales como la aprobación social parecen influir en el tipo de sentimientos y relaciones que las personas mantienen entre sí. Las culturas difieren en las relaciones a las que otorgan aprobación social, así como en el amor que puede dimanar de ellas. Por ejemplo, en muchos períodos de la historia, las grandes diferencias de edad entre los hombres y las mujeres se consideraban normales. Las insinuaciones de los varones más maduros hacia mujeres más jóvenes no escandalizaban a nadie, pero no estaba bien visto que una mujer madura se insinuara a un jovencito. En la actualidad, las grandes discrepancias de edad suelen despertar sospechas. Quizás el hombre mayor esté intentando demostrarse a sí mismo y a los demás que aún posee la virilidad suficiente para satisfacer a una mujer mucho más joven, o tal vez esa mujer mucho más joven esté intentando conseguir la fortuna del hombre mayor después de su fallecimiento.

Las relaciones románticas y el amor están estrechamente asociados al apoyo recibido de la red social a la que pertenece cada persona, y que está integrada por los padres y los demás miembros de la familia —el parentesco en sentido amplio—. Cuanto mayor sea el apoyo social otorgado a la relación romántica, mayor será la satisfacción personal derivada de la misma.[27] La importancia del apoyo familiar se incrementa a medida que aumenta el compromiso de una pareja con la relación.[28] Dicho apoyo puede explicar por qué la gente suele contraer matrimonio con individuos de un estatus socioeconómico y una etnia similares.[29] Resumiendo, la red social de cada persona fomenta algunas clases de sentimientos y relaciones, al tiempo que desaprueba otras. Aunque se puede intentar actuar fuera de esta red social y cultural, la humanidad ha descubierto a lo largo de las épocas que eso es algo mucho más fácil de decir que de hacer.

La dificultad de operar fuera de la red en la que cada cual habita y se desenvuelve deriva de que el amor, en sí mismo, es una idea construida social-

---

26. Sternberg, R. J., *El triángulo del amor, op. cit.*
27. Kurdek, L. A., «Relationship quality in gay and lesbian cohabitating couples: A 1-year follow-up study», *Journal of Social and Personal Relationships*, 6, 1989, págs. 39-59.
28. Johnson M. P. y Leslie, L., «Couple involvement and network structure: A test of dyadic withdrawal hypotesis», *Social Psychology Quarterly*, 45, 1982, págs. 34-43.
29. Peplau, L. A. y Gordon, S. L., «Women and men in love: Gender differences in close heteroxexual relationships», en O'Leary, V. E. Unger, R. K. y Wallston, B. S. (comps.), *Women, gender, and social psychology*, Hilsdale, Nueva Jersey, Erlbaum, 1985.

mente. Pese a no existir ninguna definición que capte adecuadamente el auténtico contenido del amor en el transcurso de las épocas o de las culturas, hay cuatro aspectos que parecen haber tenido —y seguir teniendo— una considerable significación tanto en el tiempo como en el espacio.

## Cuatro aspectos de una concepción del amor

Existen cuatro aspectos que parecen ser comunes en todas las concepciones del amor de las diferentes culturas, aun cuando su contenido tal vez no lo sea: 1) el amado; 2) los sentimientos que, según se cree, acompañan al amor; 3) las ideas que se atribuyen al amor; y 4) las acciones o relaciones entre el amante y el amado. Analicemos cada uno de estos aspectos.

El primer aspecto del amor es el amado. Los objetos del amor cambian con el tiempo y las culturas. Así por ejemplo, en determinados períodos, los cristianos creían que el hombre debía amar a Dios por encima de todas las cosas.[30] Naturalmente, también estaban permitidos otros amores, pero mucha gente estaba convencida —y algunos lo siguen estando hoy en día— de que el objeto más apropiado del amor era el Creador.

En la era moderna, el amado ideal suele ser un adulto del sexo opuesto o, con menos frecuencia, del mismo sexo.[31] Actualmente, son muchos los que creen que el amor a Dios y a otra persona se complementan, si bien en algunos credos, como en la Iglesia católica y romana, los clérigos no pueden casarse, prohibición que se justifica por el hecho de que, en tal caso, tendrían que dedicarse más a sí mismos y, por lo tanto, no podrían consagrarse completamente a Dios.

El segundo aspecto lo constituyen los sentimientos que suelen atribuirse al amor. A diferencia de las visiones victorianas del amor, descritas con anterioridad, la perspectiva moderna casi siempre incluye un componente sexual apasionado y destaca la importancia de la excitación sexual.[32] Lógicamente,

---

30. Douglas, J. D. y Atwell, F. C., *Love, intimacy and sex*, Newbury Park, California, Sage, 1988.
31. Kurdek, L. A. y Schmitt, P. J., «Relationship quality of partners in heterosexual married, heterosexual cohabitating, and gay and lesbian relationships», *Journal of Personality and Social Psychology, 51*, págs. 711-720.
32. Berscheid, E., «Some comments on love's anatomy: Or, whatever happened to old-fashioned lust?», en Sternberg, R. J. y Barnes, M. L. (comps.), *The psichology of love*, New Haven, Connecticut, Yale University Press, 1988, págs. 359-374; Hatfield, E., «Passionate and companionate love», en Sternberg, R. J. y Barnes, M. L. (comps.), *The psychology of love*, New Haven, Connecticut, Yale University Press, 1988, págs. 191-217; Sternberg, R. J., «Triangulating love», en Sternberg, R. J. y Barnes, M. L. (comps.), *The psychology of love*, New Haven, Connecticut, Yale University Press, 1988, págs. 119-138.

este punto de vista no es nuevo. Safo describió la excitación fisiológica que, según decía, estaba ligada al amor. Cinco siglos antes de Cristo escribió los siguientes versos acerca de las sensaciones que experimentaba al contemplar a la mujer que amaba:

> habla —mi lengua se rompe—;
> una fina llama corre
> por debajo de mi piel, sin ver nada,
> oyendo sólo el tamborileo
> de mis propios oídos. Estoy sudando.[33]

El tercer aspecto lo componen las ideas que, desde siempre, se ha considerado que acompañan al amor; ideas que suelen estar relacionadas con el amado. A lo largo de las épocas, el hombre ha intentado caracterizarlas, llegando a la conclusión de que, a menudo, están relacionadas con el bienestar de la pareja o con sus apetecibles atributos.[34] Otra idea común es la expectativa (espera) de estar con el ser amado.[35]

Algunos filósofos, como el mismísimo Platón, han descrito las ideas que, en su opinión, concebían quienes estaban enamorados. Para el filósofo griego, una persona amaba a otra persona porque ésta encarnaba una o varias de las ideas que aquélla andaba buscando, tales como la autenticidad o la belleza.[36]

Según Platón, nadie amaba a una persona en su totalidad, puesto que nadie podía encarnar la autenticidad o la belleza en su totalidad, hasta el punto de que, en un determinado nivel, no se amaba en absoluto a dicha persona, sino que, en realidad, lo único que se codiciaba de ella era una abstracción o una imagen de sus mejores cualidades. Platón nunca consideró que se pudiese amar a una persona por sus cualidades únicas o exclusivas, ya que las ideas eran abstracciones inmutables. Por consiguiente, lo que buscamos es la mejor materialización posible de, pongamos por caso, la autenticidad o verdad universal, no la idiosincrásica.

---

33. Cosman, C., Keefe, J. y Weaver, K. (comps.), *The Penguin book of women poets*, Nueva York, Penguin, 1986, págs. 33, 42.

34. Critelli, J. W., Myers, E. J. y Loos, V. E., «The components of love: Romantic attraction and sex orientation», *Journal of Personality, 54*, 1986, págs. 354-370.

35. Marston, P. J., Hecht, M. L. y Robers, T. «"The true love aways": The subjective experience and communication of romantic love», *Journal of Social and Personal Relationships, 4*, 1987, págs. 387-407.

36. Platón, *Symposium* (traducción inglesa de B. Jowett), Indianápolis, Bobbs-Merrill, 1956 (trad. cast.: *Banquete*, Madrid, Gredos, 1997).

Hoy en día, la perspectiva platónica del amor no goza de popularidad. Por el contrario, el hombre actual se inclina por un punto de vista más aristotélico: prefiere amar y ser amado por lo que es en carne y hueso; desea dirigir su «triángulo del amor» hacia una persona real y no hacia un simple ideal. En efecto, en ocasiones la gente se alarma cuando alguien les ama no por lo que son, sino por algún tipo de concepción abstracta e idealizada de lo que el amante desearía que fuesen.

El cuarto aspecto está relacionado con las acciones o relaciones entre el amante y el amado. El amor también ha sido conceptualizado en términos de un conjunto de actos, como los que apoyan o protegen al amado y le demuestran el compromiso que el amante ha adquirido hacia él.[37] El triángulo de la acción, mencionado anteriormente en este libro, pone de relieve que las acciones se pueden corresponder o no con los sentimientos, y en este último caso, cabe la posibilidad de que discrepen sustancialmente de los sentimientos que las han generado.

Otras culturas han calificado el amor de caballeroso, como una relación generalmente no sexual entre un caballero y una noble dama. Aquí, al igual que en otras conceptualizaciones, la pasión y la experiencia sexual son nociones totalmente independientes. A veces, este tipo de amor se conoce como amor cortés.[38] En general, el caballero llevaba a cabo innumerables gestas con el fin de atraer la atención de la dama, la cual, si el varón era lo bastante afortunado, podía reconocerlo como su caballero. En la relación amorosa cortés, el trato carnal era nulo o, en todo caso, mínimo.

A modo de resumen podemos decir que el amor comprende cuatro aspectos básicos: 1) el amado; 2) los sentimientos de intimidad, pasión y compromiso atribuidos al amor; 3) las ideas que, según se cree, acompañan al amor; y 4) las acciones o relaciones entre el amante y el amado. Pero el significado de cada elemento puede diferir de una cultura a otra, al igual que su importancia.

---

37. Buss, D. M., «Love acts: The evolutionary biology of love», en Sternberg, R. J. y Barnes, M. L. (comps.), *The psychology of love*, New Haven, Connecticut, Yale University Press, 1988, págs. 100-118.

38. Swidler, A., «Love and adulthood in American culture», en Smelser, N. J. y Erikson, E. H. (comps.), *Themes of work and love in adulthood*, Cambridge, Massachusetts, Harvard University Press, 1980 (trad. cast.: *Trabajo y amor en la edad adulta*, Barcelona, Grijalbo, 1982).

## Importancia del amor en las culturas

### Amor e instituciones culturales

Las concepciones del amor son importantes para las culturas, ya que definen implícitamente lo que es apropiado y deseable en las relaciones humanas, describiendo, por ejemplo, las formas de pensar y de actuar hacia el ser amado.

En términos generales, la respuesta a estímulos ambiguos suele ser un signo inequívoco de la influencia ejercida por ideas consensuadas acerca de lo que se considera como verdad.[39] A menudo, la gente dice cosas ridículas —por ejemplo, que una línea es más larga que otra, aunque resulte evidente que es más corta— si cree que los demás van a aceptarlas. Los juicios consensuados sobre la naturaleza del amor son más poderosos, si cabe, que éstos, porque no hay ningún criterio objetivo con el que realizar una medición precisa. Lo normal es ambiguo y está definido consensuadamente, y no existe un conjunto de cosas objetivo que podamos utilizar para demostrar que lo que se considera «normal» apenas guarda ninguna relación con la forma en que deberían ser las cosas en realidad. ¡Si tuviésemos ese criterio! En tal caso, ¿estaría permitido que un hombre se enamorara de una mujer casada? Ésta y otras muchas respuestas dependen siempre del criterio subjetivo de cada sociedad.

Pero no sólo la sociedad, sino también el individuo establece limitaciones a lo que se considera como destinatario aceptable del amor. Los hombres y las mujeres pueden acotar de manera distinta el concepto de aceptable. Históricamente, las diferencias sexuales han residido en la experiencia amorosa, y es probable que se hayan debido a las diversas presiones económicas a las que se enfrentan unos y otras. Algunos investigadores han sugerido que las mujeres son más pragmáticas y menos idealistas que los hombres en sus relaciones románticas y en su experiencia amorosa,[40] aunque existen amplias diferencias individuales y siempre es arriesgado generalizar.

Esta divergencia sexual puede reflejar, en parte, la presencia de razones, igualmente diversas, por las que los hombres y las mujeres deciden contraer

---

39. Asch, A. S., «Studies of independence and conformity: A minority of one against a unanimous majority», *Psychological Monographs, 70,* 1956, pág. 9; Sherif, M., «A Study of some social factors in perception», *Archives of Psychology, 27,* 1935, pág. 187.

40. Hong, S. M., «Romantic love, idealistic or pragmatic: Sex differences among Australian youg adults», *Psychological Reports, 58,* 1986, pág. 922; Sprecher, S. y Metts, S., «Development of the romantic beliefs scale and examination of the effects of gender and gender-role orientation», *Journal of Social and Personal Relationships, 6,* 1989, págs. 387-411.

matrimonio. Desde un punto de vista histórico, en éstas, a diferencia de los varones, influye más la posibilidad de tener un cierto estilo de vida. Los hombres siempre se han permitido el lujo de casarse por amor, mientras que la necesidad puede haber dado lugar a las consideraciones de orden económico predominantes en las mujeres.[41]

No obstante, hoy en día las cosas están cambiando. Tanto unos como otras coinciden mucho más a la hora de evaluar los aspectos románticos de las relaciones.[42] Las mujeres poseen una formación creciente y han conseguido acceder, en gran número, al mercado laboral asalariado.[43] Como fruto de ello, su dependencia de los factores económicos para contraer matrimonio es cada vez menor y se concentran cada vez más en el amor como motivo principal para casarse.

En resumidas cuentas, las concepciones del amor desempeñan múltiples funciones. Las culturas contribuyen a definir al amado, las ideas, los sentimientos y los tipos de acciones que deberían acompañar al amor, el cual, por su parte, es más probable que constituya el fundamento del matrimonio en las culturas individualistas que en las colectivistas. El amor tiende a ser más relevante cuando la red de parentesco y las presiones económicas no determinan con quién se deberá casar el individuo.

*Las concepciones del amor y su relación con las épocas históricas*

Debido a que las teorías del amor también son teorías del hombre, el amor está estrechamente relacionado con las ideas sobre la naturaleza de la humanidad y asimismo sobre la propia naturaleza. Hoy en día, el amor se suele considerar, en parte, como un medio para el autodescubrimiento.[44] Los

---

41. Dion, K. K. y Dion, K. L., «Personality, gender, and the phenomenology of romantic love».
42. Pilbrick, J. L., «Sex differences in romantic attitudes toward love among engineering students», *Psychological Reports, 61*, 1987, pág. 482; Philbrick, J. L., Thomas, F. F., Cretser, G. A. y Leon, J., «Sex differences in love attitudes of black university students», *Psychological Reports, 62*, 1988, pág. 414; Simpson, J. A., Campbell, B. y Berscheid, E., «The association between romantic love and marriage: Kephart, 1976, twice revisited», *Personality and Social Psychology Bulletin, 12*, 1986, págs. 363-372.
43. Ries, P. y Stone, A. J., *The American woman, 1992-1993: A status report*, Nueva York, Norton, 1992.
44. Swidler, A., «Love and adulthood in American culture», en Smelser, N. J. y Erickson, E. H. (comps.), *Themes of work and love in adulthood*, Cambridge, Massachusetts, Harvard University Press, 1980.

descubrimientos pueden estar asociados a lo irracionales que solemos ser cuando estamos enamorados. Sin embargo, aunque en la actualidad esta perspectiva pueda resultar aceptable, no siempre lo fue.

Durante la Ilustración, el amor se contemplaba como una experiencia racional y ordenada que podía ser controlada por quienes la experimentaban.[45] Esta noción está expresada en *The History of Tom Jones, A Foundling*, una novela de la Ilustración en la que un magistrado reprocha a Jenny la pérdida de la castidad, advirtiéndole que no debería utilizar el amor para justificar su conducta, ya que «el amor, por mucho que nos empeñemos en corromper y pervertir zafia y brutalmente su significado (...) es una pasión racional que no puede ser nunca violenta».[46] En aquella época se creía que la pasión y la intimidad pertenecían a la esfera cognitiva y no a la de los sentimientos y las motivaciones.

Fielding no fue el único pensador de su tiempo que defendía la tesis de que el amor era un deseo que se podía satisfacer de un modo racional, sino que otros filósofos, tales como Hobbes, Spinoza y Locke, también afirmaban que *amor* era poco más que una etiqueta que se aplicaba a las experiencias placenteras.[47] Spinoza, concretamente, escribió: «El amor no es más que el placer acompañado de una causa externa».[48] Locke también expresó la misma idea con las siguientes palabras: «En consecuencia, cualquiera que reflexione sobre su idea del placer —el que puede provocar en él cualquier cosa presente o ausente—, posee realmente la idea que denominamos amor».[49]

La visión del amor propia de la Ilustración, que lo consideraba como una experiencia racional, reflejaba la creencia dominante de que los humanos eran seres racionales. La gente los consideraba como individuos dotados de razón y susceptibles de comprensión a través de la ciencia. El empirismo de Bacon y Locke condujo a una creencia en la ley natural y en un orden uni-

---

45. Saiedi, N., *The birth of social theory: Social thought in the Enlightenment and romanticism*, Lanham, Maryland, University Press of America, 1993.

46. Fielding, H., *History of Tom Jones, a foundling*, Londres, Oxford University Press, 1974, pág. 52 (trad. cast.: *Tom Jones*, Madrid, Cátedra, 1997).

47. Hobbes, T., *Leviathan*, Harmondsworth, Middlessex, Penguin Books, 1968 (trad. cast.: *Leviatán*, Madrid, Alianza, 1999); Spinoza, B., *Ethics*, Londres, Dent, 1989 (trad. cast.: *Ética*, Madrid, Alianza, 1998); Locke, J., *An essay concerning human understanding*, Londres, Oxford University Press, 1975 (trad. cast.: *Ensayo sobre el entendimiento humano*, Madrid, Aguilar, 1987).

48. Spinoza, B., *Ethics*, op. cit.

49. Locke, J., *An essay concerning human understanding*, op. cit.

versal en las cuestiones políticas y sociales.[50] La razón hacía posible la evolución de la sociedad.[51]

El amor poseía una base racional porque los humanos eran considerados criaturas racionales. Por lo tanto, las ideas dominantes acerca de la naturaleza de la humanidad durante la Ilustración parecía influir en su concepción del amor.

En los siglos XVIII y XIX, durante la época del Romanticismo, se creía que el amor era incontrolable y que los hombres y las mujeres se enamoraban sin razón alguna. Kant afirmaba que el amor no se podía controlar, ya que formaba parte de los sentidos.[52] Del mismo modo, Boswell aseveraba que el amor «no es objeto de razonamiento, sino de sentimiento, y que, en consecuencia, no existen principios comunes en base a los cuales una persona pueda persuadir a otra de que se enamore».[53] Henry Poor realizó una excelente descripción del amor, definiéndolo como «aquel sentimiento que arma un gran tumulto en nuestros corazones y desencadena sensaciones poderosísimas en todas nuestras estructuras».[54]

La idea de que el amor es una pasión incontrolable era un vivo reflejo de la perspectiva romántica según la cual el hombre no era totalmente racional, y que algunas partes de la experiencia humana no se podían contemplar desde un punto de vista lógico.[55] Hume, por ejemplo, estaba convencido de que nadie podía determinar la causalidad de una forma racional y que sólo era posible colegir causa y efecto sin disponer de pruebas convincentes sobre la realidad de dos sucesos que se producían conjuntamente.[56] Por su parte, Voltaire decía que la idea de que todo es razonable era ridícula. En su obra *Cándido*, utilizaba la sátira para demostrar que la gente no tenía demasiado de razonable —que eran más una parodia de la razón— y que estaban gobernados en gran medida por el prejuicio y la superstición.[57] No es de extrañar que la

---

50. McNeill, W. H., *History of Western civilization*, Chicago, University of Chicago Press, 1986.

51. Winks, R.W., *Western civilization: A brief history*, Alta Loma, California, Collegiate, 1988.

52. Kant, I., *Fundamental principles of the metaphysics of morals* (traducción inglesa de T.K. Abbott), Indianápolis, Bobbs-Merril, 1949.

53. Boswell, J., *The life of Samuel Johnson*, Londres, Oxford University Press, 1953 (trad. cast.: *La vida del doctor Samuel Johnson*, Madrid, Espasa-Calpe, 1997).

54. Rothman, E. K., *Hands and hearts*.

55. Saiedi, N., *The birth of social theory*.

56. Schlegel, R. H., «Meeting Hume's skeptical challenge», *Review of Metaphysics, 45*, 1992, págs. 691-711.

57. Voltaire, F. M. A., *Candide and other writings*, Nueva York, Modern Library, 1956 (trad. cast.: *Cándido*, Madrid, Cátedra, 1985).

concepción del amor durante el período romántico fuese la de algo que podía tener mucho ritmo, pero escasa razón.

Resumiendo, la concepción del amor parece estar relacionada con la visión dominante de la naturaleza humana en una época determinada. Así, por ejemplo, durante la Ilustración, la idea de que el amor era una pasión racional estaba asociada a la creencia de que los seres humanos eran innatamente razonables, mientras que en el Romanticismo, la idea de que el amor era una pasión incontrolable reflejaba el convencimiento predominante en aquella época de que el hombre no era una criatura innatamente razonable y que estaba profundamente influido por sus emociones.

## Comprensión de la experiencia amorosa

### Representaciones del amor

Las concepciones del amor son medios fundamentales para que el individuo comprenda su vida y sus relaciones. Una representación del amor proporciona a las personas un prototipo que le permite comparar sus ideas, sus sentimientos y sus acciones.[58] El hombre puede determinar si está enamorado evaluando a su posible amado, sus sentimientos, sus ideas y su comportamiento, en un esfuerzo por entrever si se ajustan a las prescripciones culturales del amor. De este modo, si los sentimientos de una persona hacia otra y las prescripciones sobre el amor coinciden, podría llegar a la conclusión de que, efectivamente, está enamorada. Analicemos un ejemplo.

Nella Hubbard, una chica de diecinueve años de finales del siglo XX, se lamentaba diciendo: «¿Por qué no puedo sentir como quiero sentir, como debería sentir en realidad?».[59] El uso del término «debería» sugiere que, para ella, había una forma deseada y deseable de sentimiento que no había experimentado, por lo menos hasta el momento. Otra mujer se lamentaba de lo mismo. Maud Rittenhouse rechazó una proposición de matrimonio porque «mi ideal de amor me dice que no es esto lo que estoy buscando, que el amor que siento hacia ti no es verdadero —y eso me parece terrible—. No debería tener ninguna duda».[60] Evidentemente, Rittenhouse creía que sus ideas y sen-

---

58. Fehr, B., «How do I love thee? Let me consult my prototype», en Duck, S.W. (comp.), *Individuals in relationships [Understanding relationships processes 1]*, Newbury Park, California, Sage, 1993.
59. Rothman, E. K., *Hands and hearts*.
60. Rothman, E. K., *Hands and hearts*.

timientos no estaban de acuerdo con una noción cultural de amor y, como resultado, no podía aceptar la proposición de su pretendiente.

El individuo también tiene la posibilidad de evaluar al amado para determinar si está o no enamorado de él. Cuando sus características no coinciden con las del actual prototipo prescrito de amado, puede rechazar la idea de estar enamorado. A finales del siglo XIX y principios del XX, por ejemplo, era común que las mujeres tuviesen relaciones muy intensas de amistad con personas de su mismo sexo, que incluían besos y caricias.[61] A menudo escribían sobre la intensidad de sus sentimientos, aunque no daba la sensación de que creyeran estar enamoradas. Las mujeres casadas podían dejar constancia de hasta qué punto ansiaban y añoraban abrazar, tocar y besar a sus amigas, aunque sólo eran eso: amigas y nada más.

En estos casos, la conducta, los pensamientos y las relaciones eran similares al ideal del amor romántico. Sin embargo, dichas acciones tenían lugar entre miembros del mismo sexo y, dado que no se ajustaban a un prototipo del amor, no se consideraban románticas. De haber experimentado idénticos sentimientos o un comportamiento parecido hacia un hombre, no hay duda de que hubiesen llegado a una conclusión diferente.

*Regulación de la experiencia amorosa*

Cuando los sentimientos que uno tiene no concuerdan con las ideas imperantes sobre el amor en un momento dado, cabe la posibilidad de regular las ideas o los mismos sentimientos para intentar hacerlos congruentes con esa concepción. Así, por ejemplo, una mujer del siglo XII que experimentaba sentimientos sexuales imploró a Dios que la ayudara a superarlos con estas palabras: «Estoy ardiendo por desear lo que desea mi corazón. Destruye, ¡oh, Señor!, la codicia de mi corazón y muéstrame tu camino». Viviendo como vivía en un período histórico en que la gente creía que el sexo distraía al hombre de la más elevada de todas las formas de amor: el amor a Dios, la atribulada dama intentó liberarse de lo que probablemente consideraba como sentimientos inaceptables.

Se pueden aplicar mecanismos reguladores específicos a todas las emociones, incluido el amor, entre los que figuran los siguientes: 1) regulación de entrada, es decir, la de los estímulos procedentes del exterior, y 2) generación de salida, o sea, la regulación de la respuesta personal ante las situaciones que provocan emociones.[62]

---

61. D'Emilio, J. y Freedman, E. B., *Intimate matters*, Nueva York, Harper & Row, 1988.
62. Frijda, N. H., *The emotions*, Cambridge, Cambridge University Press, 1986.

La regulación de entrada es un mecanismo de defensa destinado a regular los estímulos que experimenta el individuo. Cuando aplicamos este tipo de regulación, nos acercamos o evitamos selectivamente objetos que dan lugar a una respuesta emocional. En el caso del amor, la persona se expone, con un criterio selectivo, a cosas que hacen que experimente felicidad y alegría, y que parecen estar en situación de generar en ella sentimientos de amor.

Cuando optamos por la regulación de salida, tendemos a valorar tanto una situación que acaba pareciendo más favorable de lo que es en realidad. En el amor, el individuo suele valorar a sus amantes y sus relaciones de la manera que mejor se ajusta a su modo de ser. Así, por ejemplo, puede hacer ojos ciegos ante los defectos de su pareja —señalados, casi siempre, por los amigos y la familia—, y sólo empieza a darse cuenta de los mismos cuando los sentimientos de pasión inician su declive.

La elección de los compañeros románticos también está regulada por la evaluación de los posibles candidatos, y se suprimen emociones hacia individuos que no constituyen objetivos realistas. En una época determinada, por ejemplo, un divorciado perteneciente a la realeza de un país podía estar considerado como una meta atractiva, pero no realista, pues resultaba inaccesible a la inmensa mayoría de las personas y, por lo tanto, no valía la pena ir tras ella. Algunas investigaciones sugieren que la gente suele sentirse cautivada por individuos de un atractivo similar al suyo.[63] En un estudio, los varones a quienes se mintió a propósito sobre el resultado que habían obtenido en un test de inteligencia —se les dijo que su puntuación era francamente deficiente— se mostraron más románticos hacia una pareja poco atractiva, mientras que aquellos a los que se notificó un resultado excelente en el mismo test, hicieron lo propio hacia una pareja atractiva.[64] Por consiguiente, la atracción hacia una compañera romántica estaba dictada por lo que sentían sobre sí mismos. Cada cual sopesó sus posibilidades amorosas y, acto seguido, ajustó dicha evaluación a la pareja-objetivo.

A lo largo de la historia, el hombre ha deformado las apreciaciones sobre su pareja romántica actual o potencial siempre que le ha venido en gana. Un estudio demostró que los varones que se habían encaprichado de una compañera atractiva y de actitudes diferentes tendían a deformar la importancia

---

63. Feingold, A., «Matching for attractiveness in romantic partners and samesex friends: A meta-analysis and theoretical critique», *Psychological Bulletin, 104*, 1988, págs. 226-235.

64. Kiesler, S. y Baral, R., «The search for a romantic partner: The effects of self-esteem and physical attractiveness on romantic behavior», en Gergen, K. J. y Marlowe, D. (comps.), *Personality and social behavior*, Reading, Massachusetts, Addison-Wesley, 1970.

y la poca semejanza de las mismas, considerándolas de un modo más favorable que quienes no se habían encaprichado de ella.[65]

Otra evidencia demuestra hasta qué punto los sentimientos de amor en una relación comprometida empiezan a regular las emociones, incluyendo las valoraciones de terceros. Así, por ejemplo, cuando dos personas mantienen una relación amorosa comprometida, a menudo tienden a devaluar a cualquier otra pareja alternativa atractiva. A medida que va en aumento el compromiso en la relación, el número de parejas potenciales que consideran atractivas se reduce.[66]

El individuo también evalúa selectivamente sus relaciones románticas para adaptarlas a los estereotipos de la sociedad en la que vive. Son muchos los que creen en un «flechazo» apasionado y en la posibilidad de «enloquecer por amor». Es probable que deseen vehementemente ser los destinatarios de un flechazo y que incluso intenten convencerse a sí mismos de que lo han sido, aunque la experiencia sugiera que ésta no suele ser una situación común.[67]

El entorno también puede estimular o desalentar la experiencia y la demostración amorosa. A nadie se le escapa que el individuo tiende a casarse con otro de un estatus socioeconómico y cultural similar, y eso es así por dos razones: porque existen más probabilidades de encontrar una pareja en tales entornos y porque esa pareja se suele considerar más aceptable desde un punto de vista social.[68] Por término medio, cuando la familia acepta y apoya a la pareja romántica, el amor se suele experimentar con una mayor intensidad y durante un período de tiempo más prolongado.[69]

En una relación, los dos miembros se ayudan a definir y a comprender las experiencias emocionales recíprocas.[70] Así, pueden intentar estimular a su

---

65. McClanahan, K. K., Gold, J. A., Lenney, E., Ryckman, R. M. y Kulberg, G. E., «Infatuation and attraction to a dissimilar other: Why is love blind?», *Journal of Social Psychology, 130*, 1990, págs. 433-445.

66. Johnson, D. J. y Rusbult, C. E., «Resisting temptation: Devaluation of alternative partners as a means of maintaining commitment in close relationships», *Journal of Personality and Social Psychology, 57*, 1989, págs. 967, 980.

67. Aron, A., Dutton, D. G., Aron, E. N. e Iverson, A., «Experiences of falling in love», *Journal of Social and Personal Relationships, 6*, 1989, págs. 243-257.

68. Peplau, L. A. y Gordon, S. L., «Women and men in love: Gender differences in close heterosexual relationships», en O'Leary, V. E., Unger, R. K. y Wallston, B. S. (comps.), *Women, gender, and social psychology*, Hillsdale, Nueva Jersey, Erlbaum, 1985.

69. Parks, M. R., Stan, C. M. y Eggert, L. L., «Romantic involvement and social network envolvement», *Social Psychology Quarterly, 46*, 1983, págs. 116-131.

70. Buck, R., «Emotional communication in personal relationships: A developmental-interactionist view», en Hendrick, C. (comp.), *Close relationships: Review of personality and social psychology*, vol. 10, Newbury, California, Sage Publications, 1989.

compañero para que perciba esas emociones como un signo inequívoco de un sentimiento de amor mantenido. También pueden ayudarse mutuamente a devaluar a las parejas potenciales y a etiquetar los sentimientos de atracción hacia terceros como caprichos apasionados o enloquecimientos pasajeros, etiquetado que puede ir acompañado de una advertencia: los sentimientos no deberían ir más allá de ese carácter temporal.

Conclusiones

Como hemos visto, el amor es una construcción social que refleja un tiempo y un lugar determinados. Aunque los sentimientos de intimidad, pasión y compromiso han sido elementos del amor en el transcurso de todas las épocas, su forma de combinarse y las combinaciones que han merecido el calificativo de amor son divergentes. No existe ninguna definición que describa el amor a lo largo de la historia o de las culturas.

Nuestras percepciones acerca de quién puede ser un objeto apropiado de nuestro amor también están conformadas por convenciones de aceptabilidad definidas culturalmente. Una persona considerada idónea en un tiempo y lugar, tal vez no lo fuese en un tiempo y lugar diferentes. En Estados Unidos, por ejemplo, algunos Estados dictaron, en su día, leyes de mestizaje, prohibiendo el matrimonio entre miembros de determinados grupos raciales socialmente definidos.

Nuestros sentimientos de amor se refieren: 1) al amado, 2) a los sentimientos que acompañan al amor, 3) a las ideas asociadas al amor, y 4) a las acciones o relaciones entre el amante y el amado. Es imposible entender totalmente una concepción del amor en cualquier tiempo y lugar sin saber lo que piensa el individuo sobre estos cuatro aspectos de las relaciones amorosas. Se puede descubrir algo acerca de estas concepciones y de sus correspondientes aspectos no sólo mediante el análisis directo de una cultura, sino también a través de su literatura. Este tema se abordará en el capítulo 7.

CAPÍTULO
# 7

# La historia del amor a través de la literatura*

Si para comprender el amor optamos por volver la mirada a las narraciones, entonces deberemos centrar nuestra atención no sólo en los relatos de amor contemporáneos, sino en los de todas las épocas —en el tiempo y lugar—. La importancia de las narraciones de amor clásicas ha quedado sobradamente demostrada a través de su pervivencia en el tiempo. La gente ha contado y vuelto a contar historias de amor durante siglos. Estos relatos clásicos no sólo constituyen una diversión, sino que además dan forma a nuestras propias narraciones sobre el amor, a la vez que aportan, como realmente hacen, prototipos de lo que se supone que es el amor.

A pesar de que las concepciones acerca del amor varían un tanto en el espacio y en el tiempo, algunos temas universales parecen haber trascendido ambas magnitudes. El mito griego de Píramo y Tisbe, por ejemplo, proporcionó un modelo para *Romeo y Julieta*, el cual, a su vez, constituyó la base del musical norteamericano *West Side Story* (1961). El cuento de Cenicienta tiene un homólogo chino, *La carpa de oro*, y otro ruso, *El hada Basilisa*. Temas como éstos, que se han repetido tan a menudo merecen que les prestemos una atención especial, ya que su popularidad sugiere que poseen algo universal que ofrecer —una verdad que va más allá del tiempo y del espacio—.

* Este capítulo se escribió con la colaboración de Susan Hayden.

Estas historias fantásticas nos suministran «ladrillos» para que podamos construir nuestras propias narraciones, fantásticas o no.

El ideal del individuo por lo que se refiere a las historias de amor deriva, en parte, del canon de los relatos amorosos que ha oído, leído o presenciado. Los ideales que recogemos de los antiguos relatos de amor nos orientan en la vida, aunque también pueden conducirnos al desánimo y a la insatisfacción. Muchas de las narraciones que más nos gustan no son reales, y bien pudiera ser que esa carencia de realismo fuese lo que más nos atrae de ellas. Sin embargo, cuando intentamos llevarlas a la práctica, es muy probable que suframos un duro golpe al comprobar hasta qué punto llegan a ser irreales.

La literatura juvenil es especialmente significativa a la hora de sentar los fundamentos de los razonamientos adultos sobre el amor. A menudo, las historias para niños lo describen de un modo idealista. Por su parte, la confianza que emana de las películas basadas en estos libros es tan grande que éstos, en comparación, dan la sensación de ser de lo más insulsos. Así, en el cuento alemán de Cenicienta, las palomas picotean los ojos de las endiabladas hermanastras,[1] una escena, sin embargo, que no se ha incluido en la película de dibujos animados.

Actualmente, cada vez es mayor el número de niños que aprenden los cuentos de hadas con Walt Disney antes que con los hermanos Grimm. Además, es innegable que tanto el cine como la televisión son muchísimo más importantes que los libros de cuentos como transmisores de historias de amor a una audiencia popular. La simpleza de las películas infantiles puede privar a los niños de una comprensión más amplia del amor, de la misma forma que la salacidad de la cinematografía para adultos puede privar a éstos de una concepción realista acerca de lo que el amor les puede ofrecer. Es difícil encontrar algún ejemplo en los medios de difusión que tenga mucho que enseñarnos sobre las realidades del amor.

Si hay algo que todo el mundo puede aprender de las narraciones de amor clásicas, es que sentimos un orgullo extraordinario cuando somos conscientes de habernos enamorado por nosotros mismos, sin la intervención ni la aprobación de nadie. Los relatos de amor que hemos oído y leído, y que se han transmitido a lo largo de las épocas, establecen expectativas para los dos miembros de la pareja en todas las etapas de una relación.

Este capítulo mantiene el tema cronológico del libro, ¡que, al fin y al cabo, es el modo en que se desarrollan la mayoría de las historias de amor!

---

1. Grimm, J. y Grimm, W., *German folk tales* (traducción inglesa de F. P. Magom y A. K. Krappe), Carbondale, Southern Illinois University Press, 1960 (trad. cast.: *Cuentos completos de Grimm*, Cerdanyola, Labor, 1967).

Por lo tanto, primero abordaremos el enamoramiento; después, el hecho de estar enamorado y, por último, la perpetuación del amor o el desenamoramiento.

## Enamoramiento

En casi todas las narraciones de amor, el héroe y la heroína se enamoran apasionadamente a primera vista. ¡Un flechazo como la copa de un pino! Al príncipe de Blancanieves le basta mirarla una vez para saber que quiere compartir con ella el resto de su vida (o, por lo menos, vivir feliz con ella por siempre jamás). La despierta de un hechizo maligno y dice: «Te amo más que a nada en la tierra. Ven conmigo al palacio de mi padre. Serás mi esposa».[2] Esta clase de acción instantánea es característica de los relatos de amor, pues con frecuencia el amor se considera como el resultado de una repentina e incluso caprichosa intervención divina.

En la mitología, Cupido (así lo llamaban los romanos, o Eros, que es el nombre con el que le conocían los griegos) está representado como un jovencito caprichoso y, a menudo, irresponsable —muchas veces se le representa con los ojos vendados—, que lanza flechas afrodisíacas tanto a los mortales como a los dioses. Sus víctimas se enamoran perdidamente de la primera persona que ven (véase el prólogo de este libro). La idea de un arquero no es exclusiva de la mitología griega y romana. A Kama, el dios indio del deseo, también se le representaba de esta guisa.

La imagen de una persona como objetivo de un arquero sugiere varias cosas: la celeridad del enamoramiento; la elección, en ocasiones arbitraria, del amado; el dolor que puede causar el amor; y la presencia de una especie de fuerza externa que atrae los «saetazos». Los amantes no seleccionan por sí mismos al depositario de sus sentimientos, sino que se enamoran de quien determinan los dioses. En el transcurso de las épocas, la idea de inevitabilidad ha constituido el núcleo central de diversas nociones del amor y, sobre todo, del flechazo.

En su obra *El sueño de una noche de verano*, Shakespeare juega con este tema. Puck administra un filtro de amor, asumiendo, en consecuencia, el rol de Cupido. Gasta una broma a la esposa de su maestro, haciendo que se enamore de un jumento. Asimismo, y sin saberlo, propicia que un amante fiel caiga rendido a los pies de otra mujer. Helena, una dama cuyo amor no se ha visto correspondido, explica su penosa situación:

---

2. Grimm, J. y Grimm, W., *German folk tales*.

El amor no mira con los ojos, sino con la mente;
de ahí que se pinte ciego al alado Cupido.
El amor tampoco atiende a ningún juicio;
las alas, y no los ojos, hacen caso omiso de los pesares.[3]

Si pudiera, Helena amaría a otro hombre, pero Cupido le ha impuesto un amor ciego y sin recompensa.

La causalidad divina introduce un elemento de inevitabilidad en numerosas historias de amor clásicas. El amante siente que el amado es «el Único» —la persona con la que está destinado a vivir hasta el día de su muerte—. Lo ideal sería que el amado experimentara el mismo sentimiento. Habitualmente se confía en que así sea y que lo sea sin vacilaciones, es decir, a primera vista, con rapidez.

Este aspecto de la historia ideal constituye uno de los aspectos comunes más irreales en los relatos de amor clásicos y, cuando se aplica a las relaciones interpersonales modernas, uno de los más perjudiciales. Si el amado no experimenta un sentimiento exclusivo de amor apasionado desde el primer momento, el amante puede sentirse frustrado. Es como si la única oportunidad de amor verdadero hubiese llegado y pasado, cuando en realidad, es muy posible que el amado sólo necesite algo más de tiempo para tomar conciencia de la situación y establecer la debida intimidad con el amante.

Existe otra tradición de historias de amor en la que el enamoramiento se produce una vez transcurrido un cierto período de tiempo —cuando ya se ha desarrollado un determinado nivel de intimidad—. No obstante, este tipo de narraciones son menos comunes que las anteriores. Es interesante observar que, a menudo, se centran alrededor de la acción de contar una historia. Sin ir más lejos, el sultán de Arabia tardó mil y una noches en prendarse de su cuentacuentos favorita, Scherezade. De igual modo, en el *Infierno*, de Dante, Paolo y Francesca, la esposa de su hermano, iniciaron una relación íntima a raíz de leer juntos relatos de amor. Lo mismo le sucedió a Tristán, que antes de enamorarse de Isolda era su tutor y le había enseñado a leer. En todas estas narraciones, la historia amorosa se establece entre un profesor y un alumno.

Los flechazos siempre han sido una aventura arriesgada, principalmente porque dependen en gran medida del aspecto físico del amado. La visión que tiene el amante puede ser altamente sensible, como ocurre en *Love's Labour's Lost*:

3. Shakespeare, W., *The tragedy of Othello*, en Cross, W. y Brooke T. (comps.), *The Yale Shakespeare*, Nueva York, Barnes & Noble, 1993 (trad. cast.: *Othello, el moro de Venecia*, Barcelona, Planeta, 1987).

[El amor] sitúa una bellísima panorámica ante los ojos;
los ojos del amante descubrirán el escondite del águila;
el oído del amante percibirá el más leve de los sonidos.[4]

Sin embargo, hay veces en que lo que ve el amante no es la realidad, sino pura fantasía. Su visión puede estar deformada (en ocasiones tan deformada que la persona se convierte en un auténtico ciego, como en el caso de Helena, citado anteriormente). El amado tal vez no sea lo que parece.

En *The Disobedient Daughter* (La hija desobediente), un cuento de África occidental (Ibibio), Nkoyo, una testaruda y obstinada hija, se empeña en contraer matrimonio con un apuesto extranjero que no es, ni mucho menos, lo que aparenta, sino un esqueleto que se ha apropiado de partes de los cuerpos de sus amigos para tener un aspecto arrebatador. Sin saberlo, los padres de Nkoyo acceden al enlace. El extranjero la lleva hasta el monte de la Muerte, donde procede a desmembrarse y a mostrar su verdadero semblante. Cuando la muchacha descubre que su esposo es un horripilante esqueleto, queda aterrorizada, pero es incapaz de regresar a su hogar y se dedica a cuidar a su cuñada, que le enseña que ni la belleza ni el amor basado en la belleza pueden durar.[5] La sensata mujer ayuda a escapar a Nkoyo y a volver junto a su familia. Muchas historias de amor occidentales no incluyen esta advertencia sobre los peligros del amor a primera vista y prefieren concluir con el consabido «vivieron felices por siempre jamás». Los flechazos casi siempre constituyen un fundamento muy débil para un compromiso a largo plazo.

Por otro lado, este tipo de enamoramiento puede esconder una especie de crueldad. La metáfora usual del arco lleva implícita el pesar de la víctima: el amante, quien a menudo no quiere enamorarse y considera dolorosa o, en el mejor de los casos, extremadamente inconveniente la imposición de los dioses.

Un ejemplo que ilustra perfectamente esa extrema inconveniencia lo tenemos en el relato de Tristán e Isolda. Aquél se prenda de ésta cuando está a punto de entregarla al rey Mark para que la despose.[6] No hace falta cavilar demasiado para darse cuenta de que tanto la elección de la amada como el momento en que tiene lugar dicha elección estaban deficientemente concebidos.

---

4. Shakespeare, W., *Love's labour's lost*, en Cross, W. y Brooke, T. (comps.), *The Yale Shakespeare*, Nueva York, Barnes & Noble, 1993 (trad. cast.: *Trabajos de amor perdidos*, Barcelona, Planeta, 1985).

5. Jablow, A., *Yes and no: The intimate floklore of Africa*, Westport, Connecticut, Greenwood, 1961.

6. Wolkstein, D., *The first love stories: From Isis and Osiris to Tristan and Iseult*, Nueva York, HarperCollins, 1991.

Hay innumerables casos en que los arqueros son guerreros que cautivaban a sus víctimas. Es muy común el tema del amado «atrapando» el corazón del amante, quien a su vez, también suele intentar conquistar el corazón del amado. En la narración cherokee *Why Mole Lives Underground* (Por qué el topo vive bajo tierra), Mole decide ayudar a un amante no correspondido. Excava un túnel debajo de la casa de la amada, se lleva su corazón y pide al desdichado amante que se lo coma. A la mañana siguiente, la amada se siente extrañamente atraída por el varón, proponiéndole ser su esposa.[7] La captura del amante también puede adoptar otras formas. En el *Cantar de los cantares*, por ejemplo, la larga cabellera de la amada «cautiva» al amante,[8] un tema que también es habitual en la obra artística del gran pintor noruego Edvard Munch.

Tal y como apuntan las investigaciones psicológicas, al principio la pasión lo rige todo y el individuo se siente atraído por la apariencia física, pero más tarde va en busca de otros atributos.[9] En este sentido, la literatura clásica muestra cómo una relación que, inicialmente, se basa única y exclusivamente en el aspecto físico, puede convertirse, con el tiempo, en un compromiso duradero y basado en el espíritu. El amor de los dioses egipcios Isis y Osiris consigue sobrevivir a pesar de que este último es castrado, descuartizado en catorce piezas y echado a las aguas del Nilo. Su estado físico es irrelevante, ya que Isis, su esposa —una mujer de recursos— se las ingenia para concebir un hijo suyo y serle fiel,[10] una proeza ciertamente digna de un dios, pero que a cualquier mortal le resultaría un poquito más difícil llevar a cabo.

Blancanieves es un caso extremo, pues para el príncipe, lo único que cuenta es la belleza de la simpar doncella, aunque al igual que en otros muchos cuentos de hadas, la belleza y la bondad están indeleblemente unidas. Ser bello equivale a ser bondadoso, una creencia que aún hoy persiste en nuestra sociedad.[11] La respuesta de la audiencia es apasionada, dando por sentado que todo lo demás se dará por añadidura.

El protagonista de un relato indio, *La novia perfecta*, dice de su amada: «Siendo su figura tan hermosa, su carácter no puede ser diferente».[12] Inci-

---

7. Erdoes, R. y Ortiz, A. (comps.), *American Indian myths and legends*, Nueva York, Pantheon, 1984.
8. *New Oxford annotated Bible with the Apocrypha*, Oxford, Oxford University Press, 1973.
9. Sternberg, R. J., *El triángulo del amor, op. cit.*
10. Wolkstein, D., *The first love stories: From Isis and Osiris to Tristan and Iseult.*
11. Hatfield, E. y Sprecher, S., *Mirror, mirror: The importance of looks in everyday life*, Albany, State University of New York Press, 1986.
12. Van Buitenen, J. A. B., *Tales of ancient India*, Chicago, University of Chicago Press, 1959.

dentalmente, la razón por la que la novia es perfecta estriba en su hospitalidad. La muchacha es una beldad, pero no sólo eso, sino que además es hacendosa, ahorradora y buena cocinera. En efecto, consigue preparar un menú completo para el héroe con una libra de arroz, y luego le deja que eche la siesta en su propia cama. Como es natural, no se lo piensa dos veces y se casa con ella. ¿Qué más podría desear un hombre? Esta integración entre la gastronomía y el amor es muy frecuente en la literatura, y entre la más reciente, en *Como agua para chocolate*.[13]

Sin embargo, alimentar bien sólo es una forma de demostrar el afecto a un amante. También puede haber otros muchos signos de mérito, algunos de los cuales están relacionados con la boca, aunque no con la comida. En *La novia verdadera*, un cuento de los indios teit, nativos de América del Norte, la novia buena y encantadora esparce oro, mientras que la impostora lo llena todo de fétidas uñas de los pies.[14] ¿Cuál de las dos elegiría usted?

El cuento de Cenicienta, la historia china de *La carpa de oro* y el relato ruso de *El hada Basilisa* son ejemplos más ortodoxos de virtud recompensada. En las tres narraciones, la virtuosa hija de un mercader es maltratada por su nueva madrastra y hermanastras. La humilde doncella es obligada a ocuparse de los quehaceres domésticos, pero ni el duro trabajo ni los harapos con los que viste consiguen ajar su belleza. En la historia de Cenicienta, aparece un hada madrina y regala a la muchacha un vestido para que pueda asistir al baile. En *La carpa de oro*, unas espinas de pescado mágicas «confeccionan» un vestido para Ye Syan (la homóloga de Cenicienta).[15] Las dos doncellas van a un baile lujosamente ataviadas, un atractivo príncipe baila con ellas, se enamora, las pierde de vista a medianoche y, luego, vuelve a encontrarlas gracias al zapatito que se les cayó al marcharse corriendo de palacio.

Para el hada Basilisa, las cosas no son tan fáciles, pues debe escapar de la cabaña del canibal Baba Yaga. Una vez libre, se presenta ante el zar y le obsequia con doce camisas bordadas a mano. El zar se prenda inmediatamente de ella.[16] En las tres historias, la audiencia se da cuenta de que la heroína rebosa virtudes por los cuatro costados, aunque el héroe real sólo se enamora de ella por su belleza.

13. Esquivel, L., *Como agua para chocolate*, Barcelona, Grijalbo Mondadori, 1998.
14. Thompson, S., *Tales of the North American Indians*, Bloomington, Indiana University Press, 1966.
15. Chin, Y.-L. C., Center, Y. S. y Ross, M., *Traditional Chinese folktales*, Armonk, Nueva York, M. E. Sharpe, 1989.
16. Onassis, J. (comp.), *The firebird and other Russian fairy tales*, Nueva York, Viking, 1978.

La virtud no siempre se da por supuesta. En los cuentos de *El príncipe rana*, *La Bella y la Bestia*, y el relato zuni (tribu nativa de América del Norte) *La serpiente del mar*, los héroes obligan a las heroínas a probar su virtud. En estos tres relatos, los héroes son príncipes que, a causa de un encantamiento, aparecen en forma de animal: una rana, una serpiente y una bestia, respectivamente. Luego, cada uno de ellos pide algo.

El príncipe rana recupera una pelota de oro para una princesa y, como contrapartida, le hace prometer que le tratará como a su compañero sentimental, a pesar de ser feo.[17] La serpiente marina solicita un precio más elevado: la heroína tendrá que ofrecerse a sí misma, a modo de sacrificio, por haber violado su manantial sagrado.[18] Cuando cada muchacha ha cumplido su cometido, el hechizo se rompe, el héroe adquiere de nuevo la forma humana —muy atractiva por cierto— y se casa con ella.

¿Moraleja? La mujer es virtuosa porque la apariencia física del héroe no influye en su comportamiento y, por consiguiente, le amará por su carácter y no por su semblante o su fortuna. En cualquier caso, siempre es el varón el que pone a prueba a la mujer.

En *El mercader de Venecia*, *La duodécima noche* (o *Noche de Epifanía*) y *Como gustéis*, de Shakespeare, los roles sexuales están cambiados. Portia, Viola y Rosalinda, respectivamente, se visten de hombre para comprobar la fidelidad de sus pretendientes. Estas narraciones quieren dar a entender que la belleza no debería ser la única base de una relación —aunque nunca esté de más.

Algunas historias de amor clásicas consideran la belleza como el fundamento de la atracción, pero la mayoría de ellas van mucho más allá de la belleza y valoran otras cualidades. El cuento indio *El hombre que cambió de sexo* muestra que la generosidad y la destreza pueden ser tan atractivas como la belleza física. Es decir, que la pasión se puede desencadenar gracias a atributos diferentes del aspecto exterior de la persona. En este caso, la princesa Sasiprabha se enamora de Manahsvamin cuando éste la salva de morir aplastada por un elefante enfurecido.[19]

El *Kama Sutra* está repleto de sugerencias sobre lo que es atractivo y lo que hace deseable a una persona. Según Vatsyayana, su autor, los hombres que tienen éxito con las mujeres son aquellos que conocen la ciencia del amor: dominan los placeres sensuales, tienen el don de la palabra, son capaces de contar bellas historias, visten como es debido y son fuertes. Estas ca-

---

17. Grimm, J. y Grimm, W., *German folk tales*.
18. Erdoes, R. y Ortiz, A. (comps.), *American Indian myths and legends*.
19. Van Buitenen, J. A. B., *Tales of ancient India*.

racterísticas, exceptuando la fuerza, también son muy valoradas en las féminas.[20] El *Kama Sutra* incluye algunos trucos para cortejar a una doncella, incluyendo un consejo relativo al lavado de los pies, al soborno de los sirvientes de la dama y a fingirse enfermo para que la mujer acuda y cuide del taimado candidato a amante.

El *Kama Sutra* también incluye una práctica lista para diagnosticar los niveles del amor que puede experimentar un amante, lo que le permite controlar sus progresos en pos de la amada. Estos niveles (o quizá simplemente de su componente pasional) son los siguientes: 1) amor en la mirada, 2) unión mental, 3) reflejo constante, 4) insomnio, 5) escualidez corporal, 6) rechazo de (otros) objetos de goce, 7) pérdida de la vergüenza, 8) locura, 9) debilidad, y 10) muerte.[21] Es muy probable que, quien más quien menos, se considerara satisfecho con el más bajo de estos niveles.

La inclusión de signos también es un factor interesante, además de un desvío de la tradición literaria, en la que, en general, el héroe y la heroína saben cuándo están enamorados; no tienen la menor duda. Sin embargo, en la vida real este tipo de claridad suele brillar por su ausencia. Una vez más, tomar un cuento de hadas como un ideal de vida puede conducir a expectativas irreales respecto a lo que es probable que suceda en el día a día cotidiano.

Con todo, al final se acaba reconociendo el estado de enamoramiento, que constituye el paso siguiente en las relaciones interpersonales y que analizamos a continuación.

## Estar enamorado

Cuando los héroes de una historia de amor se han prendado de sus respectivas heroínas, el narrador puede hacer una pausa para definir las características del amor en sí mismo. En el cuento indio *Two Kingdoms Won* (Dos reinos ganados), una cortesana explica a un ermitaño al que ha seducido que el amor es «una placentera e incomparable experiencia táctil entre dos personas, un hombre y una mujer, que se sienten apasionadamente interesados en el objeto de dicha experiencia. Las circunstancias del amor son todas las cosas bellas y encantadoras».[22] Su definición toma en consideración, claro

---

20. Vatsyayana, *The Kama Sutra of Vatsyayana* (traducción inglesa de R. Burton), Nueva York, Dorset, 1962 (trad. cast.: *Kama Sutra y Ananga Ranga*, Barcelona, Plaza & Janés, 1992).
21. Vatsyayana, *The Kama Sutra of Vatsyayana*.
22. Van Buitenen, J. A. B., *Tales of ancient India*.

está, los placeres sensuales, algo muy acorde con el oficio de la dama en cuestión.

El *Kama Sutra* añade otras dos dimensiones al amor: una, intelectual, y la otra, espiritual, contemplándolo como «el disfrute de objetos apropiados a través de los cinco sentidos (...), asistidos por la mente y el alma».[23] Aun así, conserva un intenso componente sensual, pues en otro pasaje define el amor como «la conciencia del placer».

Aunque en términos generales el amor se suele considerar como placentero, también puede provocar frustración. En este sentido, la definición del amor de Andrew Marvell es decididamente esclarecedora: «Fue engendrado por la desesperación ante la imposibilidad».[24] Esta declaración tan depresiva del amor podría desanimar considerablemente a la mayoría de la gente, pero Florentino Ariza, el héroe de la novela de Gabriel García Márquez *El amor en los tiempos del cólera*, tiene algo que decir tras haber sufrido cincuenta años de amor no correspondido: «Piensa en el amor como en un estado de gracia: no como el medio para conseguir un fin, sino como el alfa y omega, como un fin en sí mismo».[25]

Ariza concibe el amor desde una perspectiva circular. Es su propia meta, y el proceso de amar es la finalidad. En realidad, el círculo es el símbolo más frecuente del amor, junto con el corazón de san Valentín, que a menudo se representa atravesado por una flecha de Cupido. Asimismo, la forma circular del anillo de bodas también simboliza y legitima la unión entre dos amantes. Incluso dos amantes adúlteros, como Tristán e Isolda, intercambian un anillo verde como símbolo de su mutua fidelidad. El círculo también sugiere regeneración y encarna los ciclos de la fertilidad, vinculando amor y sexo.

La comida no sólo se puede utilizar para atraer al amado, sino también para representar el amor ya constituido. La metáfora del yantar describe el placer sensual de estar con el amado, además de la necesidad fundamental del amado que experimenta el amante (por ej., para vivir el amante necesita amar y alimentarse en una misma proporción).

En el relato *La muchacha que entretejía cestas maravillosas*, de los aborígenes australianos, Lowana, una humilde joven, ama en secreto a un cazador llamado Yoadi. En una ocasión, su familia emprende un largo viaje para asistir a una fiesta y ella se queda sola en casa. Yoadi se entera y decide ir a visi-

---

23. Vatsyayana, *The Kama Sutra of Vatsyayana*.
24. Marvell, A., «Selected poems», en Alexander, A., Barrows, A., Blake, C., Carr, A., Eastman, A. y English, H. (comps.), *The Norton anthology of poetry*, Nueva York, Norton, 1983.
25. García Márquez, G., *El amor en los tiempos del cólera*, Barcelona, Grijalbo Mondadori, 1997.

tarla. Por el camino, caza varios animales para ofrecérselos a modo de obsequio. Cuando Lowana le ve, casi pierde el sentido, tanto de amor como de apetito. El cazador le entrega las piezas que ha cobrado, la observa mientras come y luego le dice que desea casarse con ella. Entonces la lleva hasta la fiesta a la que ha acudido su familia.[26] La moraleja de este cuento estriba en que cuando se ama, se necesita estar con el amado, y cuando alguien nos alimenta, cabe la posibilidad de enamorarse de nuestro benefactor.

Otras narraciones incorporan descripciones más detalladas de los alimentos como expresión de la experiencia sensual del amor. En el *Cantar de los cantares*, un amante habla con su amada diciendo: «Tu frente es como una fresca rodaja de granada».[27] De un modo similar, el narrador de *El amor en los tiempos del cólera* usa la imaginería alimenticia para describir cómo Fermina Daza seduce a su esposo: «Se lo cortó en pedacitos con una maliciosa ternura; le añadió sal para hacerlo más apetitoso, pimienta, un diente de ajo, cebolla picada, zumo de limón y una hoja de laurel, hasta que estuvo adobado. Luego lo puso en una fuente y esperó a que el horno se calentase hasta tener la temperatura adecuada».[28]

El valor de las viandas como sustento se pone de manifiesto en otras historias. En el cuento persa de Layla y Manjun, el hijo de un cacique enloquece de amor por Layla, una compañera de la escuela, lo que le hace acreedor del nombre de *manjun*, que significa «hombre loco». Huye de la civilización, anda desnudo y sólo se alimenta de hierba; explica su extraña conducta con estas palabras: «Mi cuerpo ya no siente ningún deseo. El amor es mi fuego y mi esencia. Mi yo, otrora un pesado fardo, se ha desvanecido. El amor ha entrado en mi casa».[29] O tal y como dicen los Beatles: «Todo lo que necesitas es amor».

La descripción que hace Manjun del amor como fuego es típica de las narraciones de amor. En la mitología india, Kama, el dios del amor, se identifica muy a menudo con el dios del fuego, Agni.[30] El fuego es una metáfora apropiada para el amor, ya que ambos se propagan rápidamente y son potencialmente destructivos, tal y como lo demuestra un relato de África occidental: *El fuego de la vida*. Alabe, una joven muchacha, penetra sin darse cuenta en el monte sagrado donde viven los chicos de la aldea hasta su iniciación como varones adultos. Se enamora de uno de ellos y le seduce. Por desgracia, el niño

---

26. Marshall, A., *People of the dreamtime*, Melbourne, Hyland House, 1978.
27. *New Oxford annotated Bible with the Apocrypha*, Oxford, Oxford University Press, 1973.
28. García Márquez, G., *op. cit.*
29. Wolkstein, D., *The first love stories: From Isis and Osiris to Tristan and Iseult.*
30. Spellman, J. W., «Preface, in Vatsyayana», *The Kama Sutra of Vatsyayana* (traducción inglesa de R. Burton), Nueva York, Dorset, 1962.

muere por haber profanado aquel sagrado lugar. El jefe anuncia que puede resucitar, pero sólo si alguien que le ama consigue rescatar un lagarto arrojado a una hoguera. Sus padres lo intentan, pero el miedo es más fuerte que su deseo. Al final, Alabe entra corriendo en la fogata y salva al lagarto y, con él, al niño. Sin embargo, las cosas no van tan bien para ella, pues la tribu decide que debe ser castigada por su acción anterior y la arrojan al fuego.[31]

Muchas veces, la sociedad parece hostil al amor, sobre todo si no se ajusta con una relativa exactitud a las especificaciones que ella misma se encarga de dictar. No obstante, la naturaleza puede prestar su apoyo al amor que la sociedad ha rechazado. En el relato chino *El vaquero y la costurera*, el primero contrae matrimonio con la segunda, que en realidad es un hada, y de la unión nacen dos hijos. Un día, la abuela de la costurera decide llevarla de regreso al país de las hadas y tiende un río de plata entre marido y mujer. Al vaquero se le parte el corazón. Pero una bandada de urracas acuden en su ayuda, uniendo sus alas y formando un puente para que la familia pueda cruzar el río y volver a reunirse. La abuela, conmovida, les permite que puedan verse una vez al año: el séptimo día del séptimo mes.[32]

Tanto en la mitología griega como en la romana, el reino animal siempre se muestra condescendiente con Psiquis. Su madrastra, Venus (para los romanos; Afrodita para los griegos), le ordena cumplir tres tareas imposibles si desea volver a ver a su esposo, Cupido (Eros). Tiene que separar rápidamente una fanega de granos de maíz, mijo y trigo; conseguir una especie de Vellocino de oro, extremadamente difícil de obtener; y traer agua de la laguna Estigia, el río de la muerte del que nadie ha logrado regresar jamás. En las tres situaciones, la Naturaleza rescata a Psiquis: las hormigas separan el grano, los juncos de las marismas le susurran cómo hacerse con el Vellocino, y un águila le trae el agua.[33] En éste y otros relatos, la Naturaleza interviene para proteger el amor verdadero.

El amor está inextricablemente unido a la naturaleza, puesto que amor y sexo guardan una estrecha relación. La fertilidad del amor se destaca muy especialmente en algunos mitos antiguos, y esto es así porque las civilizaciones primitivas dependían de la naturaleza para subsistir. En la leyenda mesopotámica de Inanna y Dumuzi, el amor está ligado a las crecidas fluviales. Cuando Inanna y Dumuzi hacen el amor, del útero de la muchacha aflora una gran diversidad de plantas.[34] De un modo más significativo, el amor cós-

31. Jablow, A., *Yes and no: The intimate floklore of Africa*.
32. Chin, Y.-L. C., Center, Y. S. y Ross, M., *Traditional Chinese folktales*.
33. Wolkstein, D., *The first love stories: From Isis and Osiris to Tristan and Iseult*.
34. Wolkstein, D., *The first love stories: From Isis and Osiris to Tristan and Iseult*.

mico y fértil de los dioses indios Shiva y Sati asegura el renacimiento de todo el universo.[35]

Aunque a menudo el amor está considerado como una fuerza de la naturaleza, socialmente se expresa de formas muy diversas, y la tradición de las historias de amor incluye una amplia variedad de formas de amar. En realidad, no existe ninguna historia de amor.

En la tradición india, el amor suele ser «juguetón» —una historia lúdica—. El mismo *Kama Sutra* sugiere la idea de que los amantes tomen parte juntos en distintos juegos.[36] A Shiva, el Señor de la destrucción, se le representa jugando con su esposa, Sati, trenzando y destrenzando su pelo y cogiendo flores.[37] En los relatos griegos, el amor es un juego, pero más competitivo que el anterior; es más parecido a un torneo. Leandro cruza a nado el Helesponto cada noche para reunirse con su amante Hero, hasta que muere ahogado en medio de una tormenta.[38]

Un paralelismo más moderno de las competiciones físicas de los griegos lo constituye el antagonista verbal de Beatrice y Benedick en *Mucho ruido y pocas nueces*. Para esta pareja, *amor militiae species est*, o lo que es lo mismo, el amor es una especie de guerra,[39] o un relato bélico. De hecho, muchos de nosotros hemos oído la expresión: «¡Estás tan atractivo cuando te enfadas!».

El *Kama Sutra* dedica capítulos enteros a explicar las técnicas para golpear y morder a un amante, y da consejos sobre cómo «organizar» las riñas entre los enamorados.[40] La única esperanza estriba en que las soluciones recomendadas a los conflictos que tienen lugar en el seno de una relación sean capaces de evitar un daño real a cualquiera de los dos miembros de la pareja.

Con frecuencia, los amantes no compiten entre sí, sino que ambos se ven obligados a poner a prueba su compromiso, especialmente durante una separación. Romeo y Julieta son el ejemplo más familiar de amantes separados por sus familias.[41] Sus prototipos mitológicos, Píramo y Tisbe, también estuvieron separados, en su caso, por un grueso muro, es decir, la misma idea utilizada en el musical moderno *The Fantasticks*. Píramo y Tisbe se las ingenia-

---

35. Wolkstein, D., *The first love stories: From Isis and Osiris to Tristan and Iseult*.
36. Vatsyayana, *The Kama Sutra of Vatsyayana*.
37. Wolkstein, D., *The first love stories: From Isis and Osiris to Tristan and Iseult*.
38. Bullfinch, T., *Bullfinch's mythology*, Nueva York, Thomas Crowell, 1947.
39. Ovidio, *Ars Amatoria* (traducción inglesa de F.A. Wright), Londres, Routledge, 1929.
40. Vatsyayana, *The Kama Sutra of Vatsyayana*.
41. Shakespeare, W., *Romeo and Juliet*, en Cross, W. y Brooke, T. (comps.), *The Yale Shakespeare*, Nueva York, Barnes & Noble, 1993 (trad. cast.: *Romeo y Julieta*, Barcelona, Planeta, 1996).

ron para comunicarse a través de una pequeña grieta en la pared, una escena parodiada en *El sueño de una noche de verano*.[42]

La trama de *Shakuntala* también trata de una separación. El rey Dushyanta se enamora de la hija adoptada de un ermitaño, cuyo nombre da título a esta obra india. Consuman su amor y luego el monarca regresa a la capital, donde se olvida de ella a causa de un hechizo. Al volver en sí y darse cuenta de que, sin ser consciente de ello, ha rechazado su verdadero amor, su separación se hace tan dolorosa que casi pierde la razón. Un retrato de Shakuntala atiza su pasión por la muchacha. Finalmente, al término de la obra, se produce el feliz reencuentro de la pareja.[43]

El retrato de la joven ilustra la fragilidad del amor: el amado es irreemplazable, pero tampoco se puede poseer. Por otro lado, llevar consigo un retrato de la mujer es una futilidad, ya que su parecido no hace sino exacerbar la pérdida de su genuina presencia.

La pena y el dolor son esenciales en el amor. Hemos visto que la metáfora del amor como resultado de una especie de flechazo divino lleva en volandas la punzada del enamoramiento. Así pues, el amor no está, ni muchísimo menos, exento de sufrimiento. Un proverbio alemán lo expresa a la perfección: *Keine Liebe ohne Furcht und Angwohn* (No hay amor sin miedo ni odio).[44]

La conexión entre amor y dolor también se desprende de su propia etimología. El término *pasión* procede del vocablo latino que significa «sufrir», y el nombre de Tristán, el héroe más popular en la tradición trovadoresca, quiere decir «tristeza». Denis de Rougement va más allá de este planteamiento cuando en su obra *Amor en el mundo occidental* escribe: «El amor feliz carece de contenido. El romance sólo nace cuando el amor es fatal, escandaloso y está condenado por la vida misma».[45] Para Rougement, el amor apasionado requiere una especie de masoquismo emocional, porque la idea de la pasión está vinculada al sufrimiento.

El amor puede ser una fuerza tan poderosa que el dolor se podría considerar valioso e incluso atractivo. En la historia de Layla y Manjun, el padre de éste le lleva a la Meca para curarle de su locura de amor. Pero en lugar de pedir a Alá que le libere de aquel sentimiento, lo que el joven desea es que su amor y su locura sean aún mayores. Su solicitud es atendida y, tras haber

---

42. Shakespeare, W., *A midsummer night's dream* (El sueño de una noche de verano), en Cross, W. y Brooke, T. (comps.), *The Yale Shakespeare*, Nueva York, Barnes & Noble, 1993.
43. Kalidasa, *Shakuntala and other writings* (traducción inglesa de A. Ryder), Nueva York, Dutton, 1959 (trad. cast.: *El reconocimiento de Sakuntala*, Pozuelo de Alarcón, Lipari, 1994).
44. Stevenson, B., *The Macmillan book of proverbs, maxims, and famous phrases*, Nueva York, Macmillan, 1968.
45. De Rougement, D., *Love in the Western world* (traducción inglesa de M. Belgion), Nueva York, Pantheon, 1956.

completado la octava etapa en la secuencia de Vatsyayana, continúa avanzando y alcanza la décima, muriendo sobre la sepultura de su amada.[46]

Estos extremos del amor suelen asociarse más a la juventud que a la madurez, aunque no están estrictamente limitados a ella. En *El amor en los tiempos del cólera*, la madre de Florentino Ariza le aconseja que sufra todo cuanto pueda mientras es joven, pues esta clase de sufrimiento no dura toda la vida.[47] Sin embargo, el muchacho demuestra que su madre está equivocada, amando y penando incesantemente durante cincuenta años.

Diversas tradiciones religiosas también vinculan sufrimiento y amor. En la tradición cristiana, la esperanza infinita abre el camino hacia el sufrimiento infinito en el amor. En la primera Epístola a los corintios (13,7), por ejemplo, leemos lo siguiente: «El amor abarca todas las cosas, cree en todas las cosas, tiene esperanza en todas las cosas y sobrevive a todas las cosas»,[48] mientras que en el budismo, Kama (deseo) es la fuente de todo sufrimiento, y el camino hacia la luz y la sabiduría consiste en desterrar el deseo.[49]

El amor puede causar un gran dolor, pero en términos generales el dolor se basa en la construcción individual de la realidad, cuya relación con la construcción de cualquier otra persona puede ser mínima. En ocasiones posee cualidades mágicas: conquistar al amado puede requerir afrodisíacos, y librarse de él, exorcismos. Su absoluta carencia de realidad objetiva es lo que provoca tantos sacrificios por amor. Nadie es capaz de demostrar su inexistencia.

En la tradición literaria, el verdadero amor casi nunca es mundano. Sin ir más lejos, no se puede comprar. En *Antonio y Cleopatra*, de Shakespeare, ésta pone a prueba a su amado formulándole la siguiente pregunta: «Si esto es amor, dime cuánto vale». A lo que el romano responde: «Hay que tener en cuenta que en el amor hay mucho de caridad».[50] Aunque parezca una ironía, el amor que se puede comprar carece de valor.

El mito griego de Endimión y Selene destaca la cualidad onírica del amor. Selene, diosa de la luna, se enamora de Endimión, un pastor de una extraordinaria belleza, y pide al rey de los dioses que le haga dormir eternamente para que pueda soñar con ella en un sueño eterno de amor.[51] El amor

---

46. Wolkstein, D., *The first love stories: From Isis and Osiris to Tristan and Iseult*.
47. García Márquez, G., *op. cit.*
48. *New Oxford annotated Bible with the Apocrypha*.
49. Spellman, J. W., «Preface, in Vatsyayana».
50. Shakespeare, W., *The tragedy of Anthony and Cleopatra*, en Cross, W. y Brooke, T. (comps.), *The Yale Shakespeare*, Nueva York, Barnes & Noble, 1993 (trad. cast.: *Antonio y Cleopatra*, Barcelona, Planeta, 1983).
51. Hamilton, E., *Mythology*, Boston, Little, Brown, 1942 (trad. cast.: *La mitología*, Barcelona, Daimon, 1984).

de Endimión se aproxima al ejemplo perfecto de amor irreal, no recíproco y no consumado.

En las grandes narraciones de amor, el amor auténtico siempre se considera espiritual, más allá del reino de lo mundano e imposible de comprar. El cuerpo carece de importancia. Puede suceder que los genuinos amantes ni siquiera lleguen a tocarse jamás, como en la historia de Layla y Manjun. En el relato chino *Los estudiantes enamorados*, Yingtai se disfraza de chico para poder ir a la escuela, donde conoce a un muchacho llamado Shanbo. Se hacen buenos amigos y compañeros de estudio. Yingtai se enamora de Shanbo, pero no puede revelarle su verdadera identidad. Sus padres la hacen regresar a casa y le dicen que está prometida en matrimonio con otro hombre. Entretanto, Shanbo se entera de que Yingtai es una chica y muere de pena al descubrir que no podrá casarse con ella. El día de la boda, ella visita su tumba, que se abre para acogerla. Según la leyenda, aún hoy es posible ver dos mariposas sobre la sepultura.[52] A través de esta metamorfosis, el amor supera la muerte. En la tradición cristiana, el amor conquista a la muerte. En efecto, la resurrección de Cristo constituye la demostración decisiva de Dios del amor que profesa al mundo.

Los estudiantes enamorados ni siquiera llegaron a expresarse sus sentimientos. Su amor, al igual que el de Píramo y Tisbe, Romeo y Julieta, y Layla y Manjun, se consumó en la muerte. Ésta es la forma más pura de amor espiritual. A menudo, el gran amor posee esa cualidad ascética. Así lo expresa Manjun cuando dice: «Mi cuerpo ya no siente ningún deseo (...). Mi yo, otrora un pesado fardo, se ha desvanecido (...). No me ves a mí. Ves al "amado". Así pues, ¿cómo podría arrancar el amor de mi corazón?».[53] La unión espiritual de los amantes hace que la separación e incluso la muerte sean llevaderos. El amante de Shakuntala, el rey Dushyanta, explica el significado de vivir con ella: «Mi cuerpo se marcha, no yo; /mi cuerpo se mueve, pero no mi mente».[54]

La poetisa americana Anne Bradstreet expresa esa misma dualidad mente-cuerpo en *A letter to Her Husband, Absent upon Public Employment*:

> Si dos son uno, como seguramente lo somos tú y yo,
> ¿por qué permaneces ahí, mientras yo estoy en Ipswich?
> (...)
> Carne de mi carne, hueso de mi hueso,
> yo aquí, tú allí, aunque ambos somos uno.[55]

---

52. Chin, Y.-L. C., Center, Y. S. y Ross, M., *Traditional Chinese folktales*.
53. Wolkstein, D., *The first love stories: From Isis and Osiris to Tristan and Iseult*.
54. Kalidasa, *Shakuntala and other writings*.
55. Bradstreet, A., «Selected poems», en Alexander, A., Barrows, A, Blake, C., Carr, A., Eastman, A. y English, H. (comps.), *The Norton anthology of poetry*, Nueva York, Norton, 1983.

Su separación física es irrelevante, pues son un solo espíritu. La fusión espiritual en el amor destruye el egoísmo individual al crear un nuevo yo compartido. Manjun lo demuestra visualmente partiendo por la mitad un trozo de papel en el que están escritos los nombres *Layla* y *Manjun*. «A los amantes les basta un solo nombre», dice.[56] Ese nombre es válido para el yo conjunto. Para un amante, la unión del amor es más importante que su propia vida. Amor y autosacrificio van cogidos de la mano.

El amor verdadero es, ante todo, altruista. El amante sumerio Dumuzi accede a entregar la mitad de su vida para expiar el crimen cometido por su esposa contra los dioses del Mundo subterráneo.[57] En la narración griega de Alcestis y Admeto, la reina Alcestis se ofrece a morir por amor. El rey Admeto cae enfermo y un oráculo le anuncia que fallecerá a menos que alguien muera en su lugar. Después de buscar, en vano, un voluntario entre todos los ciudadanos del reino —incluso sus parientes rechazan la oferta—, su esposa Alcestis decide sacrificarse. Pero cuando ya está preparada, interviene el héroe Hércules, que combate con la Parca para salvar la vida de la reina y consigue derrotarla.[58]

La *Leyenda de la cascada de Multnomah*, de los nativos de América del Norte, describe un sacrificio consumado. Una plaga asola un pueblo de Multnomah, y el chamán declara que sólo una doncella virgen y pura, la hija de un jefe, podrá salvar al pueblo arrojándose desde un acantilado y entregándose al Gran espíritu. La única hija del jefe decide hacerlo cuando su propio amante contrae la terrible enfermedad. Con su muerte, todos los enfermos se restablecen. Poco después, en lo alto de los riscos desde donde la muchacha se precipitó al vacío aflora un manantial que, al caer, forma una bellísima cascada.[59] En este caso, la cascada simboliza el hecho de que los actos de autosacrificio en aras del amor siempre se ven recompensados. El amor es la única justificación del autosacrificio.

Estas inmolaciones exigen una profunda fe y un intenso compromiso con el amado, así como una creencia férrea e inquebrantable en el amor en sí mismo. No es propio de la naturaleza humana sufrir sin una causa. El relato griego del músico Orfeo evidencia el peligro que supone perder la fe en el amor. Eurídice, esposa de Orfeo, es mordida por una serpiente y muere el primer día de su luna de miel. Orfeo enloquece de dolor y se propone persuadir a los dioses del mundo subterráneo para que la devuelvan a la vida. Su

---

56. Wolkstein, D., *The first love stories: From Isis and Osiris to Tristan and Iseult*.
57. Wolkstein, D., *The first love stories: From Isis and Osiris to Tristan and Iseult*.
58. Bullfinch, T., *Bullfinch's mythology*.
59. Erdoes, R. y Ortiz, A., *American Indian myths and legends*.

música embelesa al Señor de la muerte, que accede a que Orfeo escolte a Eurídice de regreso al mundo de los vivos, con la única condición de que no mire nunca hacia atrás para comprobar que ella le sigue. Orfeo conduce a su esposa hasta la cima del mundo subterráneo, pero en el último momento tiene miedo, mira hacia atrás y la pierde para siempre.[60] El amor requiere una fe y una capacidad de autorrestricción que Orfeo no poseía.

Con frecuencia, lo que genera la fe en el amor en los amantes es un sentimiento de destino. Blancanieves puede cantar sin incertidumbres: «Algún día vendrá mi príncipe». El amor de las historias de amor es un suceso único en la vida, está regido por los dioses o por el destino, hasta el punto de que ellos tienen muy poco o nada que decir. Las primeras palabras de *El amor en los tiempos del cólera* son: «Era inevitable».[61] Romeo y Julieta también fueron amantes desventurados —su hado estelar les era desfavorable—, predestinados al desastre.[62]

En la vertiente más optimista, en la mitología india, encontramos a Shiva y Sati, que fueron creados para estar juntos eternamente. Su amor trasciende la muerte, prolongándose a través del ciclo del renacimiento: Sati vuelve a nacer una y otra vez, adoptando distintas formas, para reunirse con Shiva.[63] En el modo de pensar de los relatos de amor, todos los hombres y mujeres tienen una pareja predestinada. A pesar de que muy poca gente estará dispuesta a admitir que cree en este tipo de destino, el espíritu que subyace bajo dicha creencia sigue gozando de una notable popularidad y puede imponer innecesarias e incluso insensatas limitaciones a la vida amorosa de los idealistas.

Como ya hemos visto con Romeo y Julieta, el amor está en las estrellas —o no está—. Dante describe la fuerza cósmica del amor en la última línea del *Paraíso* de su *Divina comedia*: *L'amor che move il sole e l'altre stelle* (El amor que mueve el sol y las demás estrellas).[64] La tradición india habla del amor como del poder generador del universo. Kama es la fuente de la que procedemos y el destino hacia el que nos dirigimos; el deseo es la fuente de la creación.[65]

La espiritualidad, el altruismo y el poder del amor le conceden la autoridad de la religión. Florentino Ariza ve el amor como «un estado de gracia».[66] Asimismo, en muchas culturas, el amor está considerado como la ex-

---

60. Hamilton, E., *Mythology*.
61. García Márquez, G., *op. cit.*
62. Shakespeare, W., *Romeo and Juliet*.
63. Wolkstein, D., *The first love stories: From Isis and Osiris to Tristan and Iseult*.
64. Dante, *The divine comedy*, Manchester, Carcanet New Press, 1980 (trad. cast.: *La divina comedia*, Madrid, Cátedra, 1988).
65. Spellman, J.W., «Preface, in Vatsyayana».
66. García Márquez, G., *op. cit.*

periencia humana esencial y, en consecuencia, se puede asociar a un ser superior. Para muchos, el amor sigue siendo sagrado incluso en nuestro tiempo, más secular. Gabriel García Márquez destaca que «es una lástima empeñarse en el suicidio si no es por amor».[67] El amor quizá sea la única justificación del suicidio.

Por otro lado, amor y religión se complementan satisfactoriamente. La poetisa Elizabeth Barrett Browning describe esa complementariedad con los versos siguientes:

Te amo con la pasión puesta al servicio
de mi largo sufrimiento, y con la fe de mi infancia.
Te amo con un amor que creí perder
con mis perdidos santos —¡te amo con el aliento,
las sonrisas y las lágrimas de toda mi vida!—. Y si Dios lo permite,
te amaré mejor después de la muerte.[68]

Browning canaliza hacia el amor una parte de su antigua energía religiosa (su «fe de mi infancia» y sus «perdidos santos»), pero sin rechazar por completo la religión. La mezcla de imaginería religiosa y romántica resulta doblemente importante.

En el moderno relato corto *Nunca te rindas en el amor*, de Sonia Sánchez, una anciana, sentada en el banco de un parque, cuenta su vida amorosa al narrador, describiendo, con la imaginería del bautismo, el nuevo aliento de vida que le dio el amor de su segundo marido: «Me cogió en brazos y me depositó en su interior. Abracé el cristianismo con su amor».[69]

En el hinduismo, la yuxtaposición de imágenes religiosas y románticas no es dramática, ya que Karma (deseo, afecto, amor, goce o placer sexual) es uno de los cuatro *purusarthas* o fines de la vida[70] (los demás *purusarthas* son *dharma* —buena conducta, responsabilidad o virtud—; *artha* —acumulación de riqueza—; y *moksha* —la liberación del alma del ciclo del renacimiento).

En comparación con el hinduismo, en el que el amor sensual está incluido en los límites de la religión, la separación judeo-cristiana de ambos con-

---

67. García Márquez, G., *op. cit*.
68. Browning, E. B., «Selected poems», en Alexander, A., Barrows, A, Blake, C., Carr, A., Eastman, A. y English, H. (comps.), *The Norton anthology of poetry*, Nueva York, Norton, 1983.
69. Sánchez, S., «Just don't never give up on love», en Goss, L. y Barnes, M. E. (comps.), *Talk that talk: An anthology of African-American storytelling*, Nueva York, Simon & Schuster, 1989.
70. Spellman, J.W., «Preface, in Vatsyayana».

ceptos puede parecer artificial, aunque a decir verdad, aportan un mayor dramatismo cuando se combinan.

## Consecuencias del amor para los amantes

El amor es una fuerza transformadora. En las *Metamorfosis*, de Ovidio, los cambios que ocasiona el amor son físicos. Píramo y Tisbe se convierten en moreras de bayas rojas como la sangre; Dafne, el indeseado amor del dios Apolo, se transforma en un laurel; Adonis, el amado de Afrodita, muere mientras está cazando y adquiere la apariencia de una flor: la anémona. Estas metamorfosis no son específicas de la tradición griega. Así, por ejemplo, los estudiantes enamorados en el relato chino se convierten en sendas mariposas que revolotean sobre la sepultura que comparten; en el mito aborigen australiano *El arco iris y la flor del árbol del pan*, dos infortunados amantes se transforman en un arco iris y en una flor del árbol que da título a la obra, para poder estar juntos, lejos de sus celosos parientes.[71] En estos mitos de metamorfosis, los amantes adoptan una nueva forma en la naturaleza, para poder manifestar su amor eternamente.

El amor no transforma tanto el estado físico del amante, sino su personalidad. En la tradición de las historias de amor, éste tiende, a menudo, a hacer atrevidos a los varones y pacientes a las mujeres. Los hombres van a dar muerte a los dragones del amor, mientras que las mujeres mantienen encendido el fuego del hogar. Penélope, en la *Odisea*, de Homero, es el parangón de la esposa fiel, esperando durante casi veinte años a que su cónyuge, Ulises, regresara a casa.[72]

En algunos amantes de ambos sexos, la pasión les infunde coraje. Leandro no teme la bravura de las aguas del Helesponto y las cruza a nado para ver a Hero, su amada; Alcestis no teme morir por Admeto.[73] En la Biblia (Juan 4,7), leemos: «En el amor no existe el miedo; el amor perfecto ahuyenta el miedo porque éste implica tormento».[74]

Irónicamente, un amante puede manifestar síntomas de miedo, tales como el enmudecimiento y la parálisis, cuando se halla en presencia del amado, debido a la intensidad de sus sentimientos. Estos síntomas no indican una

---

71. Marshall, A., *People of the dreamtime*.
72. Homero, *The odyssey*, Nueva York, Oxford University Press, 1991 (trad. cast.: *La Odisea*, Madrid, Cátedra, 1988).
73. Bullfinch, T., *Bullfinch's mythology*.
74. *New Oxford annotated Bible with the Apocrypha*.

verdadera falta de valor en el amante; en los grandes amores, la devaluación del cuerpo hace que el daño físico parezca irrelevante.

El coraje que instila el amor capacita al amante para superar cualquier obstáculo. La narración japonesa *Eliminación* ilustra los extremos a los que puede llegar el amante, tanto para crear obstáculos como para superarlos. Tan desesperado es el amor del héroe Heichu por Jiju, la dama que ha despertado su pasión, que intenta menguar la fuerza de sus sentimientos contemplando el contenido de su orinal. Sin embargo, cuando por fin consigue hacerse con él, bebe —liba— la orina y aún se enamora más de la muchacha.[75] Su intento por *eliminar* su amor mediante un residuo —un producto de *eliminación* orgánica— fracasa por completo. No obstante, resulta muchísimo más habitual que los amantes se pongan a prueba a través de la separación o del rechazo social que de su reacción ante el contenido de un orinal.

En el mito de Píramo y Tisbe, así como también en *Romeo y Julieta* y en *West Side Story* por este orden, los padres y la sociedad en general no sólo prohiben a los amantes poder estar juntos, sino incluso verse. Pero su amor sobrevive a pesar de estos obstáculos o quizás a raíz de ellos. En el caso de Píramo y Tisbe, Edith Hamilton señala que ese amor «no puede ser prohibido. Cuanto más se cubre su llama, mayor es la intensidad con la que arde».[76]

En «Cuento de un caballero» de los *Cuentos de Canterbury*, Chaucer proclama que el amor dicta sus propias leyes.[77] Y en las historias de amor con frecuencia apenas se respeta la ley del matrimonio, pues muchas veces apenas guarda relación con el amor y, a menudo, incluso se opone a él. En efecto, Tristán, Manjun y Lancelot amaron a mujeres casadas. Por otro lado, el amor puede ser política y moralmente subversivo a causa de su carácter democrático: todo el mundo es capaz de amar. El amor no tiene en cuenta los límites sociales de clase, raza o religión. La omnipotencia del amor, que todo lo justifica, hace más fácil a los amantes desobedecer las leyes de la sociedad.

En ocasiones, la rebelión de un amante contra la sociedad se diagnostica como locura o, en el mejor de los casos, como irracionalidad, como ocurre con Mario en *Los miserables*. En realidad, tanto si el amante intenta rebelarse contra la sociedad como si no, sus acciones pueden ser tildadas de alocadas, ya que la pasión del amor altera la acostumbrada forma de pensar. Rosalinda, el personaje de Shakespeare, afirma: «El amor es simplemente una locura y, al igual que los orates, merece una casa oscura y un látigo. La razón por la que

---

75. Tyler, R. (comp. y trad.), *Japanese tales*, Nueva York, Pantheon, 1987.
76. Hamilton, E., *Mythology*.
77. Chaucer, G., *The Canterbury tales*, Nueva York, Norton, 1971.

no se les castiga y se les cura reside en que su locura es tan extraordinaria que quienes deben aplicarles el látigo también están enamorados».[78]

Mucha gente experimenta lo que da la sensación de ser una especie de alteración mental transitoria cuando se enamora, pero pocos la viven tan intensamente como Manjun, el héroe turco, que se marcha al desierto, se alimenta exclusivamente de hierba, anda desnudo y habla con los animales. Sin embargo, durante su permanencia en soledad compone su mejor poesía. Shakespeare también destaca la conexión entre creatividad artística y locura en *El sueño de una noche de verano*: «El amante, el lunático y el poeta/gozan de una exquisita imaginación».[79] El amor puede hacer enloquecer y, al mismo tiempo, inspirar a un amante.

Con frecuencia, los grandes amantes escriben excelentes obras literarias o musicales. Como es natural, su tema favorito es el amor o el amado. Dante y Petrarca quizá sean dos de los ejemplos más famosos de amantes literarios, aunque en realidad es imposible saber cuántos poetas han escrito sobre el amor. Denis de Rougement explica el impulso poético diciendo que la pasión «tiende a la autodescripción, ya sea para justificar o intensificar su ser, ya sea, simplemente, para *mantenerlo*».[80] Dante se las ingenió para mantener su amor por Beatriz durante toda su vida.

La expresión artística del amor no siempre es meramente descriptiva. En *La leyenda de la flauta*, de los nativos sioux de América del Norte, el narrador cuenta que los jóvenes guerreros utilizan la flauta, la *siyotanka*, para cortejar a sus *winchinchala*, es decir, a sus amadas.[81] Sin embargo, la fuerza inspiradora del amor tiene sus limitaciones. Aunque pueda parecer una ironía, aun el más elocuente de los poetas enmudece por completo en presencia de su amada.

En el amor, hay algo que va más allá de las palabras, una declaración tal vez irónica en un libro sobre el amor. A menudo los narradores de historias de amor dejan una buena parte del relato a la imaginación del lector o de los oyentes, e incluso se excusan por lo que no han sido capaces de expresar con palabras. Gottfried von Strassburg, adaptador de la versión alemana de *Tristán e Isolda*, se muestra extremadamente cándido acerca de su propia brevedad a la hora de describir la relación entre los amantes. Cuando ambos se fugan y se ocultan en la cueva de Morois, Gottfried explica que le es imposible

---

78. Shakespeare, W., *As you like it*, en Cross, W. y Brooke, T. (comps.), *The Yale Shakespeare*, Nueva York, Barnes & Noble, 1993 (trad. cast.: *Como gustéis*, Madrid, Cátedra, 1990).
79. Shakespeare, W., *A midsummer night's dream*.
80. De Rougement, D., *Love in the Western world*.
81. Erdoes, R. y Ortiz, A., *American Indian myths and legends*.

decir lo que sucedió en su interior, pues eso es algo que sólo ellos mismos saben.[82] Cuando los amantes abandonan el plano estrictamente espiritual para gozar del amor físico, es muy habitual que el narrador recurra a figuras del lenguaje para describir su estado. La configuración de las palabras en este tipo de figuras retóricas sugiere algo que trasciende de los propios vocablos. Así, por ejemplo, el quiasmo —que consiste en la inversión del orden de los elementos de una frase— da a entender la inclusión o combinación de términos opuestos. En la versión de Gottfried de la historia de *Tristán e Isolda* existe un doble quiasmo:

*Ein Mann, eine Frau, eine Frau, ein Mann,*
*Tristan, Isolde, Isolde, Tristan.*

(Un hombre, una mujer, una mujer, un hombre,
Tristán, Isolda, Isolda, Tristán.)[83]

Este quiasmo constituye un abrazo verbal. La figura de la sinestesia expresa la intensidad del amor.

En el *Cantar de los cantares*, un amante declara a su amada que: «El sonido de tu nombre es perfume».[84] De un modo similar, el soneto número 23 de Shakespeare enuncia que: «Oír con los ojos forma parte de la exquisita agudeza del amor».[85] El amor también tiende al oxímoron —figura retórica en la que una locución produce un efecto aparentemente contradictorio—, lo que sucede cuando produce una feliz tristeza o un placentero dolor. Tanto la sinestesia como el oxímoron demuestran la confusión y la dificultad que experimenta el amante cuando intenta expresar su pasión con el lenguaje ordinario. Manjun describe el enmudecimiento del amor mediante una metáfora: «El nombre es sólo el velo. Layla es el rostro que se oculta debajo del velo».[86] No obstante, dicho enmudecimiento no obsta para que los amantes y los narradores sigan hablando incesantemente del amor y, al hacerlo, se animan a sí mismos y a otros a ir en su búsqueda. Divulgan la palabra al estilo evangelista. Quizá también estén intentando imponer palabras y tiempo al amor, aunque éste se opone tanto a las palabras como al tiempo.

---

82. Wolkstein, D., *The first love stories: From Isis and Osiris to Tristan and Iseult.*
83. Von Strassburg, G., *Tristan*, Stuttgart, Philipp Reclam Jun, 1993 (trad. cast.: *Tristán e Isolda*, Madrid, Nacional, 1982).
84. *New Oxford annotated Bible with the Apocrypha.*
85. Shakespeare, W., «Sonnets», en Cross, W. y Brooke, T. (comps.), *The Yale Shakespeare*, Nueva York, Barnes & Noble, 1993 (trad. cast.: *Sonetos*, Madrid, Hiperión, 1997).
86. Wolkstein, D., *The first love stories: From Isis and Osiris to Tristan and Iseult.*

El verdadero amor es atemporal, tal y como apunta Shakespeare en el soneto número 116:

> El amor no es un Loco del tiempo, aunque sus labios y sus mejillas sonrosadas
> pertenezcan a la esfera de su encorvada hoz;
> el amor no se altera con sus breves horas y semanas,
> sino que llega incluso hasta los límites de la muerte.[87]

Una de las formas más fáciles de distinguir el amor genuino de sus imitaciones reside en la paciencia. Los amantes obsesionados con el tiempo no se preocupan de los placeres espirituales. La escuela poética del *carpe diem* pone de relieve la celeridad del tiempo y la proximidad de la muerte:

> Recoge capullos de rosa mientras puedas,
> el tiempo pasado sigue volando;
> y esa misma flor que hoy sonríe,
> mañana fenecerá.[88]

> Vivamos la vida ahora, mientras podemos,
> y ahora, como aves de presa enamoradas,
> en lugar de devorar fugazmente nuestro tiempo
> languidezcamos en su poder, que se agrieta lentamente.[89]

Herrick y Marvell temen a la muerte y al tiempo, porque ambos destruyen el amor carnal. El amor carnal es efímero, pero el amor verdadero «(...) llega incluso hasta los límites de la muerte».

## Desenamoramiento

Aunque las historias de amor tienen mucho más que decir sobre el hecho de enamorarse que sobre el de desenamorarse, también podemos aprender algo de los motivos por los que el individuo deja de estar enamorado, al igual

---

87. Shakespeare, W., «Sonnets».
88. Herrick, R., «Selected poems», en Alexander, A., Barrows, A., Blake, C., Carr, A., Eastman, A. y English, H. (comps.), *The Norton anthology of poetry*, Nueva York, Norton, 1983.
89. Marvell, A., «Selected poems».

que de los tipos de amor faltos de autenticidad, es decir, aquellos en los que no deberíamos comprometernos. *Madame Bovary*, por ejemplo, describe un amor falso: un amor de motivación social. No obstante, cuando intenta construir su propia vida amorosa en el marco de la tradición romántica, se da cuenta de que nadie responde a sus expectativas y se suicida para poner fin a su frustración.[90]

La Rochefocauld afirma, con un tono acerbo, que: *Il y a des gens qui n'auraient jamais été amoureux, s'ils n'avaint jamais entendu parler de l'amour* (Algunas personas nunca se habrían enamorado a menos que hubiesen oído a otros hablar del amor).[91] El amor es un fenómeno más natural que social. Evidentemente, no podemos escapar a las influencias sociales, aunque no por ello deberíamos caer en nociones preconcebidas e inflexibles del amor. A menudo el amor se asocia a algunas de las virtudes de la sociedad, tales como la verdad, la belleza y la bondad, aunque lo cierto es que puede tolerar y superar la mentira, la fealdad e incluso el mal. El amor no es duro y rápido; es demasiado extenso y complejo para acotarlo. Muchos amantes han intentado imponer su amor a los objetos de su deseo, pero el verdadero amor no es forzado. En efecto, para desesperación del amante no correspondido, el amor sólo emana de la libre voluntad.

Entre todos los tipos de amor, los no correspondidos son los más trágicos, puesto que esperamos que el amado ame al amante siguiendo la tradición de las historias de amor. En los cuentos de hadas se da por sentado que una mujer amará al príncipe que le declara su amor. Blancanieves apenas tiene tiempo de abrir los ojos antes de prometerse en matrimonio con un hombre al que no había visto nunca, sólo porque éste le dice que la ama.[92]

En *La princesa que rechazó a su primo*, un cuento de los indios nativos de América del Norte, la tímida princesa pide a su primo y pretendiente que le demuestre su amor rebanándose la mejilla derecha. Al día siguiente, le pide que se corte la izquierda y luego que se rape el pelo. Cuando el muchacho se presenta ante ella, la princesa se ríe de él y se niega a casarse con alguien tan feo. Pero su conducta tiene castigo ya que, al final, el joven recupera su hermosura y ella le pierde para siempre.[93] Comete un error atormentándole, aunque su verdadero delito fue el de no amarle desde un buen principio.

---

90. Flaubert, G., *Madame Bovary*, París, Garnier, 1971 (trad. cast.: *Madame Bovary*, Madrid, Cátedra, 1986).
91. Stevenson, B., *The Macmillan book of proverbs, maxims, and famous phrases*.
92. Grimm, J. y Grimm, W., *German folk tales*.
93. Thompson, S., *Tales of the North American Indians*.

Con frecuencia, la suposición de que el amor será recíproco demuestra ser falsa en la vida real y, algunas veces, sus consecuencias son desastrosas: obsesión, acecho, etc. En el amor, el desdeño y el abuso casi siempre tienen connotaciones muy amargas. El primo, en la historia de la princesa que le rechazó, no se venga de ella; son los dioses quienes la castigan. En la tragedia griega, el amante humillado se toma la justicia por su mano: Clitemnestra da muerte a su esposo adúltero y asesino,[94] y Medea mata a los engañosos hijos de su marido y luego se suicida.[95] Aunque sea de un modo perverso, estas acciones forman parte del amor que estas mujeres profesaban a sus esposos. Al final el amor se convierte en odio, pero siguen actuando movidas por las mismas e intensas pasiones que, al principio, dieron vida a su sentimientos amorosos.

En los relatos de amor, es muy frecuente que éste dé paso al suicidio de uno los miembros de la pareja. El fracaso del amor destruye un mundo —el mundo emocional que los dos amantes construyeron en torno a su unión íntima—. La vida sin el amado equivale a alienación en el sentido literal del término: el amante se transforma en «otro», en lugar de formar parte de «nosotros». En ocasiones, cuando los amantes no pueden estar unidos con sus respectivos amados, no soportan vivir solos y separados. Incluso la Biblia sostiene que la vida sin amor es fútil, aunque desde luego no debe abocar al suicidio. En la primera Epístola a los corintios (13,1-3) leemos:

> Si hablo en las lenguas de los hombres y de los ángeles, pero no tengo amor, soy como un ruidoso gong o una estridente trompeta. Y si poseo poderes proféticos, comprendo todos los misterios y conozco todos los conocimientos, pero no tengo amor, no soy nada. Si doy todo lo que tengo e incluso ofrezco mi cuerpo para que sea quemado, pero no tengo amor, nada consigo.[96]

Perpetuación del amor

Algunos amores triunfan y algunas parejas permanecen comprometidas y enamoradas durante toda su vida. Sin embargo, la mayoría de las historias de amor no describen la evolución del amor en el tiempo. Los cuentos de hadas no tratan la cuestión de «Y vivieron felices por siempre jamás» en la senilidad

---

94. Esquilo, *Oresteia*, Nueva York, Penguin, 1983 (trad. cast.: *La orestíada*, Barcelona, Juventud, 1994).
95. Eurípides, *Medea*, Laurinburg, Carolina del Norte, St. Andrews Press, 1991 (trad. cast.: *Medea*, Madrid, Cátedra, 1990).
96. *New Oxford annotated Bible with the Apocrypha*.

o incluso en la madurez o mediana edad. No dan ningún consejo para conseguir que el amor perdure o para conservarlo día a día. La persecución es más espectacular que el matrimonio o el mantenimiento del amor, y los detalles de la vida doméstica no suelen considerarse merecedores de trato literario, especialmente en la tradición occidental. Así pues, ¿cómo se las arreglan los amantes a largo plazo para conservar su amor en ausencia de una tradición de mantenimiento del mismo? Contar historias de amor inspira y reaviva el amor. Para que este sentimiento perdure, lo reinventamos una y otra vez.

Dado que el amor depende de la narración de historias para inspirarse, no nos queda otro remedio que ser selectivos a la hora de decidir qué clase de relatos deberemos reinventar, repetir o imitar, encontrando el justo equilibrio entre el rechazo de ideales que son imposibles de alcanzar y el mantenimiento de nuestros elevados estándares. Al fin y al cabo, no deberíamos subestimar nunca el poder del amor.

«El amor es tan fuerte como la muerte./Sus pasiones son tan crueles como la tumba/y sus llamaradas son la verdadera llama de Dios», dice el *Cantar de los cantares*.[97] Quizá necesitemos más historias de amor que nos cuenten cómo conservar viva la llama del amor. Al parecer, en nuestra cultura los relatos de amor sobre ancianos son una especie de tabú, aunque lo cierto es que la tasa de divorcios en Estados Unidos y en el resto del globo sugieren la urgente necesidad de modelos de amor duradero, es decir, de narraciones que no terminen con la típica prescripción «Y vivieron felices por siempre jamás» tan vacía de contenido.

En la literatura podemos encontrar algunas fórmulas para hacerlo realidad. La historia afroamericana *El león y el tambor de Ashiko: una fábula de Carolina del Sur* aporta algunas ideas para que el amor perdure en la pareja. Un espíritu guardián revela un secreto a Loaat, el tamborilero, para satisfacer a su impaciente y nostálgica esposa Tsara: «Quieres la Tsara de ayer, pero el ayer ya es pasado. Mira a tu mujer tal y como es hoy. Sé paciente y verás cómo crecen los cultivos, cómo fluyen las risas y cómo llega la cosecha; habrá pocas bailarinas para tus ritmos de tambor».[98] El bienestar del héroe depende del amor hacia su esposa. Si el amor se mantiene vivo, entonces todo marchará como una seda. Este relato nos recuerda que la verdadera recompensa del mantenimiento del amor es la felicidad. El amor requiere fe, sufrimiento y sacrificio, pero su gozo desafía al tiempo y a la muerte.

---

97. Wolkstein, D., *The first love stories: From Isis and Osiris to Tristan and Iseult*.
98. Koram, J., «The lion and the Ashiko drum: A fable from South Carolina», en Goss, L. y Barnes, M.E. (comps.), *Talk that talk: An anthology of African-American storytelling*, Nueva York, Simon & Schuster, 1989.

Es posible que la dificultad de expresar el estado espiritual de estar enamorado impida explicar cómo perpetuarlo. No obstante, esta dificultad no ha evitado que una pléyade de poetas y de narradores hayan intentado expresar su amor. Analizando sus obras, podemos obtener alguna información que nos sea útil en la vida. Todas las culturas saben que el amor es deseable. De ahí que sorprenda que, en términos generales, las historias de amor ni siquiera contemplen la posibilidad de abordar la cuestión de cómo se puede conservar algo tan valioso, limitándose a centrar su atención en el enamoramiento, el hecho de estar enamorado y el desenamoramiento. Por un lado, la propia mudez del amor espiritual hace imposible cualquier explicación, y por otro, la cualidad mágica del amor hace que los detalles domésticos parezcan irrelevantes. Para permanecer enamorados o perpetuar el enamoramiento quizá debamos seguir el patrón dictado por las narraciones y enamorarnos una y otra vez (de la misma persona). Asimismo, es posible que necesitemos saber algo que no se contiene en las historias de amor y que tengamos que aprender por nosotros mismos. Entretanto, no estará de más que sigamos buscando activamente las claves de este enigma; los narradores de historias están convencidos de tener algo que enseñarnos, y en su mayoría lo hacen.

A menudo pensamos en los demás como en los narradores que nos cuentan relatos a lo largo de toda nuestra vida. Pero no olvidemos que también nosotros somos narradores y que escribimos nuestras propias historias de amor.[99] En la tercera parte haremos un repaso del amor en nuestra propia vida, empezando en el capítulo 8 con la función que desempeñan la infancia y la adolescencia en el desarrollo del amor.

99. Sternberg, R. J., *Love is a story*, Nueva York, Oxford University Press, 1998 (trad. cast.: *El amor es como una historia*, Barcelona, Paidós, 1999).

# TERCERA PARTE

## El disparo de la flecha de Cupido: el amor en nuestro tiempo. Sus inicios

# CAPÍTULO 8

## La función de la infancia y la adolescencia

La infancia influye de diversas maneras en nuestras decisiones futuras sobre el amor. Una de ellas es la relación afectiva

Teoría de la relación afectiva

Como ya hemos señalado anteriormente, los teóricos evolucionistas vinculan el amor romántico con las relaciones afectivas y desarrollan este vínculo dentro de un marco estrictamente evolucionista.[1] Phillip Shaver y Cindy Hazan han ampliado sustancialmente este punto de vista sobre el amor, derivándolo de las relaciones afectivas infantiles, y han basado su teoría del amor romántico precisamente en este tipo de relaciones. Parten del concepto de relación afectiva de John Bowly, aunque ensanchan sus límites demostrando que los estilos del amor romántico se corresponden con los estilos de relación afectiva que mantienen los niños con su madre, como ya lo explicaba la teoría planteada por Mary Ainsworth y sus colegas.[2]

1. Buss, D. M., *The evolution of desire*, Nueva York, Basics, 1994 (trad. cast.: *La evolución del deseo*, Madrid, Alianza, 1997).
2. Ainsworth, M. D. S., Blehar, M. C., Waters, E. y Wall, S., *Patterns of attachment: Assessed in the strange situation and at home*, Hillsdale, Nueva Jersey, Erlbaum, 1978.

Ainsworth observó que cuando a los niños se les separaba de su madre y se les situaba en un entorno extraño, con alguien que no les resultara familiar, tendían a reaccionar de tres formas distintas. Los niños seguros toleraban las separaciones breves y se sentían nuevamente felices cuando volvía la madre, dando la sensación de confiar en su *regreso*. Los niños esquivos parecían relativamente indiferentes ante el regreso de la madre, se mostraban más distantes de ella y menos confiados. Y a los niños ansiosos-ambivalentes o resistentes les resultaba extremadamente difícil tolerar la separación y se aferraban a su madre cuando ésta regresaba, al tiempo que mostraban una clara ambivalencia hacia ella.

Los estilos de relación afectiva son fundamentales no sólo a lo largo de una vida, sino también de múltiples generaciones. Concretamente, las investigaciones han demostrado que su influencia se suele prolongar en el transcurso de tres generaciones, es decir, de abuelas a nietos,[3] y que tienden a ser estables durante toda la esperanza de vida.[4]

De acuerdo con los teóricos evolucionistas del amor, habitualmente los amantes románticos desarrollan uno de estos tres estilos en sus relaciones interpersonales.[5] El estilo de una persona es el resultado de un conjunto de diferencias individuales y deriva, en parte, de la clase de relación afectiva que haya mantenido, de niño, con su madre.

A los amantes seguros les es relativamente fácil aproximarse y conseguir un alto grado de intimidad con los demás. Pueden sentirse a gusto dependiendo de terceros y sabiendo que otros dependen de ellos. No les preocupa la posibilidad de verse abandonados o de que alguien se acerque demasiado a ellos. La intimidad es algo natural para este tipo de amantes.

Los amantes esquivos se sienten incómodos estando cerca de los demás o en una relación íntima. Les resulta difícil confiar completamente en ellos y decidir-

---

3. Benoit, D. y Parker, K. C. H., «Stability and transmission of attachment across three generations», *Child Development, 65*, 1994, págs. 1.444-1.456; Fonagy, P., Steele, H. y Steele, M., «Maternal representations of attachment during pregnancy predict the organization of infant-mother attachment at one year», *Child Development, 62*, 1991, págs. 891-905; Main, M., Kaplan, N. y Cassidy, J., «Security in infancy, childhood, and adulthood: A move to the level of representation», *Monographs of the Society for Research in Child Development, 50*, 1-2, serie nº 209, 1985, págs. 66-104.

4. Elicker, J., Englund, M. y Sroufe, L. A., «Predicting peer competence and peer relationships in childhood from early parent-child relationships», en Parke, R. D. y Lass, G. W. (comps.), *Family-peer relationships: Modes of linkage*, Hillsdale, Nueva Jersey, Erlbaum, 1992, págs. 77-106; Hazan, C. y Shaver, P., «Romantic love conceptualized as an attachment process», *Journal of Personality and Social Psychology, 52*, 1987, págs. 511-524.

5. Hazan, C. y Shaver, P., «Romantic love conceptualized as an attachment process», págs. 511-524; Hazan, C. y Shaver, P., «Attachment as an organizational framework for research on close relationships», *Psychological Inquiry, 5*, 1994, págs. 1-22.

se a depender de terceros. Tampoco se sienten a gusto cuando alguien se les aproxima demasiado, y a menudo tienen la sensación de que sus parejas amorosas desean alcanzar un grado de intimidad mayor de aquel en el que se encuentran cómodos. La intimidad es difícil para estos amantes. En realidad, existen dos tipos de amantes esquivos:[6] uno es el «temeroso», a quien le causa pánico la posibilidad de estar demasiado cerca de los demás o de entablar una relación íntima con ellos; el otro es el «desdeñoso», que simplemente prefiere mantener a los demás a un brazo de distancia. Son amantes que rechazan la intimidad.

A los amantes ansiosos-ambivalentes (resistentes) les da la sensación de que los demás son reacios a aproximarse a ellos tanto como desearían. Les preocupa que su pareja no les ame de verdad o no quiera estar con ellos. Ansían fundirse totalmente con otra persona —un deseo que, en ocasiones, atemoriza y ahuyenta a los demás—. El grado de intimidad de que disfrutan nunca les parece suficiente.

Es arriesgado calificar los estilos de relación afectiva como buenos, regulares, malos, etc. En efecto, los especialistas en este tema han sido objeto de numerosas críticas por haber utilizado etiquetas que parecen valorar determinados estilos (por ej., seguro) y devaluar otros (por ej., esquivo). Pese a que en Estados Unidos el estilo predominante es el seguro, en otras sociedades no lo es, como por ejemplo en Alemania, donde el esquivo es el más común, o entre los niños de los *kibuttz* israelíes y también en Japón, donde prevalece el estilo ansioso-ambivalente.[7] Sin embargo, existe un resultado empírico que puede tener una cierta relevancia en este debate: los individuos con un estilo de relación afectiva seguro son más rápidos a la hora de identificar palabras que representan temas interpersonales positivos, mientras que los que poseen un estilo de relación afectiva diferente identifican más rápidamente términos negativos.[8] Los participantes en este estudio eran norte-

---

6. Bartholomew, K. y Horowitz, L. M., «Attachment styles amog young adults: A test of a four-category model», *Journal of Personality and Social Psychology, 61*, 1991, págs. 226-244.

7. Grossman, K., Grossman, K. E., Spangler, S., Suress, G. y Unzner, L., «Maternal sensitivity and newborn attachment orientation responses as related to quality of attachment in Northern Germany», *Monographs of the Society for Research in Child Development, 50*, 1-2, serie nº 209, 1985; Sagi, A., Lamb, M. E., Lewkowicz, K. S., Shoham, R., Dvir, R. y Estes, D., «Security of infant-mother, -father, and metaplet attachment among kibbutz reared Israeli children», *Monographs of the Society for Research in Child Development, 50*, 1-2, serie nº 209, 1985; Miyake, K., Chen, S. y Campos, J. J., «Infant temperament, mother's mode of interaction, and attachment in Japan. An interim report», *Monographs of the Society for Research in Child Development, 50*, 1-2, serie nº 209, 1985.

8. Baldwin, M.W., Fehr, B., Keedian, E., Seidel, M. y Thompson, D.W., «An exploration of the relational schemata underlying attachment styles: Self-report and lexical decisions approaches», *Personality and Social Psychology Bulletin, 19*, 1993, págs. 746-754.

americanos y es posible que se hayan obtenido otros resultados en trabajos realizados con adultos y que viven en otras sociedades.

La investigación demuestra que alrededor del 53% de los adultos son seguros, el 26% esquivos y el 20% ansioso-ambivalentes, proporciones que se corresponden aproximadamente con las de los tres tipos de relación afectiva en los niños.[9] No obstante, hay otros aspectos del yo que se desarrollan durante la infancia y que pueden influir en nuestras preferencias futuras en el amor.

Autoorganización

Las investigaciones que he llevado a cabo con mis colegas sugieren que, desde una edad relativamente temprana, el niño empieza a desarrollar formas de organización de su modo de pensar, de aprender y, en términos más generales, del procesado de la información. Por lo que respecta al pensamiento y al aprendizaje,[10] el individuo desarrolla diversos estilos partiendo de la observación de modelos de rol, prestando atención a los medios de comunicación y, sin duda alguna, poniendo en juego su propia personalidad para interactuar con el mundo. Es importante no perder de vista que los estilos no son capacidades —individuos de cualquier nivel de capacidad pueden tener cualquier estilo—, sino maneras de usar esas capacidades —preferencias a la hora de demostrar las capacidades en la vida cotidiana.

El hecho de haber denominado teoría del autogobierno mental al fruto de mi trabajo se debe a que ésta se refiere al modo en que el hombre se gobierna y organiza a sí mismo. Sin embargo, lo más importante para nosotros reside en que determinados estilos de autoorganización tienden a ser más o menos compatibles con otros estilos de otras personas. Consideremos ahora algunas de las dimensiones en las que se diferencian los individuos y que se fundan en esta teoría.

*Funciones*

Uno de los aspectos de la teoría aborda tres funciones distintas del autogobierno mental:

---

9. Ainsworth, M. D. S., «Attachment: Retrospect and prospect», en Parkes, C. M. y Stevenson Hinde, J. (comps.), *The place of attachment in human behavior*, Nueva York, Basic, 1982.

10. Sternberg, R. J., *Thinking styles*, Cambridge, Cambridge University Press, 1997 (trad. cast.: *Estilos de pensamiento*, Barcelona, Paidós, 1999).

1. Al individuo *legislativo* le gusta crear, formular y planificar la solución de los problemas. Le encanta hacer las cosas a su manera y no tolera que nadie le diga lo que debe hacer ni cómo debe hacerlo. El individuo legislativo es, básicamente, un creador nato.

2. El individuo *ejecutivo* es más un aplicador de soluciones que un creador. Le gusta seguir las reglas o, por lo menos, decidir cuál de las distintas formas de hacer las cosas debería aplicarse a una situación determinada. El ejecutivo prefiere trabajar con una estructura específica en lugar de crearla.

3. El individuo *judicial* es un juez por excelencia. Disfruta evaluando a las personas y lo que hacen. El juez prefiere analizar un conjunto de reglas en lugar de idearlas o amoldarse a ellas. Este tipo de personas evalúan las estructuras y, posteriormente, sólo las siguen si se ajustan a sus gustos.

La gente no es única y exclusivamente de uno u otro estilo, sino que tiene preferencias que tienden a aflorar en innumerables situaciones, aunque desde luego no en todas. ¿De qué manera se traducen estos tres estilos, que empiezan a formarse durante la infancia, en éxitos futuros en las relaciones interpersonales? En mi opinión, una de las parejas más comunes y satisfactorias es la del legislativo y el ejecutivo. El legislador es, ante todo, responsable de decidir lo que hay que hacer y, en ocasiones, incluso de cómo hay que hacerlo, mientras que el ejecutivo puede decidir cómo hacerlo, aunque generalmente suele encargarse de llevarlo a la práctica —se trate de lo que se trate—. Esa asociación casi siempre da excelentes resultados, puesto que cada individuo asume la tendencia de la que carece su compañero: el legislador se asegura de que exista un plan y el ejecutivo se ocupa de su aplicación.

La perfecta compenetración de esta pareja sólo tiene un riesgo: que el legislador se aburra del ejecutivo, o que el ejecutivo abrigue algún tipo de resentimiento hacia el legislador. En el primer caso, el individuo legislativo se hastía de tener a su lado a alguien que da la sensación de ser más un seguidor que un líder como él. El legislador ansía el compañerismo y la intimidad de una persona que se parezca más a él. En el segundo caso, el ejecutivo se muestra rencoroso por el hecho de estar siempre acatando órdenes. Es posible que no desee dictarlas, pero tampoco le gusta sentirse mandoneado eternamente.

La pareja legislador-legislador tiene la ventaja de ser emocionante. Ambos individuos son creadores y, en consecuencia, es muy fácil que salte la chispa. La excitación y la variedad van en aumento cuando la generación de ideas se realiza de un modo casi continuo. Sin embargo, el inconveniente de este tipo de asociaciones interpersonales estriba en que su potencial de fricción es mayor que el de las parejas legislador-ejecutivo, pues puede darse el caso de que ambos quieran tener las ideas, pero que ninguno desee aplicarlas. Como resultado, es posible que no exista acuerdo sobre lo que cabría hacer y que nadie haga nada.

Otra pareja habitual —quizá la más corriente— es la de ejecutivo-ejecutivo. La frecuencia de este tipo de relación se debe a que nuestra sociedad, al igual que casi todas las demás, suele recompensar a los niños que hacen gala de un estilo ejecutivo en su comportamiento. El chico «brillante», el chico «bueno» y el chico «indulgente» tienen algo en común: hacen lo que se les manda y lo hacen correctamente.

En el caso de la pareja ejecutivo-ejecutivo, ambos individuos prefieren ser dirigidos. Este tipo de parejas suelen adoptar un liderazgo externo y están prestos a seguir cualquier clase de moda o tendencia en decoración, vestido, alimentación, ejercicio, etc. Cuando pensamos en parejas que se esfuerzan por no ser menos que los demás o por aventajarlos, incluso a nivel de vecindario, los ejecutivos-ejecutivos son candidatos seguros.

Como es bien sabido, las percepciones de aprobación o desaprobación de la gente hacia una relación influyen poderosamente en sus mayores o menores probabilidades de supervivencia.[11] La pareja ejecutivo-ejecutivo tal vez sea la más susceptible a dichas percepciones, pues para ella es muy importante lo que los demás piensan y dicen; es algo que forma parte integrante de su estilo.

Otra pareja es la judicial-judicial. Sus miembros se pueden llevar extremadamente bien juntos, siempre y cuando consagren sus recursos judiciales a la evaluación de otras personas y parejas. Así por ejemplo, pueden asistir a una cena en una fiesta y luego pasar una infinidad de horas analizando detenidamente a todos los invitados, además de lo que hicieron y dijeron durante la velada. No obstante, los componentes de este tipo de pareja pueden tener dificultades si vuelven sus tendencias judiciales hacia sí mismos. Cuando empiezan a evaluarse mutuamente, corren el riesgo de hacer pedazos su relación.

Otro tipo de pareja es la legislativa-judicial, que tiene una enorme ventaja sobre todas las demás: uno de los miembros propone las ideas necesarias para que la relación siga adelante y establece lo que ambos componentes deben hacer, y el otro dictamina si las ideas son válidas. Muchas veces los individuos legislativos son más rápidos generando ideas que sopesándolas. De ahí que este tipo de parejas contribuya a asegurar la aceptación de las buenas ideas y el rechazo de las ideas deficientes, ineficaces o inoportunas.

Al mismo tiempo, la pareja legislativa-judicial posee un innegable flujo inherente. El individuo legislativo suele sentirse criticado durante una buena parte del tiempo, una impresión que, por lo demás, casi siempre es correcta.

---

11. Sternberg, R. J., *El triángulo del amor*, op. cit.

Existen dos factores que pueden proteger la relación: primero, si el miembro judicial de la pareja es experto en relaciones interpersonales quizá sea capaz de presentar sus evaluaciones de un modo que no presuponga una amenaza para su compañero; pero si no dispone de tal pericia, la posibilidad de que se produzcan conflictos será considerable; segundo, si el componente legislativo no es eminentemente defensivo y acepta la crítica, puede que ni siquiera se sienta amenazado por el juez. No obstante, para este tipo de factores puede ser importante.

La última asociación interpersonal que vamos a considerar aquí es la pareja ejecutiva-judicial, que suele tener el menor potencial de éxito de todas las que hemos examinado. Es muy probable que el individuo ejecutivo adopte un liderazgo externo, y que el judicial critique dicho liderazgo. El resultado podría ser una relación en la que exista una especie de tablas, es decir, las ideas procedentes del exterior no funcionan, pero tampoco se generan nuevas ideas en el interior.

Al igual que los estilos de relación afectiva, los de pensamiento y aprendizaje también son muy importantes puesto que se inician en la infancia y continúan a lo largo de toda la vida. A continuación analizaremos la función que desempeña el amor en el transcurso de la vida, centrándonos, en el capítulo 9, en el papel que juega la adultez en su desarrollo, mantenimiento y disolución.

CAPÍTULO
# 9

## La función de la edad adulta

¿De quién debemos enamorarnos cuando entramos en la edad adulta? Las investigadores han descubierto diversas variables que influyen en el destinatario del amor. En primer lugar analizaremos algunas variables, y luego algunas de las teorías sobre sus efectos.

VARIABLES QUE INFLUYEN EN LA ATRACCIÓN

*Atractivo físico*

¿Nos sentimos atraídos y, a menudo, apasionados por la persona más atractiva que podemos encontrar o por alguien cuyo atractivo es relativamente comparable al nuestro? Probablemente la mayoría de la gente daría por sentado que vamos en busca de la persona más atractiva que se cruce en nuestro camino. La realidad del efecto «lo bello es bueno», por el que atribuimos la virtud de la bondad a las personas atractivas, es innegable.[1] No

---

1. Berscheid, E. y Walster, E., «Physical attractiveness», en Berkowitz, L. (comp.), *Advances in experimental social psychologigy*, vol. 7, Nueva York, Academic, 1974; Dion, K.K., Berscheid, E. y Walster, E., «What is beautiful is good», *Journal of Personality and Social Psychology, 24,* 1972, págs. 285-290.

obstante, dicho efecto parece ser un tanto moderado y, además, no es idéntico en todas las clases de bondad, sino que es mayor en la dimensión de la competencia social (por ej., nuestra idea de que la gente atractiva es socialmente competente), intermedio en las dimensiones de la competencia intelectual y personal, y débil o nulo en las de integridad y preocupación por los demás.[2]

Aparentemente, la sociedad también otorga una ventaja a las personas atractivas físicamente. Los estudios demuestran que la gente sin atractivo físico gana menos dinero que los individuos de atractivo medio, que a su vez ingresan menos que los de buen ver.[3]

Ni que decir tiene que existen diferencias en las concepciones de la sociedad acerca de quién es y quién no es atractivo. La correlación entre los juicios de valor de las personas respecto a esta cuestión no pasa de ser modesta, y su percepción de su propio atractivo físico está, asimismo, humildemente correlacionada con la que tienen otras personas sobre el suyo.[4] Al mismo tiempo, las correlaciones son una realidad. Un grupo de investigadores descubrió que cuando se pedía a los estudiantes nativos asiáticos e hispanos que habían llegado recientemente a Estados Unidos, así como a los estudiantes blancos que llevaban residiendo en aquel país durante algún tiempo, que valorasen el atractivo de las mujeres hispanas, negras y norteamericanas de raza blanca, existía un alto grado de consenso entre los tres colectivos.[5] En general, los juicios de valor sobre el atractivo facial son bastante similares en las distintas culturas.[6] Curiosamente, los trabajos de investigación demuestran que el rostro que se considera como más atractivo es el más «corriente». Al

---

2. Eagly, A. H., Ashomore, R. D., Makhaijani, M. G. y Longo, L. C., «What is beautiful is good, but...: A meta analytic review of research on the physical attractiveness stereotype», *Psychological Bulletin, 110*, 1991, págs. 109-128.

3. Diener, F., Wolsic, B. y Fujita, F., «Physical attractiveness and subjective well-being», *Journal of Personality and Social Psychology, 69*, 1995, págs. 120-129. Hamermesh, D. S. y Biddle, J. E., «Beauty and the labor market», *American Economic Review, 84*, 1994, págs. 1.174-1.195.

4. Diener, F., Wolsic, B. y Fujita, F., «Physical attractiveness and subjective well-being», págs. 120-129.

5. Cunningham, M. R., Roberts, A. R., Barbee, A. P., Druen, P. B. y Wu, C., «"Their ideas of beauty are, on the whole, the same as ours": Consistency and variability in the cross-cultural perception of female physical attractiveness», *Journal of Personality and Social Psychology, 68*, 1995, págs. 261-279.

6. Alicke, M. C., Smith, R. H. y Klotz, M. L., «Judgments on physical attractiveness: The role of faces and bodies», *Personality and social Psychology Bulletin, 12*, 1986, págs. 381-389. Cunningham y otros, «Their ideas of beauty are, on the whole, the same as ours», págs. 261-279.

establecer un promedio informático de los gustos de los fotógrafos especializados en el rostro humano, cuanto mayor es el número de rostros promediados, más atractivo se considera el rostro generado por el ordenador.[7] Y lo más importante es que el consenso sobre el atractivo físico es absoluto por lo que se refiere al hecho de que éste supone, sin ningún lugar a dudas, una ventaja indiscutible para los individuos que alcanzan muchos —aunque no todos— de los objetivos que se habían planteado.

Según la *hipótesis coincidente*, el ser humano no busca parejas que sean lo más atractivas posible, sino cuyo nivel de atractivo interpersonal, entendido en el sentido más amplio de este concepto, se ajuste o coincida con el suyo. A tal efecto, se llevó a cabo un test sobre la hipótesis coincidente que consistía en un «baile informático» por medio del cual 376 varones fueron emparejados con el mismo número de mujeres.[8] Se informó a todos ellos que los emparejamientos se habían realizado a partir de las puntuaciones obtenidas en un test de personalidad efectuado en una sesión anterior, cuando se presentaron para tomar parte en el experimento. Por consiguiente, tanto para unos como para otras aquel entorno era similar al proporcionado por cualquier empresa de servicios de datos informáticos normal y corriente.

En realidad, los individuos habían sido asignados al azar, con una sola condición: emparejar a hombres con mujeres. El equipo de trabajo obtuvo la suficiente información sobre cada persona como para intentar establecer qué aspectos de las parejas determinarían un mayor o menor grado de éxito en la cita inicial del baile informático. Se trataba de comprobar si las personas con un mayor número de coincidencias congeniarían mejor; y la pregunta formulada era la siguiente: ¿en qué consisten esas coincidencias? Sin saberlo, los participantes en la prueba habían sido calificados por su atractivo físico en la primera sesión, es decir, cuando se sometieron al test de personalidad. Después de la cita, se les pidió que cumplimentaran un breve cuestionario evaluando la misma.

Pues bien, sólo un factor influyó en el grado de satisfacción expresado sobre el encuentro, en el mayor o menor deseo de repetir la experiencia y en el número de varones que realmente propusieron a las mujeres tener una nueva cita. Ese único factor fue el atractivo físico: cuanto más atractiva era físicamente la pareja, más elevados eran los índices. Ni siquiera se detectaron

---

7. Langlois, J. H. y Roggman, L. A., «Attractive faces are only average», *Psychological Science, 1*, 1990, págs. 115-121. Langlois, J. H., Roggman, L.A. y Musselman, L., «What is average and what is not average about attractive faces», *Psychological Science, 5*, 1994, págs. 214-220.

8. Walster, E., Aronson, V., Abrahams, D. y Rottmann, L., «Importance of physical attractiveness in dating behavior», *Journal of Personality and Social Psychology, 4*, 1966, págs. 508-516.

efectos coincidentes que demostraran que el grado de atracción de la pareja tuviese que asemejarse al propio, sino que casi todo el mundo prefería a las parejas más atractivas físicamente.

¿Por qué era tan importante el atractivo físico? Al fin y al cabo, pocas personas estarían dispuestas a admitir que se trata de un factor fundamental a la hora de seleccionar a un compañero o compañera para salir juntos y en el grado de satisfacción derivado de una cita. Hay que tener en cuenta dos razonamientos. Primero, a diferencia de la mayoría de los atributos personales, que se tarda más tiempo en apreciar, el atractivo físico se percibe de inmediato; de ahí que sea uno de los escasos atributos que se puedan juzgar con una cierta precisión después de una cita inicial. Segundo, debido a que el contacto interpersonal en una primera cita tiende a ser superficial, estos aspectos del individuo, los superficiales, son justamente los que suelen destacar. Si realmente desea usted conocer a alguien, entonces no tome demasiado en consideración la primera cita, y si quiere ir más allá de la atracción física, olvídese de las personas supersociables; es probable que no consiga nada, ya que dependen excesivamente del atractivo físico y no suelen estar demasiado interesadas en establecer una genuina intimidad.

Como es natural, existe la posibilidad de que la importancia exclusiva del atractivo físico y el fracaso de la hipótesis coincidente fuesen el resultado del método de asignación de las parejas. En el curso normal de la vida, cada cual elige a sus compañeros de relación y corre el riesgo de obtener una negativa por respuesta. Ese riesgo puede hacer que el individuo intente jugar sobre seguro y busque parejas lo más parecidas posible a sus características, en lugar de decidirse por las que hacen gala de un extraordinario atractivo físico. En este estudio las parejas estaban asignadas de antemano y, por lo tanto, nadie corría el riesgo de ser rechazado.

En otro ensayo, también se hizo creer a los participantes que habían sido elegidos por ordenador.[9] La mitad se escogieron en condiciones similares a los del estudio anterior, en el que se les dio a entender que asistirían al baile con la pareja que se les había asignado. Y a la otra mitad se les dijo que sus respectivos compañeros iban a tener la posibilidad de rechazarlos después de un breve encuentro inicial. Pese a no existir diferencias entre los dos grupos en lo que concierne a los efectos del atractivo físico, los investigadores observaron que los individuos más atractivos deseaban una pareja asimismo más atractiva —un resultado acorde con la hipótesis coincidente.

---

9. Berscheid, E., Dion, K., Walster, E. y Walster, G.W., «Physical attractiveness and dating choice: A test of the matching hypothesis», en *Journal of Experimental Social Psychology, 7*, 1971, págs. 173-189.

A continuación, el equipo de trabajo pidió a los participantes en el ensayo que eligieran a una pareja del sexo opuesto de entre las seis fotografías que se les mostraron. Los candidatos y candidatas variaban en atractivo físico, determinado previamente por calificadores independientes. Esta vez la posibilidad de rechazo tampoco influyó en el nivel de atractivo seleccionado, aunque de acuerdo con la hipótesis coincidente, los individuos más atractivos se inclinaron por las fotos más atractivas a la hora de escoger a su pareja preferida.

No debemos olvidar otro estudio que también ha corroborado la hipótesis coincidente.[10] En él, el jurado clasificó el atractivo físico de 99 fotografías de parejas que, o bien estaban comprometidas o salían con regularidad, así como el de una serie de hombres y mujeres que habían sido emparejados al azar. Pues bien, por término medio los encuestados reconocieron un mayor atractivo físico a las parejas que realmente mantenían una relación que aquellas en las que sus miembros no tenían nada que ver el uno con el otro.

De lo que se desprende que en nuestra cultura existen dos estereotipos aparentemente opuestos: según el primero, lo que es bello es bueno, y viceversa, cuya expresión más célebre quizá sea la de Keats, cuando dice que «la belleza es verdad, hermosa verdad»; y según el segundo, no deberíamos juzgar un libro por su cubierta, o lo que es lo mismo: la belleza reside en lo más profundo. De acuerdo con este punto de vista, a menudo la belleza superficial no es más que una cubierta exterior carente de profundidad, mientras que la fealdad superficial puede esconder un brillante en bruto. En efecto, es muy posible que las personas que no gozan de atractivo físico necesiten desarrollar sus recursos internos para compensar de algún modo su carencia. ¿Cuál de las dos perspectivas es la correcta?

En un trabajo de investigación, diversos chicos y chicas en edad universitaria tenían que puntuar una larga lista de características sobre la base de las fotografías de tres individuos de diferente atractivo físico.[11] La mitad de ellos eligieron fotos de sujetos del mismo sexo, y la otra mitad del sexo opuesto. A quienes tenían un mayor atractivo físico se les atribuyó una personalidad más positiva, una mayor felicidad conyugal y social, un mayor éxito profesional y, en definitiva, una mayor felicidad en la vida que a los menos agraciados. No se detectó el menor atisbo de celos, a pesar de que los investigadores intentaron descubrirlo observando si los calificadores desdeñaban

---

10. Murstein, B. I., «Physical attraction and marital choice». *Journal of Personality and Social Psychology,* 22, 1972, págs. 8-12, Murstein, B. I., *Who will marry whom?*, Nueva York, Springer, 1976.

11. Dion, K., Berscheid, E. y Walster, E., «What is beautiful is good», págs. 285-290.

las fotografías muy atractivas de sujetos del mismo sexo y con los que no se podían comparar.

Lo que verdaderamente preocupa a los varones no es tanto su aspecto, sino cómo lo perciben los demás. Cuando se asocia a un hombre con una mujer atractiva, éste crea una impresión global mucho más favorable a la gente y se le acepta mejor que si se le relaciona con una mujer carente de atractivo físico.[12] Esa impresión más positiva se da en los hombres y las mujeres por un igual. Así pues, una mujer hermosa puede tener un efecto de radiación en el hombre asociado a ella. La gente suele decir que algunos varones eligen mujeres bonitas para potenciar su propio atractivo, como en el caso de Aristóteles Onassis y Jacqueline Kennedy, por ejemplo.

Si la sociedad relaciona el atractivo externo con tantas cosas positivas, ¿podría darse la posibilidad de que la apariencia influyera en el modo de juzgar a una persona, independientemente de su trabajo? En un estudio, los participantes evaluaban la calidad de un ensayo cuando se adjuntaba la fotografía del autor.[13] El atractivo de las fotos era diverso, aunque se utilizó el mismo ensayo en cada caso. A un individuo determinado se le mostraron todos los ensayos emparejados con una sola foto. Lo más preocupante fue descubrir que los ensayos de las personas más agraciadas físicamente obtuvieron una mayor puntuación, independientemente de la calidad real de la obra. Es decir, que el atractivo físico puede desviar el juicio de valor sobre un trabajo.

En más de una ocasión se ha dicho que Richard M. Nixon perdió sus debates televisivos con John F. Kennedy más por su aspecto físico que por cualquier otra cosa. Kennedy parecía estar relajado y en plena forma; Nixon, tenso y alicaído. Una buena parte del problema se debía a que su espesa barba le había dejado una pronunciada «sombra de las cinco de la tarde». Por su parte, Bob Dole ofreció una imagen bastante pobre —físicamente hablando— comparado con Bill Clinton. ¿Quién pone en duda que los candidatos de aspecto más atractivo juegan con ventaja respecto a los demás?

Los efectos del atractivo físico pueden diferir en los hombres y las mujeres. Las esposas tienden a ser evaluadas por su belleza, independientemente del grado de atractivo físico de sus respectivos maridos, mientras que en la valoración de éstos influye poderosamente el atractivo de aquéllas. Cuando un hombre poco agraciado se casaba con una hermosa mujer, se daba por su-

---

12. Sigall, H. y Landy, D., «Radiating beauty: The effects of having a physical attractive partner on person perception», *Journal of Personality and Social Psychology, 28*, 1973, págs. 218-224.

13. Landy, D. y Sigall, H., «Beauty is talent: Task evaluation as a function of the performer's physical attractiveness», *Journal of Personality and Social Psychology, 29*, 1974, págs. 299-304.

puesto que debía de tener algunas cualidades compensatorias excepcionales, como por ejemplo una renta elevada o un importante estatus profesional.[14]

Al evaluar a sus potenciales compañeras, los varones ponen un mayor énfasis que las mujeres en el atractivo físico.[15] Sin embargo, no todos los hombres parecen considerar del mismo modo este atributo. En un estudio, los investigadores contrastaron la importancia que tenía la belleza de la mujer para una serie de varones que presentaban un nivel alto o bajo, según los casos, de *autocontrol*. Los individuos con un alto grado de autocontrol tienden a adaptar su comportamiento a cada situación, actuando de una forma con una persona y de otra diferente con otra, con el fin de ajustarse al máximo a cada cual, mientras que los que poseen un bajo nivel de autocontrol son más regulares en sus interacciones, comportándose más o menos de la misma manera cualquiera que sea su pareja. Podríamos definir su actitud con la frase siguiente: «Soy así; lo tomas o lo dejas».

Pues bien, en el estudio, los varones con un alto grado de autocontrol valoraron más el aspecto exterior que los de bajo nivel.[16] Por otra parte, cuando se les dio a escoger como pareja entre una mujer descrita como atractiva físicamente, aunque no excesivamente simpática, y una que no fuese demasiado atractiva, pero muy simpática, los primeros prefirieron a la más atractiva físicamente, mientras que los segundos optaron por la de menor belleza y mayor simpatía. Se puede, pues, concluir que los hombres con un alto grado de autocontrol son los que se preocupan e interesan más por el efecto de radiación de una mujer hermosa.

Cuando creemos saber todo lo necesario para emitir un juicio de valor acerca del atractivo físico de una persona, nuestras apreciaciones pueden estar influidas por ese conocimiento, en cuyo caso estas evaluaciones pueden dar lugar a una profecía de autoplenitud que afecte a la forma en que nuestra pareja se comporte con nosotros. Un grupo de investigadores analizó una conversación telefónica de diez minutos entre un hombre y una mujer. Los hombres y las mujeres no se conocían y, según parece, se les dio la oportunidad de hacerlo.[17] Durante la conversación se mostró a los hombres una foto-

---

14. Bar-Tal, D. y Saxe, L. «Perceptions of similarly and dissimilarly attractive couples and individuals», *Journal of Personality and Social Psychology, 33*, 1976, págs. 772-781.

15. Berscheid, E. y otros, «Physical attractiveness and dating choice: A test of the matching hypothesis», págs. 173-189.

16. Snyder, M., Berscheid, E. y Glick, P., «Focusing on the exterior and the interior: Two investigations of the initiation of personal relationships», *Journal of Personality and Social Psychology, 48*, 1985, págs. 1.427-1.439.

17. Snyder, M., Berscheid, E. y Glick, P., «Focusing on the exterior and the interior: Two investigations of the initiation of personal relationships», págs. 1.427-1.439.

grafía de la mujer con la que estaban hablando: la mitad del tiempo la de una mujer hermosa, y la otra mitad la de una mujer muy poco agraciada. En realidad, las fotos no pertenecían a la mujer con la que hablaban, aunque los participantes del test no lo sabían. Las conversaciones se grabaron y un jurado que no había visto las fotos las evaluó sobre la base de distintos criterios.

Escuchando la parte masculina de las conversaciones, los miembros del jurado llegaron a la conclusión de que los varones que creían estar hablando con las mujeres atractivas eran más sociables, tolerantes e interesantes, y estaban más excitados sexualmente que los que estaban convencidos de que la voz que oían al otro extremo del hilo telefónico pertenecía a una mujer poco agraciada físicamente. De igual modo, escuchando únicamente la parte femenina de las conversaciones, concluyeron que las mujeres a las que sus compañeros masculinos consideraban atractivas se mostraban más sociables, desenvueltas, extravertidas y excitadas sexualmente que las demás. En otras palabras, cuando los hombres creían estar hablando con una mujer muy hermosa, tanto ellos como ellas daban la sensación de ser más atractivos en la conversación telefónica que cuando estaban convencidos de que su interlocutora carecía de belleza física. Por consiguiente, las mujeres que eran conscientes del deseo y la admiración que despertaban actuaron de una forma más sugerente y lograron que los hombres también se mostraran más atractivos durante la charla. Lo que se cree, se puede convertir en realidad. Es muy habitual que las personas intenten transformar sus creencias en realidad cuando están excitadas.

*Excitación*

Algunos hombres que tienen la costumbre de perseguir a las mujeres han adoptado una versión de un viejo truco. Para despertar el interés de una mujer la llevan a un espectáculo emocionalmente estimulante, como por ejemplo un combate de boxeo o de lucha libre. Ni que decir tiene que, para muchas mujeres, una buena obra de teatro o de ballet puede tener un efecto más positivo. Se trata de conseguir que la excitación emocional que provoca el espectáculo actúe a modo de afrodisíaco que estimule la pasión. ¿Funciona este truco?

Para comprobarlo se realizó un estudio en un escenario un tanto inusual: un paraje innegablemente turístico en el que había dos puentes en diferentes lugares.[18] Uno se extendía sobre un profundo desfiladero y se balanceaba de

---

18. Dutton, D. G. y Aron, A. P., «Some evidence for heightened sexual attraction under conditions of high anxiety», *Journal of Personality and Social Psychology,* 30, 1974, págs. 510-517.

un lado a otro al cruzarlo. Para la mayoría de la gente, la experiencia era terrorífica. El otro era estable y estaba tendido a pocos metros del suelo. Atravesarlo no causaba la menor ansiedad. Los participantes masculinos en el estudio fueron asignados aleatoriamente a uno u otro puente, y al llegar al otro extremo eran recibidos por un ayudante del equipo de investigación, que podía ser un hombre o una mujer, quien les pedía que respondieran algunas preguntas y que hicieran una breve redacción basada en lo que les sugería un grabado extraído del test temático de percepción consciente, que se emplea para medir las necesidades de la personalidad. Una vez terminada la redacción, el ayudante de investigación les daba su número de teléfono y les indicaba que podían llamarle a su casa con toda libertad si deseaban más información sobre el experimento. A continuación se calificaban las redacciones por su imaginería sexual. El nivel más elevado lo obtuvieron aquellos varones que cruzaron el puente colgante, generador de ansiedad, y fueron recibidos por una ayudante. También realizaron un mayor número de llamadas al domicilio particular de la ayudante de investigación.

Este trabajo corrobora el estereotipo según el cual los individuos que se ven sometidos —juntos— a un estado de tensión tienen muchas probabilidades de sentirse atraídos los unos por los otros. En efecto, muchos apasionados «*flirts* de oficina» empiezan con dos personas que se sienten cada vez más unidas por el hecho de compartir una situación común de estrés y de resolver sus problemas conjuntamente.

Un segundo estudio demostró el efecto de la excitación en un escenario que provocaba ansiedad.[19] Los participantes eran varones. A unos se les dijo que iban a recibir una serie de intensas y dolorosas descargas eléctricas; a otros, que les serían aplicadas descargas muy débiles e indoloras. Mientras esperaban, les presentaron a una mujer joven que, supuestamente, también tomaba parte del ensayo, pero que en realidad era un «reclamo» introducido por los investigadores. El equipo de trabajo les pidió que cumplimentaran un cuestionario de evaluación de la joven. Los participantes que estaban a la espera de recibir descargas intensas y dolorosas la calificaron más favorablemente que aquellos cuyas descargas iban a ser débiles e indoloras. Como es fácil imaginar, al final nadie recibió descarga alguna, sino que sólo se utilizó como mecanismo para excitar o no excitar a los participantes. Es pues evidente que la excitación contribuye a generar atracción física.

La excitación se puede producir con suma rapidez. Algunas pruebas sugieren que las personas empiezan a concebir expectativas sobre sus posibili-

---

19. Dutton, D. G. y Aron, A. P., «Some evidence for heightened sexual attraction under conditions of high anxiety», págs. 510-517.

dades románticas hacia un tercero cuando apenas ha transcurrido una fracción de segundo desde el encuentro.[20] En otras palabras, el amor apasionado a primera vista se produce realmente a primera vista, y es muy posible que se inicie en cuestión de momentos.

Habitualmente la excitación se asocia con los sentimientos románticos. En este sentido es importante resaltar que los hombres y las mujeres pueden contemplar el romance de un modo diferente. Los varones, en particular, dan la sensación de ser, por término medio, más románticos que las mujeres, y de enamorarse más rápidamente que ellas. Por el contrario, las mujeres tienden a desenamorarse con una mayor celeridad que los hombres.[21]

Sin embargo, la diferencia en la forma de experimentar la excitación romántica no se da única y exclusivamente entre el hombre y la mujer. Las investigaciones han demostrado que los individuos que poseen un nivel elevado de autoestima, pero bajo en capacidad defensiva, experimentan el amor romántico con mayor frecuencia que quienes hacen gala de otras combinaciones de autoestima y capacidad defensiva. Al mismo tiempo, las personas con un bajo nivel de autoestima suelen experimentar los sentimientos románticos con mayor intensidad y los consideran menos racionales que los sujetos con un alto grado de autoestima.[22]

*Proximidad*

De los millones de parejas con las que podríamos, potencialmente, entablar una relación romántica, sólo llegamos a conocer una minúscula fracción. Muchos de nosotros elegimos una futura pareja tras haber conocido a fondo, en el sentido más estricto de la expresión, a menos de una docena de posibles aspirantes, y son contadísimas las personas que consiguen conocer a fondo a más de dos docenas. El factor más importante que determina a quién conocemos y, consiguientemente, con quién podemos tener alguna posibilidad de intimar es, asimismo, el más simple: la proximidad. Es más probable conocer a las personas que, por una u otra razón, están más cerca físicamente. En la era de Internet, la proximidad «virtual» es un factor de significación creciente a la hora de determinar a quién podemos conocer.

---

20. Hill, C. T., Rubin, Z. y Peplau, L. A., «Breakups before marriage: The end of 103 affairs», *Journal of Social Issues,* 32, 1976, págs. 147-167.
21. Sternberg, R. J., *El triángulo del amor, op. cit.*
22. Sternberg, R. J., *ídem.*

Un estudio investigó los modelos de amistad entre veteranos del ejército y sus esposas que vivían en dos proyectos de residencia de estudiantes en el Instituto de Tecnología de Massachusetts.[23] Ambos proyectos presentaban diferencias en el diseño arquitectónico, lo que permitía analizar los efectos de la proximidad en dos emplazamientos considerablemente distintos. Quienes habitaban más cerca los unos de los otros tenían mayores probabilidades de intimar y de entablar una relación de amistad que los que vivían más alejados. La gente que ocupaba apartamentos situados en el centro de las plantas tenían más oportunidades de hacer amigos que aquella cuyas viviendas estaban ubicadas en los extremos. También era de esperar que los amigos de quienes vivían cerca del centro del pasillo fuesen casi siempre inquilinos de la misma planta, mientras que los que habitaban en la proximidad de las escaleras era más probable que entablasen amistad con residentes de la planta superior, ya que estaban en condición de interactuar con tales personas al subir con el ascensor. Al seleccionar una vivienda, usted también selecciona un conjunto de individuos con los que va a convivir.

Un segundo estudio utilizó una residencia de estudiantes en la Universidad de Michigan.[24] Durante dos años, 17 estudiantes universitarios varones vivieron gratuitamente en el centro, a cambio de participar en un trabajo de investigación sobre el establecimiento de relaciones de amistad. En el transcurso del primer año, la proximidad física no influyó en la atracción interpersonal, pero sí en el segundo —con un grupo completamente distinto de jóvenes—, en el que los compañeros de habitación congeniaron mejor que quienes ocupaban habitaciones independientes.

¿Qué podría haber causado la discrepancia entre los resultados de los dos años? En el primero, los compañeros de habitación habían sido asignados al azar, mientras que en el segundo los emparejamientos se efectuaron de acuerdo con los valores y actitudes de cada individuo: en la mitad de los estudiantes eran coincidentes, y en la otra mitad relativamente divergentes. No obstante, se mantuvo el efecto general independientemente de los criterios de emparejamiento, es decir, que entre los compañeros de habitación se creaban más relaciones de amistad que entre los que vivían por separado.

En otro estudio, los investigadores enviaron por correo cuestionarios a 52 alumnos de la Academia de adiestramiento policial del Estado de Mary-

---

23. Festinger, L., Schachter, S. y Back, K. W., *Social pressures in informal groups: A study of human factors in housing*, Nueva York, Harper, 1950.

24. Newcomb, T. M., *The acquaintance process*, Nueva York, Holt, Rinehart & Winston, 1961.

land,[25] pidiéndoles que citaran el nombre de sus tres mejores amigos en el centro una vez transcurridas las seis semanas de entrenamiento. En la academia, la distribución de los asientos de los alumnos no se realizó al azar, sino por el orden alfabético de sus apellidos, que, desde luego, no parece ser un método demasiado científico para la creación de relaciones de amistad. Sin embargo, y aunque parezca increíble, su efecto fue extraordinario. De las 65 relaciones de amistad, casi la mitad se formaron entre alumnos cuyos apellidos empezaban con la misma letra, la anterior o la siguiente.

Una parte del atractivo entre las personas puede ser fruto del mero trato diario, sin necesidad de que entre en juego ninguna otra causa.[26] En este sentido, un estudio demostró que incluso la aceptación de sustancias de sabor desagradable aumentaba con su ingestión repetida.[27]

No obstante, según otra perspectiva, la familiaridad conduce al desprecio o a la antipatía —conocer demasiado bien a una persona puede dar lugar a la destrucción de una relación de amistad—, tal y como lo demostró un estudio realizado en un complejo de comunidades de propietarios de clase media en California.[28] La proximidad se asoció tanto a una mayor simpatía como a una mayor antipatía. Es más, el efecto de la proximidad fue más acusado en el sentimiento de antipatía que en el de simpatía: mientras el 62% de las relaciones de amistad se habían entablado con otros residentes de la misma zona, el 70% de la gente que se consideraba mutuamente insoportable también habitaba en la misma zona.

Uno de los estudios más interesantes sobre el efecto de la familiaridad se efectuó hace más de cincuenta años.[29] Se pidió a los participantes que manifestaran sus impresiones sobre colectivos de distintas nacionalidades, incluidos los danerianos. Lógicamente, estos últimos se diferenciaban de los demás grupos por una razón evidente: eran ficticios. No existe ni ha existido jamás un colectivo humano llamado así. ¡Pero eso no impidió a los participantes en el estudio describirlos con un sinfín de odiosas cualidades!

La familiaridad puede despertar sentimientos positivos o negativos dependiendo de varios factores, tales como que el individuo sea tolerante o se-

---

25. Segal, M. W., «Alphabet and attraction: An unobtrusive measure of the effect of propinquity in a field setting», *Journal of Personality and Social Psychology, 30*, 1974, págs. 654-657.

26. Zajonc, R. B., «Attitudinal effects of mere exposure», *Journal of Personality and Social Psychology Monograph Supplement, 9*, 1968, págs. 1-27.

27. Saegert, E. B., Swap, W. y Zajonc, R. B., «Exposure, context, and interpersonal attraction», *Journal of Personality and social Psychology, 25*, 1973, págs. 234-242.

28. Ebbesen, E. B., Kjos, G. L. y Konecni, V. J., «Spatial ecology: Its effects on the choice of friends and enemies», *Journal of Experimental Social Psychology, 12*, 1976, págs. 505-518.

29. Hartley, E. L., *Problems in prejudice*, Nueva York, King's Crown, 1946.

vero, que se experimente un estado de excitación al estar en su compañía o incluso las expectativas de pasarlo bien o mal a su lado. De ahí que la familiaridad *per se* no sea quizá lo que verdaderamente importe, sino lo que sucede durante el período de tiempo de familiarización con una persona, que puede conducir a la intimidad o a la antipatía.

*Reciprocidad*

En general nos suelen gustar aquellas personas a las que gustamos, o, para ser más exactos, aquellas personas a las que creemos gustar. En consecuencia, las expresiones de intimidad casi siempre generan nuevas expresiones de intimidad.

En un estudio, los participantes, que no se conocían previamente, se distribuyeron en pequeños grupos de debate.[30] Antes de empezar, se informó a cada uno de ellos, individualmente, que, partiendo de los resultados de un test de personalidad —fingido— al que les habían sometido con anterioridad, el equipo de investigación estaba en situación de poder afirmar que algunos miembros del grupo, aunque no otros, se sentirían muy atraídos hacia su persona. La primera reunión consistió en una sesión de grupo de carácter informal. Más tarde los investigadores dijeron a los miembros del grupo que iban a tener la oportunidad de emparejarse y, para ello, les pidieron que confeccionaran una lista de tres individuos de su grupo, por orden de preferencias, como compañero de debate potencial. El gran grupo se reunió un total de seis veces, solicitándose a sus integrantes una nueva lista de tres parejas de debate potenciales al término de la tercera y de la sexta sesión, al igual que se hizo después de la primera. El equipo de trabajo observó que, al final de la primera sesión, los participantes habían elegido como compañeros de debate a algunos miembros a los que, según se les había notificado previamente, a raíz de los datos del test fingido de personalidad, parecían caer muy simpáticos. Así pues, la creencia de que gustamos a una persona puede hacer que ésta también nos guste. No obstante, después de la tercera sesión el efecto de los resultados del test de personalidad habían desaparecido por completo, ya que ahora los participantes estaban en situación de descubrir a quiénes gustaban realmente y quiénes les gustaban. En un experimento relacionado con el anterior, cada participante tuvo que evaluar al resto de sus compañeros y esa evaluación demostró

30. Backman, C. W. y Secord, P. F., «The effect of perceived liking on interpersonal attraction», *Human Relations, 12,* 1959, págs. 379-384.

estar muy influida por la forma en que cada uno de ellos le había evaluado en su momento.[31]

La reprocidad parece ser importante en el ámbito del autodescubrimiento. Habitualmente la gente tiene más probabilidades de sentirse atraída y próxima a quienes se muestran tal y como son.[32] Cuando nos abrimos a otra persona, solemos esperar que ésta haga lo mismo. De lo contrario nos sentimos incómodos y el grado de atracción hacia ella disminuye.

Los descubrimientos efectuados acerca de la reprocidad permiten concluir que el individuo tiende a devolver lo que recibe. Quienes explotan a los demás, tarde o temprano suelen ser catalogados de explotadores, y entonces los demás les pagan con la misma moneda o empiezan a rehuirlos. Es probable que, a largo plazo, la explotación no constituya una cuestión de su interés en el marco de una relación interpersonal, ni aun adoptando una perspectiva egoísta, ya que cuando, por fin, sus amigos acaben por descubrir su juego, lo más seguro es que usted reciba lo mismo que dio. En términos generales, la Regla de Oro puede dar resultados, pero no tiene por qué funcionar necesariamente en casos individuales. Algunas personas se las ingenian para tomar sin dar nada a cambio, mientras que otras son capaces de dar, aunque se muestran reacias a tomar.

*Similitud*

¿Es cierto aquello de «Dios los cría y ellos se juntan»? Sin duda que sí.

La similitud puede adoptar innumerables formas, muchas de las cuales aumentan, en general, la atracción interpersonal y, en particular, la intimidad. En este sentido las variables demográficas son muy importantes: la similitud en la edad, la religión, la educación, la salud física, los antecedentes étnicos, el estatus económico y la autoestima contribuyen a incrementar la atracción interpersonal.[33] Quienes se sienten atraídos y experimentan un sentimiento de mutua intimidad también suelen tener una personalidad similar, y el hecho de tener una personalidad similar se asocia a la satisfacción conyugal.[34]

---

31. Stapleton, R. E., Nacci, P. y Tedeschi, J. T., «Interpersonal attraction and the reciprocation of benefits», *Journal of Personality and Social Psychology, 28*, 1973, págs. 199-205.

32. Worthy, M., Gary, A. L. y Kahn, G. M., «Disclosure as an exchange process», *Journal of Personality and social Psychology, 13*, 1969, págs. 59-63.

33. Burgess, E. W. y Wallin, P., *Engagement and marriage*, Filadelfia, Lippincott, 1953.

34. Skolnick, A., «Married lives: Longitudinal prespectives on marriage», en Eichorn, D. H., Clausen, J. A., Haan, N., Honzik, M. P. y Mussen, P. H. (comps.), *Present and past in middle life*, Nueva York, Academic, 1981.

Asimismo, es más probable que las parejas que se atraen intensamente manifiesten actitudes parecidas que las que no se atraen con tanta vehemencia.[35] Tal y como se ha dicho anteriormente, las parejas que mantienen una relación interpersonal también tienen más posibilidades de asemejarse en atractivo físico que aquellas cuyos miembros tienen la misma edad pero un nivel diferente de atractivo físico.

En una serie de estudios, los participantes, en su mayoría estudiantes universitarios, empiezan respondiendo a un cuestionario destinado a medir sus atributos de personalidad y sus actitudes.[36] A continuación se muestra a cada uno de ellos el cuestionario de un individuo al que no conocen. Aunque no lo saben, el participante desconocido es fingido, y sus respuestas han sido manipuladas para que sean similares o diferentes a las del participante real, el cual debe formarse una impresión general de la otra persona y puntuarla sobre la base de una Escala de evaluación interpersonal. Dicha escala contiene diversos criterios, dos de los cuales eran fundamentales: uno, relacionado con los sentimientos personales hacia el desconocido, y el otro, con la voluntad del participante de colaborar con él en un experimento. Estos dos valores, una vez sumados, se consideran la medida de la atracción hacia el sujeto fingido. En la Escala de evaluación interpersonal, los resultados se predicen sobre la base de la mayor o menor similitud entre los modelos de respuesta del participante y del sujeto fingido. La semejanza en la actitud es, muy especialmente, un excelente indicador a la hora de predecir el grado de atracción tal y como lo mide la escala.

¿Por qué es tan significativa la similitud en términos de atracción? Examinemos las cuatro razones siguientes.[37] Primera, el individuo puede considerar la similitud como un factor positivo en sí mismo. Segunda, la similitud puede incrementar la autoestima: oír a alguien expresando actitudes o valores semejantes puede fomentar el punto de vista que tenemos de nosotros mismos, ya que a través de la similitud podemos obtener apoyo a las posturas que mantenemos en la vida. Tercera, la similitud puede presagiar un brillante futuro: la persona puede tener una mayor confianza en el futuro de una relación con alguien que parece tener más semejanzas que diferencias con ella. Y cuarta, es posible que la similitud en los aspectos demográficos, en las ac-

---

35. Byrne, D., *The attraction paradigm*, Nueva York, Academic, 1971; Tesser, A. y Brodie, M., «A note on the evaluation of a "computer date"», *Psychological Science, 23*, 1971, pág. 300.

36. Byrne, D., *The attraction paradigm*, Tesser, A. y Brodie, M., «A note on the evaluation of a "computer date"», pág. 300.

37. Huyston, T. L. y Levinger, G., «Interpersonal attraction and relationships», en Rosenzweig, M. R. y Perter, L. W. (comps.), *Annual Review of Psychology*, vol. 29, Palo Alto, California, Annual Review, 1978.

titudes, etc., no sea lo único que influya directamente en la atracción interpersonal, sino también la semejanza en las respuestas emocionales que generan. Dicho en otras palabras, la gente que se parece puede responder a diversas situaciones de un modo emocionalmente congruente y, en consecuencia, tener más probabilidades de atraerse entre sí mutuamente.

A veces, la similitud de las actitudes puede influir de una forma bastante contumaz. Por ejemplo, se ha constatado que los individuos que poseen un concepto o una imagen negativa de sí mismos tienden a comprometerse más a fondo con las parejas conyugales que les valoran negativamente que con las que lo hacen de un modo positivo. En cambio, aquellos que tienen un concepto positivo de sí mismos prefieren relacionarse con quienes les valoran positivamente.[38] La conclusión, muy deprimente, de esta investigación es que si pretendemos reafirmar a alguien que tiene un mal concepto de sí mismo, ¡lo más probable es que él nos convenza a nosotros antes que nosotros a él!

### *Obstáculos*

Una de las producciones teatrales estrenadas fuera de Broadway de mayor éxito y que ha estado más tiempo en cartel es *Fantasticks*. Trata de un niño y una niña cuyos padres son acérrimos enemigos y que, como resultado, han construido un muro muy alto que separa sus respectivas heredades. Los chiquillos entablan una buena amistad, se enamoran y hacen lo imposible por acudir a sus citas secretas. Los padres descubren su relación e intentan disuadirles a toda costa de sus propósitos, pero al final llegan a la conclusión de que no podrán hacer nada para evitarlo, lo que les causa una enorme aflicción y lloran desconsoladamente junto a su correspondiente lado del muro. Pero tan pronto como empiezan a asomar las lágrimas, surgen los problemas, y lo que había sido una relación íntima y armoniosa, cada vez es más distante y discordante. Por fin, el niño abandona el hogar familiar para ver mundo, y la niña decide hacer lo mismo. Después de muchas vicisitudes y tribulaciones, ambos se reúnen de nuevo. Pero ahora los padres, que han aprendido bien la lección, reconstruyen el muro para crear un obstáculo que les mantenga separados. Se trata de una lección muy simple: al parecer, el amor sólo florece ante los obstáculos.

En realidad, el tema de *Fantasticks* se basa en investigaciones psicológicas. Por ejemplo, la interferencia paternal en una relación tiende a unir más

---

38. Swann, W. B. jr., «To be adored or to be known: The interplay of self enhancement and self verification», en Sorrentino, R. M. y Higgins, E. T. (comps.), *Motivation and cognition*, Nueva York, Guilford, 1990, vol. 2, págs. 408-488.

a la pareja. Si los padres quieren destruir una relación íntima, lo peor que pueden hacer es interferir activamente en la misma.[39]

En ocasiones las parejas elaboran su intimidad creando supuestos enemigos externos que están al acecho para soltarles un zarpazo en el momento menos pensado, ya se trate de amigos, parientes de la pareja, hijastros o, si llega el caso, ¡del mismísimo gobierno! Como es lógico, hay veces en que la percepción personal de tales enemigos no es paranoica, sino real. Sea como fuere, siempre es útil tener a mano un enemigo externo —con tal de que sea relativamente débil—. Por otro lado, la búsqueda de enemigos también tiene sus inconvenientes: las parejas que se acostumbran a ello corren el riesgo de acabar encontrando a su verdadero enemigo en su propio compañero de relación.

En conclusión, podríamos decir que, a menos que algunos de los factores que influyen en la atracción interpersonal (atractivo físico, excitación, proximidad, reciprocidad, similitud y obstáculos) estén presentes en la pareja, no es probable que lleguen a alcanzar el punto que desencadena el enamoramiento. A continuación analizaremos algunas teorías sobre el mecanismo operativo de éstas y otras variables.

Teorías de la atracción

*Teoría de «lo difícil de conseguir»*

Una de las observaciones que son más comunes en la vida cotidiana —que la gente desea aquello que no puede tener— también es aplicable a las relaciones interpersonales: nos sentimos atraídos hacia el hombre o la mujer «difícil de conseguir». Pero no es tan sencillo como parece. El individuo tiende a sentirse atraído no por las personas difíciles de conseguir, en general, sino por aquellas que lo son para *los demás*, pero que son relativamente alcanzables para él.[40]

Sin embargo, existe una ironía en todo este asunto. Después de regodearse en la gloria de ser «únicas», algunas de estas personas sienten amenazada su libertad y les preocupa verse abocadas a un compromiso. Empiezan a

---

39. Driscoll, R., Davis, K. W. y Lipetz, M. E., «Parental interference and romantic love», *Journal of Personality and Social Psychology, 24*, 1972, págs. 1-10.

40. Walster, E., Walster, G. W., Piliavin, J. y Schmidt, L., «Playing hard-to-get: Understanding an elusive phenomenon», *Journal of Personality and Social Psychology, 26*, 1973, págs. 113-121.

dar marcha atrás y la relación concluye. Lo que funciona a corto plazo, puede ser un virus muy pernicioso con el tiempo.

En la literatura psicológica, la *teoría de la reactancia* intenta explicar por qué algunos individuos quieren lo que les resulta arduo lograr.[41] En efecto, reaccionan frente a todo lo que suponga una amenaza para su libertad de elección. Según esta teoría, la gente suele rebelarse ante la posibilidad de ver menoscabada su libertad de elección, o lo que es lo mismo, reaccionan ante la restricción de su libertad. Por consiguiente, puede haber cosas que no hayamos deseado nunca cuando estaban a nuestro alcance y que deseemos a partir del momento en el que dejan de estarlo.

La teoría de la reactancia tiene una interesante implicación a la hora de explicar por qué las parejas que viven juntas antes de casarse tienen más probabilidades de separarse después de contraer matrimonio que aquellas que se casan sin haber convivido previamente. En Suecia, por lo menos, son las que copan el máximo porcentaje de divorcios. Cuando dos personas viven juntas sin casarse, pueden estar unidas por vínculos de todas clases, pero cada cual sabe que la otra puede marcharse legalmente en cualquier momento y sin previo aviso. Puede haber nexos psicológicos, pero no legales, e independientemente del compromiso psicológico, los dos miembros de la relación son libres de marcharse. El matrimonio puede generar un estado de reactancia, sobre todo entre quienes están habituados a disfrutar de su libertad, y es muy probable que los que han elegido la convivencia sin vínculo matrimonial estén particularmente preocupados por conservar algún ámbito de autonomía adicional.

Dada la inexistencia de un compromiso formal en las parejas de hecho, cada cual puede depender más de lo que su compañero puede hacer por él que de lo que él puede hacer por su compañero.[42] Esta orientación «consumista» suele conducir a reiteradas situaciones desagradables, haciendo imposible mantener una relación íntima fuerte, recíproca y de apoyo mutuo. Para ello hay que encontrar a alguien que no sólo tenga mucho que ofrecernos, sino también que se sienta inusualmente satisfecho con lo que podemos darle y que, a su vez, lo que nos ofrece nos haga sentir a gusto con la relación y con nosotros mismos.

Se han desarrollado diversas teorías acerca de la selección de la pareja: similitud, complementariedad, filtrado secuencial, estímulo-valor-rol y formación diádica.

---

41. Brehm, J. W., *A theory of psychological reactance*, Nueva York, Academic, 1966; Brehm, S. S. y Brehm, J. W., *A theory of freedom and control*, Nueva York, Academic, 1981.
42. Sternberg, R. J., *El triángulo del amor, op. cit.*

*Teoría de la similitud*

Hasta hace pocos años se consideraba que la persona seleccionaba a los compañeros de relación por su grado de similitud. Como hemos visto anteriormente, la similitud es una variable importante en la atracción y la intimidad. De acuerdo con esta perspectiva, tendemos a elegir como pareja a quienes nos reconfortan, y probablemente el aspecto más reconfortante de un compañero amoroso potencial quizá sea que se parezca lo máximo posible a nosotros.[43] Es evidente que el individuo busca a alguien que se asemeje a sí mismo por lo menos en algunos factores fundamentales, aunque a menudo los teóricos que se limitan meramente a hablar de la similitud no suelen clarificar en qué desearíamos que nuestro compañero sentimental fuese igual o diferente. Un grupo de especialistas especialmente interesados en esta cuestión ha investigado la complementariedad.

*Teoría de la complementariedad*

Algunos teóricos han sugerido que seleccionamos a nuestras parejas de relación no porque son *similares* a nosotros, sino principalmente porque son *complementarias* a nosotros: destacan o son capaces de hacer algo en lo que nosotros ni destacamos ni somos capaces de hacer.[44] Por lo tanto, si no nos gusta cocinar o limpiar la casa, podríamos desear una pareja que se ocupara de estas tareas; si detestamos los asuntos financieros domésticos, sería lógico buscar a alguien que pudiera encargarse de ellos; y si hablamos por los codos, quizá nos conviniera un compañero o compañera que supiera escuchar.

Las pruebas a favor de la teoría de la complementariedad son mixtas. Por ejemplo, se podría esperar que las parejas funcionaran mejor cuando uno de sus miembros manifestara una orientación masculina y el otro una orientación femenina, es decir, una complementariedad más que obvia, palmaria. Pero en realidad, lo que parece evidente en este caso no resulta ser cierto. Tanto para los hombres como para las mujeres, la satisfacción derivada de las relaciones está asociada a una orientación femenina por parte de los dos miembros de la pareja, entendiendo dicha orientación en términos

---

43. Byrne, D., *The attraction paradigm*.
44. Winch, R. F., *Mate selection: A theory of complementary needs*, Nueva York, Harper, 1958; Murray, H. A., *Explorations in personality*, Nueva York, Oxford University Press, 1938.

de expresividad de las emociones y las ideas.[45] En una relación amorosa, las personas suelen ser más atractivas si son más abiertas.[46] No obstante, una extraversión inapropiada tampoco da buenos resultados. La gente tiende a evitar a quien penetra en la historia de su vida en la primera oportunidad que se le presenta.[47]

De ahí que la feminidad en términos de apertura y expresión suela asociarse al éxito de las relaciones interpersonales. De hecho, la tradicional pareja de rol sexual es la que presenta el menor grado de satisfacción entre los diversos tipos de emparejamiento que se han estudiado.[48]

Aunque la complementariedad no siempre funciona, hay un aspecto en el que su aportación resulta indiscutible. Los investigadores han observado que cuando el rendimiento de un miembro de la pareja supera el del otro, y este último lo considera como un hecho muy significativo desde su perspectiva personal, su autoestima es probable que se vea amenazada y su atracción hacia aquél también es probable que disminuya. Por el contrario, cuando el rendimiento de un componente de la relación supera al del otro, pero éste no lo considera como algo excesivamente relevante desde su punto de vista, su autoestima no se ve amenazada y su atracción hacia aquél incluso es probable que aumente.[49]

*Teoría del filtrado secuencial*

Parecería razonable combinar la perspectiva de la similitud y la de la complementariedad, que es lo que hace precisamente la teoría del filtrado secuencial.[50] Según esta teoría, el individuo busca, en primer lugar, una pareja

---

45. Morton, T. L., «Intimacy and reciprocity of exchange: A comparison of spouses and strangers», *Journal of Personality and Social Psychology, 36*, 1978, págs. 72-81; Reis, H. T. y Shaver, P., «Intimacy as an interpersonal process», en Duck, S. W. (comp.), *Handbook of personal relationships*, Chinchester, Wiley, 1988, págs. 367-389.

46. Collins, N. L. y Miller, L. C., «Self-disclosure and liking: A meta-analytic review», *Psychological Bulletin, 116*, 1994, págs. 457-475.

47. Wortman, C. B., Adesman, P., Herman, E. y Greenberg, R., «Self-disclosure: An attributional perspective», *Journal of Personality and social Psychology, 33*, 1976, págs. 184-191; Jones, E. E. y Archer, R. L., «Are there special effects of personalistic self-disclosure?», *Journal of Experimental Social Psychology, 12*, 1976, págs. 180-193.

48. Reis, H. T. y Shaver, P., «Intimacy as an interpersonal process», págs. 367-389.

49. Tesser, A., Millar, M. y Moore, J., «Some affective consequences of social comparison and reflection processes: The pain and pleasure of being close», *Journal of Personality and Social Psychology, 54*, 1988, págs. 49-61.

50. Kerckhoff, A. C. y Davis, K. E., «Value consensus and need complementarity in mate selection», *American Sociological Review, 27*, 1962, págs. 295-303.

que sea similar a él en los aspectos fundamentales, tales como la clase social, la religión, la raza, la educación, etc. Si sigue adelante con la relación y empieza a vislumbrar a su pareja como un potencial compañero sexual, entonces también busca la similitud en los valores personales. Por último entra en juego la complementariedad, es decir, cuando ya ha transcurrido un período de tiempo un poco más largo. La teoría del filtrado secuencial sostiene que el individuo valorará y continuará en la relación siempre que su potencial pareja sexual satisfaga sus necesidades.

Pese al innegable atractivo de este modelo, no siempre se cumple.[51] Un estudio llevado a cabo con el fin de corroborar su fidedignidad llegó a la conclusión de que la mejor predicción sobre la evolución a largo plazo de una relación de pareja era la que realizaban sus propios miembros. Lo que pensaban los amantes acerca de lo que podría ocurrir en el futuro preveía mejor lo que realmente iba a suceder que cualquier consenso sobre los valores personales o cualquier necesidad de complementariedad.

*Teoría del estímulo-valor-rol*

A tenor de los planteamientos propuestos por la teoría del estímulo-valor-rol por lo que se refiere a la selección de un compañero sentimental, para que dos personas se sientan atraídas la una hacia la otra necesitan, ante todo, responderse mutuamente a un nivel básico, simple (aspecto físico, posición económica, trasfondo religioso o étnico, forma de vestir, primera impresión de su personalidad, etc.).[52] Esencialmente, el individuo se une a aquellas personas cuyos activos y pasivos —puntos fuertes y puntos débiles— parecen augurar una probable adaptación a sus características.

Después de la unión es cuando los valores empiezan a tener una mayor importancia. La relación tendrá más posibilidades de convertirse en una unión permanentemente comprometida si, a un nivel más profundo, sus miembros descubren que también comparten sus valores personales y familiares, sobre todo cuando se refieren a sus respectivos puntos de vista respecto a la posibilidad o no de tener hijos y de educarlos, la importancia de la religión en la vida, los ingresos y la forma de gastar el dinero,

---

51. Levinger, G., Senn, D. J. y Jorgensen, B. W., «Progress toward permanence in courtship: A test of the Kerckhoff-Davis hypotheses», *Sociometry, 33*, 1970, págs. 427-443.
52. Murstein, B. I., «Stimulus-value-rol: A theory of marital choice», *Journal of Marriage and the Family, 32*, 1970, págs. 465, 481.

el tiempo dedicado al trabajo frente al destinado al ocio, etc. Incluso cuando una persona se siente inicialmente atraída hacia otra, la relación será poco probable que llegue a consolidarse a menos que, en la segunda etapa, sus componentes sean capaces de conseguir un cierto grado de consenso sobre los valores. De lo contrario, es muy común que consideren superficial su relación y que vayan en busca de otros compañeros más compatibles.

En la tercera y última etapa, que sigue desarrollando el proceso de filtrado, por el que cada cual descarta a las potenciales parejas que no son compatibles consigo mismo, adquieren importancia las cuestiones de rol. ¿Es posible encontrar, en el día a día de la relación, roles complementarios que nos hagan sentir cómodos interactuando con nuestro compañero? Aquí hacen su aparición algunas cuestiones como la distribución del trabajo: quién se ocupa de los quehaceres domésticos, de las finanzas, la vida social de la pareja y otras cosas por el estilo. Se pueden tener valores similares a los de otra persona, pero descubrir que las expectativas de rol que uno había concebido para sí y para su pareja no coinciden. En otras palabras, pueden existir algunos roles que ambos deseen asumir y otros que no quieran ver ni en pintura. Pues bien, a menos que consigan distribuir el trabajo y asignar las responsabilidades, la relación tendrá escasas probabilidades de continuar o, si lo hace, de prosperar.

### Teoría de la formación diádica

Otra teoría sugiere que los procesos iniciales en una relación deben completarse satisfactoriamente antes de pasar a los siguientes.[53] Los seis procesos que propone son los siguientes: percepción de las similitudes, buena relación de pareja, comunicación fluida mediante la mutua apertura o extroversión, roles agradables para cada miembro por separado, roles agradables tanto para el uno como para el otro y la llamada cristalización diádica, que es la que determina el compromiso mutuo y la identidad como pareja.

Las teorías que hemos analizado hasta ahora han derivado, principalmente, de la psicología social, aunque existe otro grupo de teorías que son fruto de las experiencias prácticas de psicoterapeutas profesionales.

---

53. Lewis, R. A., «A development framework for the analysis of premarital dyadic formation», *Family Process, 11,* 1972, págs. 17-48.

*Teorías prácticas*

*Freud.* Sigmund Freud consideraba el amor en términos de sexualidad sublimada.[54] Dado que queremos tener relaciones sexuales con más frecuencia, con más parejas y en más lugares de los que la sociedad en general u otras personas en particular están dispuestos a tolerar, el amor es una forma de sublimar —elevación a un plano superior— nuestros inaceptables deseos sexuales, reconduciendo algunos de ellos, cuando no todos, de un modo que sea socialmente aceptable.

El amor adulto también contribuye a canalizar la frustración que tiene sus orígenes en la infancia, cuando los niños y las niñas experimentan un colosal desengaño al concluir que no pueden satisfacer su deseo y su pasión hacia el padre del sexo opuesto (complejo de Edipo y de Electra, respectivamente). Tras este doloroso descubrimiento, que suele producirse a la edad de seis años, los niños entran en un período de latencia, en el que su deseo hacia un miembro del sexo opuesto se aletarga. Herido por el rechazo del padre o de la madre, según cuál sea el caso, el pequeño se limita a reprimir todos sus deseos sexuales. Durante el período de latencia, muchos niños procuran mantener el mínimo contacto posible con las niñas, y viceversa.

*Reik.* Theodore Reik, por su parte, contemplaba el amor como el resultado de una insatisfacción con uno mismo y como algo que lo es todo en la vida.[55] El individuo busca el amor y, sobre todo, la pasión cuando la vida es insatisfactoria y cuando necesita a alguien para llenar su vacío interior. Algunas personas buscan la salvación en el amor, al igual que otras se refugian en la religión, con la esperanza de encontrar en otro la perfección que no pueden encontrar en sí mismos. Al principio pueden creer que la salvación está al alcance de su mano. En las etapas iniciales de una relación, tal vez les parezca que su pareja es exactamente lo que andaban buscando y que el hecho de estar enamorados equivale a estar salvados —del mundo y, con frecuencia, de sí mismos—. Pero al final se desilusionan al descubrir dos hechos: primero, que su pareja les ha fallado; se ven incapaces de mantener la ilusión de la perfección ante una evidencia cada vez más palpable de que, en realidad, su compañero o compañera no son perfectos; segundo, que ningún ser humano puede salvarles, ni siquiera el amor de su vida.

54. Freud, S., «Certain neurotic mechanisms in jealuosy, paranoia, and homosexuality», en *Collected papers*, vol. 2, Londres, Hogarth, 1992.
55. Reik, T., *A psychologist looks at love*, Nueva York, Farrar & Rinehart, 1944.

Quizá podamos salvarnos a nosotros mismos, pero sería absurdo esperar que otro nos salvara o incluso pedirle que lo hiciera. Tenemos dos alternativas: adaptarnos a un nuevo tipo de amor o vivir eternamente con la frustración de saber que no nos es posible hallar la salvación a través del amor de un semejante. Claro que también hay quien opta por una tercera vía: empeñarse a toda costa en encontrar a alguien que pueda salvarles y reiniciar, una vez más, el ciclo de las grandes esperanzas seguidas de las no menos rotundas frustraciones.

Mientras que, por un lado, el individuo puede ser consciente, a nivel intelectual, de que no es posible «salvar» a otro a través del amor, por otro le puede resultar muy difícil autoconvencerse de ello a nivel emocional.

*Klein*. Según Melanie Klein, cuya tesis está relacionada con la de Reik, el amor deriva de la dependencia de los demás para obtener la satisfacción de las necesidades personales.[56] Un cierto grado de dependencia siempre es saludable, y quienes no se permiten el lujo de ser un poco dependientes, aunque sólo sea un poco, se arriesgan a ser infelices.

*Maslow*. La «deficiencia de amor» o «D-amor» de Abraham Maslow también guarda una estrecha relación con los de Reik y Klein, pues deriva, asimismo, de la necesidad de seguridad y pertenencia.[57] En efecto, el término *deficiencia* proporciona una caracterización válida para la mayoría de estas teorías, que contemplan el amor como el resultado de algún tipo de carencia personal o de sentimiento de nostalgia de algo que no tenemos. En cambio, la «presencia de amor» o «P-amor» emana de unas necesidades personales más elevadas y, en particular, del deseo de autoactualización y de actualización de la pareja.[58] Para Maslow, este tipo de amor representa el máximo nivel de la satisfacción personal. Así pues, la D-amor estaría básicamente impulsada por la pasión y la P-amor por la intimidad.

Las teorías psicológicas son productos de su tiempo. De ahí que suela considerarse la de Sigmund Freud como el reflejo de la era victoriana, que es cuando se gestó, y que la de Maslow se adapte a la perfección a la década de los sesenta, la «era del yo», durante la cual muchos contemplaban la autoactualización como la consecución del más alto nivel de bienestar emocional. Analizando la P-amor de Maslow, podríamos preguntarnos si alguna pareja

---

56. Klein, M. y Riviere, J., *Love, hate, and reparation*, Londres, Hogarth, 1953 (trad. cast.: *Amor, odio y reparación*, Barcelona, Paidós, 1982).

57. Maslow, A. H., *Motivation and personality*, Nueva York, Harper & Row, 1954 (trad. cast.: *Motivación y personalidad*, Madrid, Díaz de Santos, 1991).

58. Maslow, A. H., *Motivation and personality*.

ha logrado alcanzar alguna vez el amor completamente seguro, plácido e imperturbable que describe. Ni que decir tiene que la plena autoactualización y la del compañero sentimental puede ser un objetivo encomiable, aunque la mayor parte del placer que supone reside en el hecho de intentar hacerlo realidad, ya que, en la práctica, cualquiera que, en un caso hipotético, consiguiera el estado de serenidad y autosuficiencia del que habla Maslow, podría tener serios problemas a la hora de dinamizar la relación.

*Fromm.* Erich Fromm, casi coetáneo de Maslow, consideraba el amor como el fruto del cuidado, la responsabilidad, el respeto y el conocimiento de la pareja.[59] Las fuentes de esta teoría son inequívocas: Fromm se vio atrapado, y muy afectado, por la locura fascista de la Segunda Guerra Mundial. En su opinión, el amor era una huida de esa vorágine, de un mundo en el que el cuidado, la responsabilidad, el respeto y la confianza parecían haberse desvanecido en el aire.

*Lee.* John Lee recurrió a la metáfora de los colores como fundamento de una tipología del amor que puede resultarnos atractiva.[60] No es difícil imaginar diferentes clases de amor dispuestos en una rueda cromática. Aunque lo cierto es que Lee no desarrolló esa tipología a partir, única y exclusivamente, de dicha metáfora, sino también de la literatura, tanto de ficción como realista, a la que dedicó un profundo estudio.

La tipología de Lee distingue seis clases principales de amor:

1. *Eros:* estilo que se caracteriza por la búsqueda de un amado cuya presentación física del yo coincide con una imagen que ya obra en la mente del amante.
2. *Ludus:* término de Ovidio que equivale a amor travieso, pícaro, juguetón.
3. *Estorge:* estilo íntimo basado en un desarrollo lento del afecto y del compañerismo.
4. *Manía:* estilo de amor apasionado caracterizado por la obsesión, los celos y una gran intensidad emocional.
5. *Agapé:* amor altruista en el que el amante se siente obligado a amar sin esperar nada a cambio.

---

59. Maslow, A.H., *Motivation and personality.*
60. Lee, J. A., «A typology of styles of loving», *Personality and Social Psychology Bulletin,* 3, 1977, págs. 173-182; Sternberg, R. J., «Triangulating love», en Sternberg, R. J. y Barnes, M. L. (comps.), *The psychology of love,* New Haven, Connecticut, Yale University Press, 1988, págs. 119-138.

6. *Pragma:* estilo práctico de amor que parte de una consideración consciente del objetivo demográfico o de otros rasgos objetivos del amado.

Marcia Lasswell y Norman Lobsenz utilizaron la teoría de Lee como la base de su Cuestionario-Escala del amor.[61] Por otra parte, algunos de los resultados que mejor han corroborado esta teoría proceden de las recientes investigaciones efectuadas por Clyde y Susan Hendrick, que han experimentado la metáfora con su propio cuestionario, empleando métodos de análisis de factores.[62]

Las personas no muestran necesariamente el mismo estilo de amor en cada una de sus relaciones interpersonales, sino que, por el contrario, cada relación puede evocar diferentes estilos. Además, también cabe la posibilidad de cambiar de un estilo a otro dentro de una misma relación. De ahí que sea útil conocer y comprender el estilo de amor, tanto propio como de la pareja. Por poner un ejemplo, un amante lúdico puede estar manteniendo una relación estable, tener aventuras ocasionales y «olvidar» mencionarlo a su compañero o compañera sentimental; el amante maníaco es mucho menos propenso a las aventuras ocasionales, pero estallará violentamente ante el menor resbalón de su pareja; el amante estórgico se puede convertir en el mejor de los amigos, pero no es tan probable que se integre en un romance muy intenso, mucho más habitual del amante erótico; quien entable una relación con un amante agápico será preferible que no espere ser siempre el centro de su atención, puesto que si bien es verdad que el individuo que ama agápicamente tiende a entregarse en cuerpo y alma, cabe la posibilidad de que el destinatario de su ofrenda personal no sea siempre su pareja, sino también cualquier tercero; por último, si es usted un amante pragmático, prepárese para una relación basada en aspectos prácticos, hasta el punto que, en ocasiones, el *affaire* amoroso incluso puede oler a negocio.

Cualquiera que sea el tipo de persona por el que nos sintamos atraídos, no debemos olvidar que la atracción, por sí sola, puede ser suficiente para desencadenar una relación, pero insuficiente para conservarla. En la cuarta parte veremos qué es lo que mantiene en funcionamiento las relaciones después de su despegue inicial. Para empezar, en el capítulo 10 analizaremos uno de los mecanismos más importantes para la subsistencia de una relación interpersonal: la recompensa —el hecho de sentirse gratificado.

---

61. Lasswell, M. y Lobsenz, N. M., *Styles of loving*, Nueva York, Ballantine, 1980.

62. Hendrick, C. y Hendrick, S. S., «A theory and method of love», *Journal of Personality and Social Psychology, 50*, 1986, págs. 392-402; Hendrick, C. y Hendrick, S. S., «Research on love: Does it measure up?», *Journal of Personality and Social Psychology, 56*, 1989, págs. 784-794; Hendrick, C. y Hendrick, S. S., *Romantic love*, Newburg Park, California, Sage, 1992.

# CUARTA PARTE

## La flecha de Cupido en pleno vuelo: el amor en nuestro tiempo. La etapa intermedia

CAPÍTULO
# 10

## La función de la recompensa

Supongamos que nos presentan a alguien que enseguida nos hace un cumplido respecto a algún factor al que concedemos suma importancia: quizá la apariencia física, tal vez la inteligencia o cualquier otra cosa. Ese cumplido incrementará notablemente las probabilidades de que nos guste esa persona. Al fin y al cabo, acaba de recompensarnos —nos sentimos gratificados—. En términos psicológicos diríamos que ese alguien nos ha reafirmado; nuestra intimidad y nuestra intimidad hacia él han aumentado. Es muy posible que el cumplido no despierte ninguna pasión que no sintiésemos ya con anterioridad, pero lo que sí puede es incrementar los sentimientos de intimidad —la sensación de que esa persona es alguien a la que nos encantaría conocer y con la que desearíamos conversar más.

Por desgracia, la reafirmación tiene un lado malo: el castigo. En sus relaciones, a veces la gente actúa de formas que hieren a la pareja. Esas acciones, tanto si son intencionadas como no, engrosan la aversión hacia el causante del sufrimiento. Y lo más triste es que esa aversión no puede desaparecer, ni siquiera con el perdón (¡si es que se concede!). La mayoría de las reafirmaciones y castigos en las relaciones interpersonales provocan respuestas emocionales sobre las que se ejerce un escaso control consciente. Deseamos disminuir la intimidad o, en los casos más extremos, tener el mínimo contacto posible con nuestra pareja. Por ejemplo, volver a ver a alguien que nos hizo sufrir en el pasado puede evocar un sentimiento de mantenernos a distancia de él, incluso aunque no deseemos tener ese sentimiento.

Cuando Jill se divorció de su marido, Bill, la experiencia fue muy amarga para ella, ya que aquél se comportó cruelmente durante el proceso. Para él, el divorcio significaba conseguir la máxima cantidad de pertenencias, aunque fuese a costa de la otra persona. Cuando todo terminó, Bill quiso olvidar el pasado y ser amigo de Jill, pero a pesar de que ella le perdonó, no pudo olvidar. Cada vez que le veía, se le hacía un nudo en el estómago. Bill era incapaz de comprender que su simple presencia se hubiese convertido en un castigo para Jill, un castigo que ahora ella intentaba evitar por todos los medios.

Teoría de la reafirmación

Aunque algunas veces supersimplifica una situación, a menudo la teoría de la reafirmación ofrece la explicación más sencilla y elegante de lo que ocurre en las relaciones interpersonales. Pese a que los principios básicos de la reafirmación parecen obvios a primera vista, en realidad poseen implicaciones nada evidentes. Un individuo que tenga una pobre opinión de sí mismo, por ejemplo, siempre puede encontrar aspectos reafirmantes que coincidan con su forma de pensar. Pero aunque parezca irónico, se sentirá más reafirmado cuando alguien exprese una opinión negativa de él, ya que, en este caso, la coincidencia es absoluta.

Consideremos ahora una segunda consecuencia de la teoría de la reafirmación, una razón muy poderosa que explica por qué las cosas pueden salir mal en una relación. Como sabemos, por término medio la gente reacciona de un modo más intenso ante los comentarios negativos que ante los positivos. En las cartas de recomendación, por ejemplo, los aspectos negativos tienen un peso muchísimo mayor que los positivos. Lo mismo sucede en las relaciones, donde los castigos suelen pesar más que las recompensas. Con el tiempo, nuestra pareja puede desarrollar una mayor capacidad de castigarnos que de reafirmarnos, en cuyo caso el desarrollo de aspectos negativos acaba superando al desarrollo de aspectos positivos y, poco a poco, la relación va perdiendo atractivo, simplemente porque los efectos de la acumulación de castigos son muy superiores a los del acopio de recompensas. En resumidas cuentas, la experiencia íntima empieza a rodar por la pendiente y se deteriora día a día.

Según la teoría de la reafirmación, la atracción hacia una persona se produce cuando se experimenta una sensación de recompensa, de gratificación, en su presencia.[1] Una de las consecuencias de esta perspectiva consiste en la posibilidad de que nos guste alguien no por el mero hecho de ser quien es, sino porque experimentamos reafirmaciones positivas cuando estamos a su lado. De un modo similar, nos pueden disgustar aquellas personas que están asociadas a circunstancias desagradables. Las investigaciones han demostrado que sólo se siente atracción hacia quienes están asociados incidentalmente a reafirmaciones positivas.[2] Por ejemplo, los niños que fueron recompensados sistemáticamente por sus maestros suelen manifestar un mayor agrado hacia sus compañeros de clase que aquellos que sufrieron su indiferencia o su castigo.

En el otro lado de la moneda, la gente no experimenta el menor sentimiento de atracción hacia los desconocidos con los que coincide en un local atestado y de atmósfera asfixiante, independientemente de su personalidad.[3] Este principio explica por qué es un error, en las relaciones interpersonales, posponer para mañana —o pasado mañana o el otro— la diversión de la que se podría disfrutar hoy. Es muy fácil relegar la relación al cuarto trastero mientras se atienden otros asuntos supuestamente más importantes. El problema estriba en que si los miembros de la pareja no hacen cosas que les gusten, la relación se torna mecánica y rutinaria, y tiende al hastío. De hecho, si comparten pocas actividades o la mayoría de ellas son aburridas, es muy probable que acaben hasta la coronilla el uno del otro en un corto período de tiempo.

Louis y Ann, ambos con obligaciones laborales fuera del hogar, están muy preocupados por su carrera profesional. En este sentido se comprenden perfectamente, porque los dos quieren lo mismo: llegar hasta lo más alto en su trabajo. No obstante, da la sensación de que uno de ellos siempre se siente desbordado por sus obligaciones y el otro no. Casi nunca tienen tiempo para hacer cosas juntos, pero confían —desde hace cinco años— en que «algún día todo esto pasará».

Por ahora, parecen haber olvidado cómo reírse y divertirse juntos durante un buen rato, y evidentemente recurren al trabajo para evitar el hecho

---

1. Lott, A. J. y Lott, B. E., «Group cohesiveness, communication level, and conformity», *Journal of Abnormal and Social Psychology, 62*, 1961, págs. 408-412; Lott, A. J. y Lott, B. E., «The role of reward in the formation of positive interpersonal attitudes», en Huston, T. L. (comp.), *Foundations of interpersonal attraction*, Nueva York, Academic, 1974.
2. Lott, A. J. y Lott, B. E., «A learning theory approach to interpersonal attitudes», en Greenwald, A. G. y Ostrom, T. M. (comps.), *Psychological foundations of attitudes*, Nueva York, Academic, 1974.
3. Griffitt, W. y Veitch, R., «Hot and crowded: Influence of population density and temperature on interpersonal affective behavior», *Journal of Personality and Social Psychology, 17*, 1971, págs. 92-98.

de que su relación se ha convertido en un triste ejemplo de amor vacío, aunque por otro lado, eso sí, constituyen un excelente ejemplo de cómo el proceso puede cambiar el producto. Hubo un día en el que consideraban el desarrollo profesional de ambos como un objetivo mutuo para alcanzar la felicidad, pero su absorción en la esfera laboral les dejó un espacio personal extremadamente reducido, y ahora parecen incapaces de recuperar lo que perdieron. La intimidad empezó a tambalearse y, con ella, la pasión y el compromiso.

La similitud en las actitudes es una fuente muy poderosa de intimidad.[4] ¿Por qué? Pues porque proporciona la suficiente independencia para corregir y valorar las opiniones personales. Podemos hablar con alguien que comparte nuestros puntos de vista, pero lo que ya es más difícil es llegar a intimar con quien se muestra en constante desacuerdo con nosotros.

¿Qué significa todo esto en términos prácticos? Por una parte, contribuye a explicar por qué los recién llegados pueden poner en peligro las relaciones de larga duración. Cuando se conoce a una persona desde hace años, se sabe perfectamente cuáles son sus actitudes, e inevitablemente habrá un buen número de ellas que no compartamos. En el caso de alguien al que acabamos de conocer, inicialmente sólo advertiremos algunas —pocas— de sus actitudes; se necesita tiempo para descubrir un número sustancial de actitudes en una persona.

Si desde un principio las escasas actitudes que hemos detectado son incongruentes con nuestro modo de ser, lo más probable es que demos por zanjada cualquier posible hipótesis de relación, aun cuando sólo representen una pequeña porción del conjunto global de actitudes de la persona. Pero supongamos ahora que hemos conocido a alguien y que estamos de acuerdo con las actitudes detectadas inicialmente. En este caso, aunque el número de coincidencias sea pequeño, porque todavía no hemos tenido la oportunidad de ahondar en su personalidad, su proporción puede ser elevada.

*Et voilà!* Nos sentimos atraídos, experimentamos una sensación de intimidad compinchada. Sin embargo, la nueva atracción no tiene por qué ser duradera. Puede suceder que, si bien las actitudes iniciales fueron positivas, lo que puede dar lugar a una visión sesgada de la realidad, a medida que vayamos conociendo más y mejor sus pautas de conducta, las divergencias sean mayores de lo que imaginábamos.

Naturalmente, hay muchas cosas capaces de provocar una reafirmación positiva. Un psicólogo ha sugerido la existencia de tres grandes categorías de

---

4. Clore, G. L. y Byrne, D., «A reinforcement-affect model attraction», en Huston, T. L. (comp.), *Foundations of interpersonal attraction*, Nueva York, Academic, 1974.

recompensas: las características intrínsecas de la persona, tales como la belleza, el sentido del humor y la inteligencia; el comportamiento de la persona hacia su pareja, como por ejemplo, satisfacer sus necesidades sexuales o consolarla en momentos de tensión; y el acceso a los deseados recursos externos que ofrece la pareja, tales como prestigio, dinero y relaciones sociales.[5]

En el marco de una relación sentimental, hay dos suposiciones equivocadas que el individuo suele hacer con frecuencia y que conducen inexorablemente a la frustración y muchas veces a la insatisfacción.

La primera consiste en que la otra persona valora lo que él hace. Si cree que el amor o el dinero es importante, da por sentado que para su pareja también lo es. En realidad, sería preferible no hacer ningún tipo de suposición y analizar a fondo lo que valora nuestro compañero o compañera, preguntándoselo directamente y observando ante qué tipo de recompensas —y castigos— responde de un modo más enérgico.

La segunda estriba en que la otra persona valora —o debería valorar— aquello de lo que él tiene en abundancia. En especial cuando sale de su círculo inmediato de amistades y compañeros de trabajo, puede conocer a otras personas que no responden porque sus valores son diferentes de los imaginados.

En mi primera charla dirigida a un grupo de ejecutivos de empresa, el moderador que se encargó de la presentación se extendió una barbaridad detallando una larga lista de mis credenciales académicas. Observando a la audiencia, me di cuenta de que la había perdido incluso antes de empezar. No sólo no prestaron demasiada atención a la conferencia, sino que, una vez finalizada, nadie demostró estar excesivamente interesado en conocerme personalmente.

Dieron por supuesto que en el interior de aquella «torre de marfil» no podía haber nada de verdadero interés. No sólo no valoraron en lo más mínimo las credenciales, sino que incluso sospecharon de ellas. Fue algo así como presentar a alguien a un defensor del medio ambiente con el propósito de sentar las bases de un potencial romance y mencionar, durante la presentación, que la pareja potencial representa al sector industrial en su lucha contra los furibundos e insensatos ecologistas que sólo saben pensar en los árboles y los animales.

Este principio se puede aplicar a situaciones muy diversas. Si sabemos lo que reafirma a una persona, sabremos también lo que le impulsa a buscar la intimidad. Analicemos la siguiente escena acaecida —desafortunada, por cierto— en una cena de fiesta.

5. Brehm, S. S., *Intimate relationships*, Nueva York, Random House, 1985.

Un hombre intentaba impresionar a una mujer contándole los pormenores de su desahogada posición económica, aunque todas aquellas «maravillas» no parecían causar el menor efecto en ella. Inesperadamente la dama se excusó y no volvió a dirigirle la palabra en toda la noche. El hombre había cometido el error de dar por sentado que ella valoraría lo que hacía, en lugar de interesarse, primero, por lo que ella valoraba en realidad —¡que casualmente era el derrocamiento de un sistema de valores que premia el éxito financiero!

Teoría del intercambio social

La teoría del intercambio social es una forma más específica de la teoría de la reafirmación aplicada a las relaciones interpersonales. Parte de la base de que el individuo pretende maximizar las recompensas y minimizar los castigos.[6] En consecuencia, experimentará una mayor intimidad y una menor atracción hacia quienes le ofrecen más recompensas y menos castigos. Sin embargo, el valor de la recompensa no siempre es el mismo. Es muy probable que a Imelda Marcos, después de comprar unos cuantos centenares de pares de zapatos, los pares siguientes le hicieran menos feliz que los primeros.

Lo que aquí está en juego es uno de los principios del aprendizaje, concretamente el de la saciedad, según el cual cuantas más unidades de una misma cosa tiene una persona, menos valiosos resultan los ejemplares sucesivos que, en el futuro, vengan a engrosar su colección. Al igual que un millón de dólares significa menos para un millonario que para un indigente, despertar atracción en alguien no es tan valioso para una persona que goza de un reconocimiento casi universal como para quien, por regla general, apenas atrae a nadie.

El principio económico de la oferta y la demanda también se aplica a las relaciones sociales. En efecto, la gente está dispuesta a pagar más por unos recursos escasos que por unos recursos generosos. De ahí que se avenga mejor a renunciar a un montón de cosas para obtener las atenciones —o los recursos— de una persona si éstas constituyen una característica única y exclusiva de dicha persona que cuando son muchas las que están en disposición de poder ofrecerlas.

La teoría del intercambio social tiene diversas implicaciones para las relaciones interpersonales, todas ellas de interés. Jane, por ejemplo, es una mu-

---

6. Homans, G. C., *Social behavior: Its elementary forms*, ed. rev., Nueva York, Harcourt Brace Jovanovich, 1974; Skinner, B. F., *Science and human behavior*, Nueva York, Macmillan, 1953 (trad. cast.: *Ciencia y conducta humana*, Barcelona, Martínez Roca, 1986).

jer que trabaja en una oficina y cuyo aspecto físico siempre ha causado sensación. En consecuencia, el hombre al que probablemente responderá mejor no es aquel que elogie su porte exterior, sino el que ensalce su tarea profesional, un terreno en el que se siente insegura.

La inseguridad no tiene por qué basarse necesariamente en hechos. Siguiendo con el mismo ejemplo, es posible que Jane sea más competente en su trabajo que atractiva, pero los hombres creen que lo que ella desea oír es precisamente esto: que es atractiva. Lo que importa no es lo eficaz que Jane, o cualquier otra persona, sea en realidad, desde un punto de vista objetivo, sino cómo se siente consigo misma.

Una segunda implicación de la teoría del intercambio social podríamos resumirla en el viejo refrán que dice que en el país de los ciegos, el tuerto es el rey. Según el principio que subyace en esta afirmación, lo importante no es lo que hacemos bien, sin más, sino lo que hacemos bien y que los demás no son capaces de hacer tan bien como nosotros.

En una situación competitiva, tanto en el trabajo como en la vida personal, la gente tiende a destacar aquello que sabe hacer a la perfección. Pues bien, la teoría del intercambio social señala que esa actitud no es demasiado acertada. Lo que uno debe resaltar son aquellas cosas que sólo él domina y de las que los competidores restantes no tienen ni la más remota idea. En otras palabras, ¿qué nos distingue de los demás?

George, un médico que está buscando una pareja sentimental, usa magistralmente este principio. Cuando conoce a una mujer en las fiestas que organizan los médicos, ni siquiera se molesta en subrayar su pericia profesional, sino que parte de la base —correcta o errónea— de que, en primer lugar, ella dará por sentado que, en principio, todos los médicos son buenos y que las posibles diferencias que puedan existir entre ellos son insignificantes, independientemente de lo importantes que realmente sean para otros colegas de profesión; y en segundo lugar, que estará más preocupada por su temperamento agarrado, egoísta y absorbido por el trabajo que por su competencia profesional. De ahí que George procure hacer un especial hincapié en sus cualidades personales —aquello que, en su opinión, puede diferenciarle de los demás en la mente de las mujeres que conoce.

En ocasiones hay que hacer frente al hecho de que las personas por las que el individuo se siente atraído no valoren lo que éste puede ofrecer. Martha, por ejemplo, también asiste a muchas fiestas de médicos, no porque desee conocer a uno de ellos, sino porque ella también lo es y está buscando pareja. A menudo sus interacciones con los hombres le resultan muy desagradables, pues tal y como ha podido comprobar, para su consternación, el hecho de ser médico suele considerarse más un factor negativo que como un plus. Los varones que conoce parecen interesados en los recursos económicos que puede aportar al matrimonio, pero, al mismo tiempo, dan la sensación de rehuir a alguien a quien juzgan un profesional de mucho éxito y una amenaza potencial para sus egos. ¡Cuanto más cosas saben acerca de sus logros, menos interesados se muestran!

Durante algún tiempo, Martha intentó ocultar su éxito como profesional de la medicina para mantener el interés de los varones que iba conociendo, pero al final decidió que esta fórmula no era la que debía adoptar, sino que debía encontrar a una persona que, en lugar de salir corriendo, supiese apreciarla por sus méritos. Su decisión fue correcta, ya que de lo contrario se exponía a perder el tiempo iniciando una relación bajo falsos pretextos con alguien que no la valoraba por lo que era y por su capacidad intelectual. En realidad necesita un hombre para el que sus logros médicos signifiquen un incremento de su atractivo personal, sin perder su propio atractivo como mujer. Es decir, alguien con quien pueda entablar una relación equitativa.

## Teoría de la equidad

La teoría de la equidad se funda en cuatro proposiciones.[7] Todas ellas parten de la base de que se es más feliz en aquellas relaciones en las que lo que se da es proporcional a lo que se recibe.

*Primera.* El individuo intenta maximizar sus resultados (es decir, las recompensas menos los castigos recibidos). Eso es algo que no asombra a nadie. Básicamente, la gente quiere lo mejor para sí misma.

*Segunda.* Las parejas pueden maximizar su recompensa colectiva desarrollando un sistema consensuado de distribución equitativa de las recompensas y los castigos. Si a uno de los miembros de la relación le gusta el cine y al otro los conciertos, todo funcionará a las mil maravillas si cada cual cede a su compañero la mitad del tiempo.

*Tercera.* Las personas que mantienen una relación poco equitativa, acaban angustiadas, y la mayor o menor cantidad de angustia es proporcional a la poca equidad experimentada. Si la pareja siempre va al cine o siempre va a los conciertos, uno de los componentes se sentirá infeliz.

*Cuarta.* La gente intenta eliminar la angustia que experimenta restaurando la equidad en la relación: cuanto mayor es la poca equidad experimentada, mayor será también el esfuerzo para restaurarla. El miembro de la pareja que se

---

7. Walster, E., Walster, G. W. y Berscheid, E., *Equity: Theory and research*, Boston, Allyn & Bacon, 1978.

siente tratado injustamente en la distribución de las actividades de ocio adoptará las medidas oportunas, cualesquiera que éstas sean, para cambiar las cosas.

El individuo se siente más atraído y experimenta una mayor intimidad hacia aquellas personas con las que puede mantener una relación equitativa —quienes dan en proporción a lo que reciben—. Los egoístas también pueden conseguir llevar adelante una relación sentimental, aunque casi siempre a costa de la intimidad. La relación puede durar, pero habitualmente lo único que se perpetúa es su nombre —«relación»—, no su contenido: los sentimientos de calidez, generosidad y proximidad no es probable que perduren.

La teoría de la equidad tiene una implicación muy interesante para quienes se han sentido víctimas de su pareja en el pasado, para aquellos que se ven incapaces de poner el punto final a una relación con alguien que les ha explotado. Al comunicarse con quien les ha perjudicado, deberían minimizar el daño o la explotación que dicen haber sufrido. De lo contrario, el explotador podría llegar a la conclusión de que la víctima ha sufrido tanto que resulta imposible restaurar la equidad, autoconvenciéndose de que en realidad tenía bien merecido el daño que le infligió.

Es muy habitual que a los colectivos explotados se les intente hacer creer que merecen el tratamiento de que son objeto —una sorprendente consecuencia de la teoría de la equidad—. Para «restaurar» la equidad, los agresores se convencen a sí mismos de que, en realidad, los perjudicados están siendo tratados equitativamente.

Como presidente de la República de Sudáfrica, Nelson Mandela perdonó a quienes le tuvieron encarcelado durante la mayor parte de su vida adulta, un perdón que bien pudo derivar de su generosidad de espíritu o de sus principios cristianos. Pero su perdón también tiene sentido bajo la óptica de la teoría de la equidad. Mandela fue lo bastante inteligente como para darse cuenta de que no existía ninguna otra alternativa viable para sanar las heridas de su nación.

El gobierno tutsi de Ruanda ha tenido que afrontar la misma prueba. En aquel país, los tutsi y los hutus habían convivido pacíficamente durante muchísimos años, al igual que los serbios, croatas y bosnios en la antigua Yugoslavia. Pero un buen día, un gobierno hutu inclinado al genocidio fomentó las divisiones entre los grupos étnicos, provocando una masacre de tutsis. Como suele suceder, las atrocidades siempre se cometen por ambos bandos. Al final, los tutsis consiguieron derrocar el gobierno hutu. Muchos hutus se vieron obligados a huir de su país, donde no eran bien recibidos. Sin embargo, el gobierno tutsi acabó tomando la decisión más sensata: abrirles de nuevo las puertas y permitir su regreso, conscientes de que la otra alternativa —continuar la guerra y el genocidio— era mucho menos deseable.

La teoría de la equidad tiene importantes implicaciones para todas nuestras relaciones y, muy especialmente, en las de carácter íntimo. La primera y más simple consiste en que, a largo plazo, es esencial que los dos miembros de la pareja tengan la sensación de que las recompensas —y castigos— que reciben de la relación son aproximadamente iguales. A corto plazo, siempre habrá falta de equidad, como en el caso de una persona que acepta los sacrificios derivados del trabajo de su pareja. Pero lo que verdaderamente empieza a destruir la relación es el hecho de que siempre sea la misma persona la que tenga que sacrificarse.

A veces, uno de los miembros de la pareja cree que su carrera u otros intereses personales son lo más importante en su vida. Incluso puede suceder que ambos coincidan en esta apreciación, ya sea por razones económicas o de otro tipo. Pero si quien se está sacrificando por la carrera del otro no se ve recompensado de algún modo, empezarán a acumularse las deudas y, tarde o temprano, lo acabarán pagando los dos.

Tanya y Bernardo se las han ingeniado para hallar una solución razonablemente creativa al problema de sus traslados por motivos profesionales. Bernardo trabaja en una gran empresa de alta tecnología en la que es habitual la continua transferencia de los empleados. El acuerdo al que han llegado consiste en mudarse a otra localidad porque así lo exigen las obligaciones laborales de Bernardo, pero Tanya se encarga de elegir la casa y el vecindario. Ambos tienen derecho de veto, de manera que si ella no desea volver a trasladarse, se quedarán donde están, y si a Bernardo no le satisface la vivienda o el vecindario, buscarán otra alternativa. Ninguno de los dos ha utilizado nunca el derecho a veto, pero el mero hecho de tenerlo les otorga una válvula de seguridad que parece indispensable para que la relación siga funcionando.

Otra implicación de la teoría de la equidad consiste en que cuando uno se siente tratado injustamente por su pareja, echárselo en cara constantemente suele ser contraproducente. Quien tiene la sensación de que, diga lo que diga o haga lo que haga, será imposible restaurar la equidad, puede cortar por lo sano y dar por terminada la relación.

Eric y Davida habían estado casados siete años cuando ésta tuvo una aventura amorosa. Eric lo descubrió. En realidad, no fue más que un desliz pasajero, pero Eric lo utilizó como arma, sacándolo a relucir, al principio, cada vez que tenían una discusión y, más tarde, siempre que quería fastidiar a Davida. Ésta intentó que cejara en su empeño, pero fue en vano. Aunque Eric no quería cortar, al final Davida le abandonó, al sentirse incapaz de restaurar la equidad después de haberlo intentado por todos los medios. Eric lo perdió todo: su arma negociadora y su esposa.

¿Qué es lo que conduce al fracaso a algunas relaciones, como la de Eric y Davida, y a una solución de continuidad a otras? Lo veremos en el capítulo 11.

CAPÍTULO
# 11

## La función de las relaciones humanas

Si a usted le propusieran realizar una considerable inversión financiera, con apenas el 50% de posibilidades de ofrecerle alguna rentabilidad o jugar a la ruleta rusa con la misma probabilidad de salir ileso de la experiencia, es casi seguro que ni invertiría ni jugaría. Aun así, la gente se enzarza rutinariamente en compromisos nupciales cuyas probabilidades de éxito son más o menos idénticas. Son muy pocos los que inician su aventura nupcial esperando ser víctimas del divorcio, tan pocos como el número de fumadores que esperan ser víctimas de un cáncer de pulmón o los californianos que están convencidos de acabar con sus huesos bajo los escombros de un rascacielos demolido por un terremoto. No obstante, teniendo en cuenta que la tasa de divorcio se mantiene constante, aproximadamente la mitad de los hombres y mujeres que deciden casarse deberían tener muy presente un posible fracaso matrimonial.

Quizá muchas relaciones íntimas, incluidas las conyugales, lleguen a un triste final porque sus miembros han elegido mal a su pareja, haciendo caso omiso de las evidencias o no concediéndoles la importancia que realmente tienen. Según otra explicación, que es el núcleo de este capítulo, el problema tal vez no resida en seleccionar equivocadamente al compañero de fatigas, sino en hacerlo sobre la base de lo que se considera importante en las etapas iniciales de una relación sentimental y no de lo que podría primar a largo plazo. Es innegable que, con el tiempo, las relaciones íntimas y las personas experimentan cambios no del todo previsibles de antemano. Pues bien, en este capítulo analizo los cambios que se operan en las primeras, en las relaciones.

## Desarrollo de las relaciones

Las relaciones se desarrollan a lo largo de un proceso de penetración social, una *penetración social* que se refiere tanto al comportamiento externo como a los sentimientos internos que preceden, acompañan y siguen al comportamiento.[1] Básicamente, según esta teoría, nuestras interacciones con los demás tienen dos aspectos destacables: amplitud y profundidad. La *amplitud* está relacionada con la gama de temas de los que hablamos y las interacciones que establecemos, y la *profundidad*, con el nivel en el que hablamos e interactuamos en cada uno de estos temas. Las relaciones varían a tenor de la amplitud y la profundidad de la penetración social. Así, por ejemplo, con alguien que no es más que un conocido, las interacciones se reducirán a un número limitado de cuestiones abordadas a un nivel de profundidad muy superficial. En el caso de una amistad casual se puede interactuar en más temas, aunque el nivel de profundidad será igualmente escaso. En una relación de amistad más estrecha o al principio de una relación íntima, la gama de cuestiones seguirá ampliándose, al mismo tiempo que se empiezan a tratar a un nivel menos superficial, más profundo. Por último, en las relaciones que alcanzan un grado muy elevado de intimidad, la amplitud y la profundidad continúan aumentando. Dicho de otro modo, las parejas empiezan a compartirlo todo de sí mismas, interactuando en todos los temas, no sólo los concernientes al presente, sino también en áreas relativas a su pasado y a su futuro. Hablan de ello con más detalle y con más sentimiento. El ensanchamiento de la amplitud y la profundidad indica el grado de penetración social.

No todas las relaciones interpersonales inician su andadura con la amplitud. Hay veces en que se puede mantener una intensa interacción con otra persona, pero sólo en una gama limitada de cuestiones. El fenómeno del «desconocido en el tren», en el que uno cuenta algunos aspectos de la historia de su vida a alguien con el que ha coincidido casualmente y no confía en volver a ver nunca más, es un ejemplo de una relación en la que se puede alcanzar una profundidad sustancial respecto a unos pocos temas. O también se puede tener amistad con una persona determinada ante la que uno no tie-

---

1. Altman, I. y Taylor, D. A., *Social penetration: The development of interpersonal relationships*, Nueva York, Holt Rinehart & Winston, 1973.

ne el menor inconveniente en desnudar su alma, aunque probablemente sólo en una área específica, que constituye un motivo de preocupación en aquel momento y que necesitamos airear a toda costa para quitarnos un peso de encima.

Estudios sobre los cambios en las relaciones

La penetración social y el desarrollo de las relaciones han sido analizadas en numerosos trabajos de investigación. Uno de ellos se realizó con una muestra de 182 parejas durante seis meses, después de una sesión inicial para la cumplimentación de un cuestionario.[2] Algo más del 80% de ellas siguen estando juntas en la actualidad, el 60% manifestó haber experimentado un incremento en la intensidad de su relación, el 19% no percibió ningún cambio, y el 21% restante advirtió una disminución. La mayoría de las parejas de esta última categoría se separaron. Las relaciones con un mayor índice de probabilidades de fracaso eran las que habían durado muy poco tiempo o mucho tiempo. Aparentemente, las parejas de mínima duración en el estudio original continuaban siendo inestables, y las de máxima duración eran susceptibles de perpetuar la relación.

En una escala del amor, los resultados sólo auguraban un nivel muy leve de progresos favorables en las relaciones.[3] Pero las correlaciones de estos resultados con el posible progreso fueron mayores para aquellos individuos que, en el estudio inicial, habían manifestado estar viviendo de acuerdo con ideales más románticos, como se desprende de las siguientes declaraciones: «Hay que casarse con la persona a la que se ama, independientemente de su estatus social» y «Si dos personas se aman, la convivencia conyugal no debería ocasionarles ningún problema». En las parejas en que los dos miembros eran románticos, las correlaciones entre los resultados iniciales en la escala del amor y el progreso experimentado transcurridos seis meses fueron moderadas, quizás un poco más elevadas en los hombres que en las mujeres. En la escala de la atracción, las correlaciones iban en la misma dirección, aunque eran ligeramente más débiles.

Este estudio ayuda a explicar por qué algunas relaciones aparentemente desenamoradas generan compromiso y pueden perpetuarse en el tiempo, mientras que otras concluyen rápidamente. La mayoría de nosotros cono-

---

2. Rubin, Z., «Measurement of romantic love», *Journal of Personality and Social Psychology, 16,* 1970, págs. 265-273.
3. Rubin, Z., «Measurement of romantic love», págs. 265-273.

cemos parejas que permanecen juntas en lo que da la sensación de ser una relación muerta —por lo menos, a nivel emocional—, y otras que rompen tan pronto como uno de sus componentes deja de sentirse «enamorado». La cuestión fundamental radica en la percepción que tiene cada uno de ellos respecto a la importancia del amor y, sobre todo, del amor romántico en la supervivencia de una relación. Otra variable que influye en la ecuación reside en lo que los miembros de una pareja esperan no de las relaciones interpersonales en general, sino de una relación en particular. Algunos individuos, por ejemplo, adoran las relaciones eróticas, pero no confían en que un matrimonio pueda perdurar durante mucho tiempo con una relación de este tipo.

El principal problema, y uno de los más frecuentes, se produce cuando cada miembro de la pareja percibe de un modo diferente ya sea la importancia del amor en una relación o la significación que tiene ese factor en su propia relación. Cathy y George constituyen un magnífico ejemplo. Tras haber estado casados durante diez años, parecían tenerlo todo: una bonita casa, éxito profesional, cuatro maravillosos hijos, montones de dinero para gastar, estatus en la comunidad y, prácticamente, todo aquello que cualquier pareja podría desear. El problema era que Cathy era infeliz, pero George no. Ella tenía la sensación de tenerlo todo y, aun así, de no tener nada. Por muy extraordinaria que pareciese su vida, estaba completamente vacía, exceptuando el amor hacia sus hijos y el amor que éstos, a su vez, le profesaban. El cariño —relación afectiva— que, en su día, había sentido por George había dado paso a lo que ella misma denominaba «paciencia». Le soportaba, pero no se sentía emocionalmente desarraigada. Intuía que la vida y el amor verdaderos tenían que ser muy diferentes a los que le habían tocado en suerte, y se estaba planteando muy seriamente abandonar a George, la bonita casa, el dinero y el perfecto entorno de «cuento de hadas» en el que vivía para ir en busca de un hombre con el que se pudiese sentir locamente enamorada.

George opinaba que su esposa era una insensata echando por la borda todo lo que tenían en común, porque en su opinión lo tenían todo. Y tenía razón —desde su punto de vista, claro está—. Su concepto del amor era muchísimo más plácido que el de Cathy. Para él, los sentimientos apasionados no eran importantes en un matrimonio, y tenía más que suficiente con una pequeña dosis de intimidad. Ambos habían adquirido un compromiso mutuo y ese compromiso les había proporcionado todo lo que querían, e incluso más. Pero la falta de pasión e intimidad en la relación resultaba cada vez más frustrante para Cathy. Estaba muy confusa. No sabía qué hacer. Al final, pensó que si había podido aguantar los cinco años anteriores, nada le impedía seguir adelante durante otros cinco o quizá más.

Desafortunadamente, el problema de Cathy no tiene una sola respuesta correcta, ya que intervienen demasiados factores. Además de sus sentimientos hacia George —o la ausencia de ellos—, probablemente deberá tomar en consideración las necesidades emocionales de los niños, la seguridad financiera y los múltiples efectos que puedan tener en su vida cotidiana los pactos de una hipotética separación conyugal, entre otras muchas cosas. No es de extrañar que, al igual que lo estaría cualquier otra mujer en su lugar, se encuentre en un estado de prolongada indecisión.

El estudio descrito anteriormente examinaba las relaciones en el transcurso de sólo seis meses. Otro trabajo analizó una muestra de 103 relaciones que fracasaron en un período de dos años.[4] Los investigadores analizaron los factores que predecían el término de las relaciones íntimas entre estudiantes universitarios antes de llegar al matrimonio, observando que un grado de integración desigual en la relación, así como discrepancias en la edad, aspiraciones educativas, inteligencia y atractivo físico, hacían previsible una ruptura. Por otro lado, el momento temporal de las separaciones estaba estrechamente relacionado con el calendario escolar: solían producirse a principios y a finales del curso lectivo. La decisión de dar por finalizada la relación casi nunca era mutua; las mujeres percibían los problemas con más claridad que los hombres y eran ellas las que proponían cortar por lo sano antes de que la situación empeorase.

Este estudio subraya la importancia de la similitud y la reciprocidad en las relaciones interpersonales, además de ilustrar hasta qué punto las divergencias que quizá no sean problemáticas a corto plazo pueden acabar siéndolo con el paso del tiempo. Consideremos, por ejemplo, el tema de la integración desigual. Al principio, una persona puede sentirse abrumada por el contundente nivel de implicación que exhibe su pareja hacia ella. Y si, durante algún tiempo, esa persona se ha sentido poco amada, su interés puede ser muy bien recibido. Bien es cierto que no se siente tan atraída hacia su pareja como ésta hacia ella, pero le está tan agradecida por el amor que recibe que se siente muy satisfecha siendo el miembro más amado de la relación.

Éste era, precisamente, el caso de Stacey. A sus veinticinco años, había tenido varias relaciones sentimentales, pero todas habían sido muy breves y empezaba a asustarle el futuro. Había oído hablar de un estudio que, al parecer, demostraba que sus oportunidades de contraer matrimonio eran cada vez más remotas, y ella deseaba tener hijos además de una relación satisfactoria. Cuando Charles, al que había conocido recientemente, le declaró su amor, quedó

---

4. Hill, C. T., Rubin, Z. y Peplau, L. A., «Breakups before marriage: The end of 103 affairs», *Journal of Social Issues, 32*, 1976, págs. 147-167.

poco menos que extasiada, a pesar de que no se sentía demasiado atraída hacia él. Estuvo a su lado durante un año y luego decidió romper el compromiso. Había concebido esperanzas de «aprender a amar» a Charles, pero no lo consiguió. Y por si fuera poco, se sentía extremadamente frustrada por haber iniciado una relación totalmente asimétrica. Ahora el amor de Charles la asfixiaba, quizá porque era incapaz de pagarle con la misma moneda.

La diferencia de edad también puede ser un factor de inimaginables consecuencias en una relación amorosa. Lo más habitual es que el varón sea mayor que la mujer. Cuando la diferencia es considerable, pueden surgir problemas a largo plazo. Lydia quedó encantada con Joe cuando se conocieron. Ella tenía veintitrés años y él cuarenta y nueve. Lydia, que había tenido una relación muy complicada con su padre, estaba buscando al padre que, en realidad, nunca tuvo. Y Joe cumplía todos los requisitos. Un año después de haberse conocido se casaron. Pero a los treinta, Lydia ya no necesitaba ni deseaba una figura paterna. Había logrado superar su turbulenta relación con su padre con la ayuda de Joe. Éste, con cincuenta y seis, empezaba a ver la vida un poco cuesta abajo, mientras que Lydia tenía la sensación de estar empezando a vivir. La pareja tenía serias dificultades y ambos decidieron enfrentarse a ellas. Joe y Lydia acudieron a un consejero matrimonial y se dieron cuenta de que una buena parte de su problema no residía en su diferencia de edad, sino en la visión que Joe estaba empezando a tener de la vida a sus cincuenta y seis años: como si ya tuviese un pie en la sepultura o vislumbrase la célebre luz al fondo del túnel. Así pues, no era una cuestión de edad biológica, sino psicológica. Cuando Joe descubrió que no tenía por qué considerarse un anciano a los cincuenta y seis, fue capaz de acelerar su ritmo vital y salvar un matrimonio que significaba muchísimo para él.

Las diferencias en la educación y en las aspiraciones educativas también pueden influir en el bienestar conyugal. Don se casó con Sally cuando ésta era aún una estudiante universitaria de primer curso y él un estudiante de medicina a punto de doctorarse. Sally dejó los estudios, pero le dijo a su esposo que los reemprendería más adelante, pues deseaba tener una carrera. Don no lo tomó muy en serio, porque aquella era una actitud muy habitual en un sinfín de mujeres —tal vez para mantener la cara bien alta—. Estaba convencido de que, al final, la mayoría de ellas terminaban por acomodarse, tenían hijos y llevaban la clase de vida familiar tranquila y estable que él deseaba, lo que le permitiría desarrollar a fondo su carrera médica. Pero más tarde Don descubrió que lo que había dicho Sally acerca de sus aspiraciones educativas iba muy en serio, tanto que estaba decidida a terminar sus estudios antes de ser madre. Y así lo hizo. Lo último que se supo de Don es que se divorció de ella y buscó otra esposa que fuese una dócil ama de casa.

Por lo que se refiere a la inteligencia, hoy en día casi todo el mundo parece desear una pareja bien dotada en este sentido. Parece lógico que las relaciones deban establecerse entre individuos de un nivel intelectual lo más semejante posible. Una persona muy inteligente podría acabar aburriéndose con alguien cuyo nivel intelectual estuviese muy por debajo del suyo. Sin embargo la inteligencia adopta muchas formas y no todas se pueden medir mediante honores académicos u otros signos tan evidentes. En ocasiones, intentar equiparar el éxito o el fracaso escolar de una pareja potencial con su capacidad intelectual y su compatibilidad puede inducir a engaño.

## Grupos de características que tienen importancia a lo largo del tiempo

En uno de nuestros estudios, realizado sobre una amplia muestra de diferentes estratos sociales y destinado a averiguar lo que es y no es importante en una relación interpersonal, identificamos diez grupos principales de características que resultaban significativas a largo plazo.[5] Los participantes fueron ochenta adultos de New Haven, de edades comprendidas entre los diecisiete y sesenta y nueve años, con una media de treinta y un años. En orden descendente de importancia, estos grupos son los siguientes: comunicación íntima/apoyo, comprensión/valoración, tolerancia/aceptación, flexibilidad/moldeabilidad, valores/capacidades, familia/religión, finanzas/quehaceres domésticos, atracción física/romance apasionado, agrado/amistad, y fidelidad. Conviene observar que tanto la intimidad como la pasión y el compromiso —a través de la fidelidad— son relevantes a largo plazo.

El hecho de que la comunicación/apoyo resultara ser el factor más importante demuestra que necesitamos encontrar parejas que no sólo sean capaces de comunicar eficazmente lo que sienten, sino también que sepan escuchar con atención. Escuchar es una capacidad infravalorada. Se nos enseña a leer, a escribir e incluso, a veces, a hablar correctamente. Pero, en general, nunca se nos dan instrucciones concretas para aprender a escuchar. Algunas personas no saben cómo hacerlo y otras, simplemente, no quieren hacerlo. Están tan preocupadas y ensimismadas con sus propios pensamientos y con sus problemas que desintonizan rápidamente cualquier frecuencia ajena a la menor ocasión —o apagan el transistor—. Si deseamos mejorar sustancialmente y en poco tiempo en nuestras relaciones, no nos quedará otro remedio

---

5. Sternberg, R. J., *El triángulo del amor, op. cit.*

que escuchar detenidamente lo que dice nuestra pareja y, algo igualmente importante, demostrar nuestra empatía poniéndonos en su lugar.

El segundo grupo de características está compuesto por la comprensión y la valoración de la pareja. A todos nos gusta que nos comprendan y que nos valoren, y lo cierto es que el número de personas que se sienten infravaloradas supera con creces al de las que se consideran sobrevaloradas. En las etapas iniciales de una relación se suelen detectar los puntos fuertes (virtudes) de una persona, pero a menudo se olvidan los puntos débiles (defectos). Por el contrario, cuando ya se la conoce un poco más a fondo, cualquiera parece un experto a la hora de encontrar sus puntos débiles, a expensas de los fuertes. Las relaciones interpersonales serían más felices si la gente fuese más equilibrada en su enfoque e intentase ser honrada consigo misma al juzgar tanto sus propias virtudes y defectos como las de su pareja.

Los elementos del tercer grupo de factores —tolerancia y aceptación— son, con los años, indispensables para el buen funcionamiento de una relación. Aquellos defectos respecto a los que apenas se concede importancia o que incluso pueden resultar atractivos a corto plazo, pueden resultar cruciales con el paso del tiempo. Tony y Luanne, por ejemplo, parecen estar siempre en deuda el uno con el otro. Aunque él le echa la culpa a ella, y ella a él, la verdad es que ambos son responsables. Tony siente debilidad por los equipos de música, y de vez en cuando se hace un «regalito», mientras que a Luanne le enloquece la joyería de calidad, y a pesar de sentirse muy excitada con cada nueva pieza que añade a su colección, al cabo de un momento ya está pensando en la siguiente. Su situación económica casi ruinosa hubiese podido bastar para dar al traste con su relación, pero continúan juntos, quizá porque cada cual acepta la debilidad del otro a cambio de que éste acepte la suya.

Si su pareja es incapaz de aceptar o, por lo menos, tolerar su modo de ser, todavía le queda una alternativa: cambiar para asemejarse más al modelo de compañero o compañera sentimental que desea, recurriendo a la flexibilidad y la maleabilidad del cuarto grupo, aunque esto puede constituir una ardua tarea. Si efectúa algún cambio en sí mismo, debe estar seguro de que es compatible con su personalidad y su carácter. De lo contrario, antes o después puede resentirse del cambio operado y perjudicar aún más, si cabe, la relación. Por lo demás, no es probable que un cambio de este tipo sea duradero, puesto que el individuo no suele mantener los cambios que le hacen sentir desleal consigo mismo.

Algunas personas llegan a estar tan seguras de que lo que quieren para su pareja es «lo adecuado» que incluso le animan encarecidamente a buscar ayuda profesional. Por citar un caso extremo, Kurt estaba meditando la posibilidad de abandonar a Trudy, pero ella lo consideraba una locura. Le imploró que acudiera a un terapeuta, y así lo hizo. Curiosamente, allí encontró la fuerza que necesitaba para romper la relación.

Las relaciones interpersonales tienen que ser un perfecto equilibrio entre cesión y consecución de libertad. Cuando se empieza una relación comprometida, lo más habitual es ceder algunas libertades a cambio de otras. Pero para que las cosas sigan funcionando, los límites que se intenta imponer a la pareja deberían ser, ante todo, razonables. Si no lo son, es muy probable que lo que se esté sembrando sean las semillas de la destrucción de la relación.

Margo, sin ir más lejos, se mostraba extremadamente exigente con el tiempo de Hal. No sólo hacía lo que le venía en gana siempre que le apetecía, sino que exigía su participación absoluta. Cuando Hal hacía algo que a ella le disgustaba, su reacción era forzada. Por fin, Hal recurrió a la mentira para conseguir un poco de paz y, más tarde, decidió abandonar a Margo. Se había hartado tanto de no tener un solo minuto para sí mismo como de mentir.

En términos generales, el quinto grupo de características trata de la equiparación en valores y capacidades, una cuestión que ya he abordado con anterioridad. No obstante, dentro de este grupo hay un factor que merece una especial atención: sentirse orgulloso de los logros de la pareja. En los primeros momentos de una relación, es muy habitual elogiar con una relativa frecuencia los éxitos de nuestro compañero o compañera sentimental, pero no tanto a medida que van pasando los años. A la gente le gusta que se le valoren aquellas cosas de las que se siente orgullosa, y las buenas palabras del año pasado, del mes pasado o de la semana pasada deben reforzarse hoy.

El sexto grupo pertenece a la esfera familiar y religiosa —cómo se trata a los hijos y a los padres, y también qué postura se adopta frente a la religión, un tema que, a menudo, está relacionado muy estrechamente con la vida familiar—. El séptimo grupo de factores se refiere a las finanzas y las tareas domésticas; y el octavo, a la atracción física y el romance. El noveno grupo está compuesto por el agrado y la amistad; y el décimo, el de menor importancia según el estudio, consta de un sólo factor: la fidelidad exclusiva hacia el otro miembro de la pareja. Aunque este grupo ocupa la última posición, su mínima significación puede ser simplemente el resultado de que sólo un factor medía la fidelidad exclusiva, y este atributo no se suele relacionar demasiado con los demás.

No existe ninguna fórmula mágica para la fidelidad sexual. Aunque algunas parejas mantienen lo que se ha dado en llamar una relación abierta, la inmensa mayoría espera fidelidad exclusiva. Es evidente que no todas las personas tienen el mismo estilo de vida, pero lo cierto es que las relaciones «abiertas» —parejas liberales— funcionan mucho peor en la práctica que en la teoría, o por lo menos de acuerdo con la teoría de algunos individuos. Son muy pocos los que se adaptan, a largo plazo, a una pareja que mantiene relaciones sexuales con terceros. En muchos casos, los celos sexuales acaban corroyendo el compromiso de convivencia que contrajeron en su día, sin que cambie demasiado las cosas el hecho de que los dos miembros de la pareja «permitan» —¿acepten sincera y voluntariamente?— las relaciones íntimas externas.

Los resultados de nuestra investigación revelan la existencia de una dificultad fundamental en el funcionamiento de las relaciones interpersonales.[6] Pudimos observar que ambos se consideraban más comprensivos, tolerantes y con una mayor capacidad para valorar y aceptar el comportamiento de su pareja. Estos sentimientos hacen que sea difícil alcanzar un cierto nivel de equidad en una relación, pues cada uno de sus miembros cree estar contribuyendo en más del 50% a su buena marcha. En tal caso, no queda otra solución que intentar comprender al máximo el punto de vista del compañero sentimental, así como también el motivo por el que cada cual tiende a suponer que contribuye más que el otro a perpetuar su mutuo compromiso. Si no es posible hacerlo y cada miembro se siente infravalorado, entonces la relación puede empezar a erosionarse.

El juego de los roles ayuda a que la gente se comprenda mejor entre sí. La próxima vez que discuta usted un tema importante con su pareja, propóngale invertir los roles y haga todo lo posible para pensar como ella. Quizá comprenda mejor por qué tiene la sensación de ser el máximo contribuyente, y su pareja entienda los motivos por los que usted opina de la misma forma.

Nuestro estudio también puso de relieve que las cuestiones familiares y religiosas, al igual que las económicas y laborales, adquirían más importancia a medida que la relación iba evolucionando. De ahí que las cuestiones pragmáticas sean cada vez más relevantes cuando la pareja tiene que adaptarse a la realidad de estar juntos y caminar juntos día a día.

Nuestros descubrimientos indican que una de las razones por las que las relaciones «funcionan mal» consiste en que las cosas que son importantes al principio difieren de las que lo son más adelante. Aun así, tendemos a elegir a nuestros compañeros sentimentales más sobre la base de las primeras que de las segundas. Sería preferible que las parejas abordaran las cuestiones pragmáticas al principio de la relación, tales como tener hijos y educarlos, las diferencias religiosas, la economía familiar y los quehaceres domésticos. Deberían hacerlo tan pronto como advirtieran la posibilidad de plantearse una

---

6. Sternberg, R. J., *El triángulo del amor*, cap. 6.

convivencia a largo plazo o sobre una base permanente. Es muy probable que no sea una mera coincidencia que, a menudo, las parejas que se casan por segunda vez muestren una inclinación más pragmática que las que lo hacen por primera vez. En efecto, quienes tienen la experiencia de un matrimonio —o más de uno— a sus espaldas, son más conscientes de la importancia que pueden llegar a tener las cuestiones pragmáticas.

También observamos que los participantes en el estudio consideraban que sus relaciones eran más deficientes en intimidad ahora que cuando se enamoraron. Así pues, podríamos decir que a medida que las parejas empiezan a funcionar con una mayor suavidad y con menos trastornos, sus sentimientos de intimidad disminuyen.

Las mujeres solían percibir mejor que los hombres el bajo estado de forma de su relación. En general, estaban más atentas que los varones a lo que sucedía en su día a día sentimental. De ahí que fuesen las que presentasen un mayor número de demandas de divorcio.

*Importancia de diversos atributos a lo largo del tiempo*

A raíz de nuestro estudio, pudimos definir cuatro atributos de las relaciones interpersonales cuyo peso específico aumenta en el transcurso de tres períodos temporales sucesivos: compartir los valores, voluntad de cambiar como respuesta mutua, voluntad de tolerar los defectos de la pareja y coincidencia del credo religioso. El segundo y el tercero tienen un especial interés, porque ponen de manifiesto la importancia de la flexibilidad en una relación. Para que las cosas vayan viento en popa, disponemos de una doble alternativa: cambiar para adaptarnos mejor a las características de nuestra pareja, o esperar que ésta acepte determinados rasgos de nuestra conducta como «nuestra forma de ser» y como algo que es imposible modificar.

Existen tres atributos que pierden importancia en los tres segmentos de tiempo: el interés mutuo, la relación con los padres y la capacidad —¿deseo?— de escucharla con atención. No es difícil entender por qué, en términos generales, el segundo atributo es el que posee una menor significación. Con frecuencia los padres intentan meter baza, tener siempre algo que decir cuando una relación adquiere visos de seriedad. Pero en la práctica, una vez consolidada, el impacto paternal disminuye.

La importancia decreciente del interés mutuo sugiere que, con los años, los miembros de la pareja tienden a encontrar intereses externos. Sin embargo este descenso, junto con la pérdida de significación que ambos otorgan a la capacidad o al deseo de escucharse atentamente, no son compatibles, ya que en tal caso dejan de trabajar en dos de los factores que pueden tener mayores consecuencias a largo plazo. El error a la hora de asignar una relevancia decreciente a estos elementos a medida que transcurre el tiempo se paga irremisiblemente en términos de relación, que va perdiendo intimidad. El único modo de mantener el nivel de intimidad consiste en escucharse con atención e intentar mantener el interés mutuo.

Por otro lado, descubrimos cinco atributos cuya importancia iba en aumento a corto y medio plazo, pero que posteriormente perdían significación: el atractivo físico, la capacidad para hacer el amor, la capacidad para empatizar, la conciencia de los deseos de la pareja y la expresión de afecto. Sólo uno de ellos decrecía al principio y luego aumentaba: la coincidencia en el nivel intelectual.

¿Cuál es la causa de que los aspectos vinculados a la pasión —el atractivo físico, la capacidad para hacer el amor, el afecto— primero aumenten de importancia y después la vayan perdiendo paulatinamente? En las primeras etapas de una relación, cuando la pareja se muestra muy apasionada en el amor, la técnica física y el atractivo de la persona pueden verse superados en peso específico por la emoción de estar enamorados. Pero cuando el calor del amor empieza a declinar, como casi siempre suele suceder, y la relación se enfría, es posible que aquella emoción sea insuficiente para compensar, por así decirlo, la falta de técnica en la cama. Una vez concluido el período de «luna de miel», los dos miembros de la pareja se desilusionan a medida que el cristal con el que se observan va perdiendo su tonalidad rosa. Pero los elementos relacionados con la pasión pierden significación muy a largo plazo, debido quizá, en parte, al cambio de expectativas acerca de lo que cada cual, y una relación íntima, pueden ofrecer razonablemente a un adulto más entrado en años.

Algunas diferencias por razón de sexo eran francamente interesantes. Primero, varones y mujeres estaban de acuerdo en que el atractivo físico femenino era más importante que el masculino. Segundo, los varones otorgaban una mayor relevancia que las mujeres al hecho de compartir intereses. Tercero, la capacidad para hacer el amor era más valorada por los varones que por las mujeres. Cuarto, hombres y mujeres coincidían en que la capacidad de aquéllos para gestionar la economía familiar era superior a la de éstas. Quinto, las mujeres consideraban más importante que los hombres la relación con los padres; no obstante, tanto unas como otros estaban de acuerdo en que la relación con los progenitores de la mujer primaba sobre la relación con los progenitores del varón. Sexto, las mujeres concedían una mayor relevancia que los hombres a la fidelidad exclusiva; en este sentido, los varones creían que el tema de la fidelidad era más significativo para las mujeres que para los hombres, mientras que ellas opinaban que tenía la misma importancia para los dos miembros de la pareja. Séptimo, los varones concedían un mayor peso específico a su voluntad para encargarse de las tareas del hogar que el que les otorgaban las mujeres. Octavo, para las mujeres era más importante que para los hombres la capacidad para relacionarse con los amigos de la pareja. Y noveno, los hombres daban más importancia que las mujeres a la coincidencia en las creencias religiosas.

Estos modelos de divergencias por razón del sexo demuestran que los antiguos estereotipos sexuales no mueren fácilmente. Incluso en la actualidad, las creencias de los hombres y de las mujeres son asombrosamente sexoestereotipadas. El aspecto físico de éstas, por ejemplo, cuenta más que el de aquéllos, y los varones deberían ser juzgados por su capacidad para generar ingresos. La cuestión más problemática quizá sea, desde determinados puntos de vista, el doble estándar de los hombres, aunque no de las mujeres, respecto a la fidelidad sexual. Los resultados evidencian que, desde la perspectiva masculina, la fidelidad sexual *es* importante —¡en las mujeres!

*Atributos que cambian con el tiempo*

Fruto de nuestro trabajo de investigación, también llegamos a la conclusión de que la coincidencia —o, por lo menos, el acercamiento— de las posturas en lo concerniente al credo religioso aumenta con los años, pero otros muchos factores entran en crisis, tales como la capacidad para comunicarse entre sí, la atracción física, la posibilidad de divertirse juntos, el hecho de compartir intereses, la capacidad para hacer el amor, la capacidad de escuchar, el respeto hacia la pareja y el amor romántico.

Es innegable que estos resultados resultan inequívocamente deprimentes. A decir verdad, muchos de los aspectos más importantes de una relación parecen hallarse en continuo declive —la gente da la sensación de ser cada vez menos feliz a medida que pasa el tiempo—. En realidad, los resultados son mucho más descorazonadores, si cabe, de lo que parece a simple vista, porque, a fin de cuentas, se refieren a relaciones en las que sus componentes han decidido seguir caminando juntos por la vida y, casi con toda seguridad, hubiesen sido peores de haber incluido los índices relativos a aquellas relaciones que no han fructificado.

La *regresión estadística* es un concepto que describe el efecto por el que una persona que destaca especialmente en algo durante un período determinado de tiempo es probable, por término medio —siempre hay excepciones—, que pierda su anterior nivel de excelencia a medida que van transcurriendo los años. Y viceversa, quien no suele ser precisamente un hacha en una actividad específica, con el tiempo casi siempre acaba mejorando su rendimiento. La regresión estadística explica por qué el jugador de béisbol catalogado como el *rookie* más valioso del primer año en un equipo no suele igualar su récord en el segundo, y también por qué el jugador menos valioso del primer año tiende a rendir más en el segundo —si le dan la oportunidad de seguir jugando, claro está.

Pues bien, en las relaciones interpersonales también se produce una especie de regresión estadística, que podría explicar la razón por la que muchos de sus aspectos parecen deteriorarse con el tiempo. Cuando dos individuos se conocen y deciden iniciar una relación, suele ser habitual que ambos estén en un momento de la vida en el que se ajusten muy especialmente a sus respectivas características personales. De lo contrario, no estarían juntos. Pero a medida que las personas van cambiando, la regresión estadística permite predecir que, con los años, su nivel de encaje se reducirá progresivamente. Para muchas parejas, la única dirección posible es hacia abajo.

No se pueden hacer demasiadas cosas para contrarrestar el efecto de la regresión estadística. No obstante, siempre es preferible esforzarse en aras de la continuidad del crecimiento mutuo que del distanciamiento, y eso significa prestarse atención el uno al otro, escucharse y hacer todo lo que esté a nuestro alcance para conservar una parte integral de la vida de nuestro compañero o compañera sentimental.

El estudio también reveló que las relaciones suelen atravesar, como mínimo, por una etapa difícil o una crisis, y que lo más usual es que exista más de una. Tanto si se quiere denominar «crisis del séptimo año» —que puede aparecer antes o después del séptimo año de convivencia— o de cualquier otro modo, lo cierto es que, al cabo de unos años, parece producirse un declive en la fidelidad exclusiva, la tolerancia y la aceptación mutua, factores todos ellos que volverán a reequilibrarse más tarde. Eso no quiere decir, de ninguna de las maneras, que si la pareja permanece unida, la mejora esté asegurada, sino que sólo se trata de un resultado basado en individuos que, casualmente, han permanecido juntos. Podría haber sido muy diferente de haber trabajado con parejas cuya relación hubiese tenido terminado en ruptura.

Una vez más, detectamos interesantes diferencias por razón de sexo que indicaban, abrumadoramente, que los varones tenían en un mejor concepto que las mujeres su relación. Primero, los hombres valoraban más la comunicación que las mujeres —tanto unos como otras opinaban que su capacidad comunicativa era superior a la de su *partenaire*—. Segundo, varones y mujeres estaban de acuerdo en que ellas se las ingeniaban mejor que ellos a la hora de encontrar tiempo libre para estar con su pareja. Tercero, los hombres concedían una mayor significación que las mujeres a las relaciones sexuales. Cuarto, la situación económica era más relevante para los varones que para las mujeres. Quinto, los hombres consideraban más importante que las mujeres el trato con los padres. Sexto, la capacidad de escuchar a la pareja también era más valorada por los varones que por las mujeres. Séptimo, las mujeres daban más importancia que sus compañeros a la fidelidad exclusiva en la relación. Octavo, los hombres valoraban más que las mujeres la tolerancia de los defectos. Noveno, el amor romántico era más importante para los varones que para las mujeres. Y décimo, para los hombres, el agrado era más significativo que para las mujeres.

De las numerosas posibles razones por las que los hombres son más positivos que las mujeres al enfocar una relación, podrían ser válidas todas o ninguna, dependiendo del caso. Según una primera posibilidad, las mujeres son más astutas y los varones tienden a negar la existencia de problemas en sus relaciones. Una segunda posibilidad consistiría en el carácter más crítico de las mujeres —esperan más de una relación—. Sin embargo, lo más probable es que tanto ellos como ellas estén en lo cierto. En realidad, las relaciones no funcionan igualmente bien para ambos; por término medio, los resultados son más positivos para ellos que para ellas. Las estadísticas de mortalidad confirman este argumento: los hombres solteros fallecen antes y son más susceptibles de contraer enfermedades y de sufrir accidentes que los casados, aunque lo mismo se puede aplicar a las mujeres. Por consiguiente, incluso en términos específicos de salud, los varones tienen más que ganar que las mujeres en las relaciones a largo plazo, pese a que pueda dar la sensación de que son los más reacios a iniciarlas.

*Predicción del éxito*

A partir de las variables de nuestro estudio, pudimos deducir determinados índices de satisfacción en las relaciones sentimentales. Dos atributos demostraron un modelo creciente de correlación con el éxito: encontrar tiempo para estar con la pareja y tener voluntad de cambio para adaptarse mejor a ella. O lo que es lo mismo, las puntuaciones elevadas en estos factores predecían con mayor exactitud el grado de satisfacción en las relaciones a largo plazo. Quienes se sentían satisfechos con su relación, conseguían arreglárselas para poder dedicar más tiempo a su pareja y manifestaban una mayor voluntad de adaptación a sus requerimientos. Por otro lado, el hecho de encontrar tiempo constituye un claro indicativo de la marcha de otros factores. Es mucho más probable que encontremos tiempo para estar con nuestra pareja si disfrutamos de su compañía que si se nos hace muy cuesta arriba y cada minuto que pasamos con ella nos resulta someramente pesado, aburrido u odioso. De ahí que el tiempo en sí mismo tal vez no sea lo que realmente cuente, sino lo que representa.

Es posible que el resultado más importante de todo este análisis consista en la diferencia, para los hombres y las mujeres, de la predicción de la felicidad en una relación. Los varones valoran más la abstracción de cómo *deberían ser* las cosas, mientras que las mujeres se inclinan por la situación concreta tal y como es.

En resumen, las cosas relevantes en una relación parecen cambiar sustancialmente con el tiempo, tanto por lo que se refiere a lo que es importante para su funcionamiento como a lo que realmente la caracteriza. Nos sería más fácil predecir la satisfacción a largo plazo en una relación si prestáramos una mayor atención a las variables que cuentan a medida que va transcurriendo el tiempo y, quizá, un poco menos a las que cuentan a corto plazo.

# QUINTA PARTE

## Cuando la flecha de Cupido yerra su objetivo: el amor en nuestro tiempo. El final

CAPÍTULO

# 12

## Declive de las relaciones humanas

En general, la evidencia sugiere que la felicidad conyugal tiende a declinar con el tiempo.[1] Hay quien ha dicho que ese declive en el nivel de satisfacción se debe a dos factores principales: el marchitamiento del romance apasionado que caracteriza al cortejo prematrimonial y la casi inevitable disminución de la intimidad y la compatibilidad.[2] Cuando la pasión y la intimidad se baten en retirada, el debilitamiento del compromiso suele ser inmediato. Es de suponer que cuando dos personas se casan, lo hacen porque están convencidas de que «están hechas el uno para el otro». De ser eso cierto, o relativamente cierto, entonces, tal y como hemos visto en el capítulo anterior, casi todos los cambios que se producen en una relación empeorarán las cosas. En un interesante enfoque de la noción de «estar hechos el uno para el otro», se ha apuntado que, a menudo, el individuo inicia una relación a causa de sus dudas sobre sí mismo y, en particular, de las dudas acerca de su valía personal.[3] Una vez entablada

---

1. Cimbalo, R. S., Faling, V. y Mousaw, P., «The course of love: A cross-sectional design», *Psychological Reports, 38*, 1976, págs. 1.292-1.294.
2. Pineo, P. C., «Disenchantment in the later years of marriage», *Marriage and Family Living, 23*, 1961, págs. 3-11.
3. Graziano, W. G. y Musser, L. M., «The joining and the parting of the ways», en Duck, S. (comp.), *Personal Relationships: vol. 4. Dissolving Relationships*, Nueva York, Academic, 1982.

una relación satisfactoria, la autoimagen mejora gracias a la reafirmación que le proporciona su pareja, aunque llegados a este punto la relación puede empezar a declinar debido a que la necesidad que la motivó se ha visto satisfecha.

Carl, por ejemplo, un hombre muy inseguro, buscaba una mujer capaz de reimpulsar su frágil ego, y ésa fue Marybeth. Era excepcional. La mayoría de las mujeres se cansaban de animar constantemente a un varón aquejado de una inseguridad tan patética como la suya, pero Marybeth parecía disponer de una inagotable energía en este sentido. Y tanto le estimuló que, al final, Carl empezó a sentirse mejor consigo mismo. Pero por aquel entonces había asociado su relación con Marybeth con sus sentimientos de inseguridad y ya no quería saber nada de ellos, ni tan siquiera recordar que habían existido alguna vez. Así que decidió salir e ir en busca de un nuevo amor. Lo peor fue que, cuando Marybeth le abandonó definitivamente, se dio cuenta de que, en realidad, sus sentimientos de inseguridad nunca habían desaparecido. Volvió a su lado, ella le aceptó y continúan manteniendo el único tipo de relación que parece darles resultado, con Marybeth estimulando y animando incesantemente el débil ego de Carl.

El declive en la felicidad no es exclusivo de los matrimonios. Es bien sabido, por ejemplo, que muchas parejas que viven juntas antes de casarse presentan una tasa de divorcios más elevada que las que no han convivido previamente.[4] Una razón, apuntada anteriormente, podría consistir en que los hijos de quienes han vivido juntos antes de contraer matrimonio son más propensos a divorciarse. Pero otra podría ser que la gente que ha convivido antes del matrimonio lleva más tiempo de mutua andadura que la que se casa sin convivencia previa. Según esta perspectiva, quienes han vivido juntos tienen más probabilidades de divorciarse, simplemente porque al casarse su relación ya ha recorrido un camino mucho más largo y, por consiguiente, está más próxima del declive y la disolución.[5]

El curso de la felicidad matrimonial no siempre es descendente. Algunos investigadores opinan que la satisfacción conyugal se halla en la cima durante los primeros años, se reduce en los años intermedios y vuelve a aumentar en la última etapa.[6] Este modelo en forma de U probablemente sea una con-

---

4. Berscheid, E. y Reis, H., «Attraction and close relationships», en *The handbook of social psychology*, 4ª ed., Nueva York, McGraw-Hill, 1997.

5. Teachman, J. D. y Polonko, K. A., «Cohabitation and marital stability in the United States», *Social Forces, 69*, 1990, págs. 207-220.

6. Levenson, R.W., Carstensen, L.L. y Gottman, J.M., «The influence of age and gender on affect, physiology, and their interrelation; A study of long term marriages», *Journal of Personality and Social Psychology, 67*, 1994, págs. 56-68; Glenn, N.D., «Quantitative research on marital quality in the 1980's: A critical review», *Journal of Marriage and the Family, 52*, 1990, págs. 818-831.

secuencia de la educación de los hijos. Está perfectamente documentado que la llegada de los hijos en el matrimonio genera nuevas tensiones y está asociada a un descenso en la felicidad conyugal. Cuando crecen y abandonan el hogar familiar, la relación vuelve a mejorar.[7]

Los hijos no son la única fuente de descontento en las relaciones amorosas. También hay que tener en cuenta lo que se denomina *tensión de roles*, es decir, el conflicto relativo a quién se supone que debe hacer qué en una relación.[8] Si bien hubo una época en la que las expectativas de rol estaban relativamente claras tanto para los hombres como para las mujeres, hoy en día las cosas han cambiado notablemente. La presión a que somete a las parejas el hecho de tener que ganar dinero, tener hijos, mantener una casa bonita, divertirse y conseguir que la relación interpersonal no pierda su sentido, hace que muchas de ellas consideren que la magnitud de las tareas que deben afrontar excede su capacidad para realizarlas, la cual puede quedar aún más deteriorada a raíz de la confusión que crea no saber a quién compete el desempeño de cada tarea. Con el tiempo, la confusión de roles se puede convertir en una de las principales fuentes de insatisfacción.

Cuando las cosas no marchan bien, la gente casi siempre se hace preguntas acerca de las motivaciones de los demás.[9] Bill, por ejemplo, el esposo de Ann, trabajaba hasta muy tarde, pero mientras su relación con él fue como una seda, nunca dijo nada. En cambio, cuando las cosas empezaron a torcerse no tardó en hacerse preguntas y a sacar conclusiones sobre un comportamiento que en el pasado nunca le había preocupado. Lo primero que le hizo sospechar fue que Bill estuviese hasta tan tarde en la oficina. Aunque antes no lo había pensado ni un solo segundo, ahora no podía quitarse de la cabeza lo que estaría haciendo y con quién. Desde luego, no tenía ninguna prueba de que estuviese haciendo algo con alguien, pero una vez considerada esta posibilidad, le resultaba imposible quitársela de la cabeza. En realidad, Bill estaba hasta tan tarde en la oficina simplemente porque tenía un montón de trabajo y nada más. Cuando la pareja consiguió solucionar sus dificultades, las dudas desaparecieron por arte de magia, demostrando que, para Ann, sólo eran sintomáticas de la problemática situación por la que estaba atravesando la relación.

7. Glenn, N. D., «Quantitative research on marital quality in the 1980's: A critical review», págs. 818-831.
8. Brehm, S. S., *Intimate relationships*, Nueva York, Random House, 1985.
9. Orvis, B. R., Kelley, H. H. y Butler, D., «Attributional conflict in young couples», en Harvey, J. H., Ickes, W. J. y Kidd, R. E. (comps.), *New direction in attribution research*, vol. 1, Hillsdale, Nueva Jersey, Erlbaum, 1976.

Siempre comprendemos las razones de nuestra conducta y estamos convencidos de que la justifican plenamente.[10] Pero durante los conflictos empezamos a ver las cosas de un modo diferente. Somos menos objetivos e imparciales, y más egocéntricos y autocomplacientes. Creemos saber por qué actuamos de la forma en que lo hacemos y que tenemos buenos motivos para ello. Sin embargo, recelamos de nuestra pareja y consideramos sus motivaciones más que sospechosas.

Muchas veces este tipo de conflictos relacionados con los motivos son irresolubles.[11] Inicialmente, la mayoría de ellos suelen referirse a quién hizo qué, pero al final acaban penetrando en la esfera del por qué. En consecuencia, las dos personas, cada una de las cuales cree estar motivada por buenas razones e intenciones, pueden llegar a un callejón sin salida en el que ambos reivindiquen su inocencia y culpabilicen al otro. Cuando los argumentos se centran en la inocencia o la culpabilidad, la pareja, en lugar de intentar resolver el conflicto, se vuelve cada vez más autocomplaciente.

Jimmy y Lea, por ejemplo, al igual que muchas parejas, parecen incapaces de solucionar ninguno de sus problemas. Empiezan discutiendo sobre asuntos importantes, pero al poco rato ya se están echando las culpas de lo sucedido. Si hablan de dinero, lo que empieza siendo una sensata valoración de lo que deberían o no comprar, desemboca en una discusión sobre quién es el más derrochador. Llegados a este punto, se quedan estancados en un mar de palabras y no consiguen ir a ninguna parte, porque las cuestiones de culpabilidad e inocencia son imposibles de solucionar, y las que se podrían solucionar, nunca se discuten.

Una vez desencadenado el conflicto, los dos miembros de la pareja se vuelven extremadamente susceptibles al *error fundamental de atribución*, un concepto que ya hemos analizado con anterioridad, es decir, la tendencia a considerar el propio comportamiento como *situacional* (dependiente de los acontecimientos del entorno), pero las causas de las conductas ajenas como *disposicional* (dependiente de su forma de ser).[12] En otras palabras, cuando hace-

---

10. Berscheid, E., Graziano, W., Monson, T. y Dermer, M., «Outcome dependency: Attention, attribution, and attraction», *Journal of Personality and Social Psychology, 34*, 1976, págs. 978-989; Smith, T. W. y Brehm, S. S., «Person perception and the Type A coronary-prone behavior pattern», *Journal of Personality and Social Psychology, 40*, 1981, págs. 1.137-1.149.
11. Berscheid, E. y otros, «Outcome dependency: Attention, attribution, and attraction», págs. 978-989; Smith, T. W. y Brehm, S. S., «Person perception and the Type A coronary-prone behavior pattern», *Journal of Personality and Social Psychology, 40*, 1981, págs. 1.137-1.149.
12. Kelley, H. H., «An application of attribution theory to research methodology for close relationships», en Levinger, G. y Raush, H. L. (comps.), *Close relationships: Perspectives on the meaning of intimacy*, Amherst, University of Massachusetts Press, 1977.

mos algo que podría resultar desagradable para los demás o incluso para nosotros mismos, solemos considerarlo como la causa de nuestras propias acciones: nos hemos visto presionados por los demás, no había otra alternativa o la situación nos ha obligado a tomar una rápida decisión. En cambio, nos inclinamos a pensar que los actos de los demás están motivados por sus propias disposiciones. De ahí que cuando alguien hace algo que no nos gusta, a menudo lo interpretamos como una confirmación de nuestras sospechas sobre su modo de ser.

Estos conflictos motivacionales son inequívocamente destructivos, ya que el individuo tiende a contemplarse a sí mismo desde un punto de vista positivo y a los demás desde una perspectiva más negativa. En efecto, una buena parte de los trabajos actuales de investigación confirman los planteamientos de Kelley, según el cual el resultado de los conflictos de atribuciones casi siempre son negativos y destructivos.[13] Si el individuo llega a la conclusión de que está vinculado a alguien que no es demasiado buena persona, puede considerar la posibilidad de romper la relación y buscar otra pareja. Los estudios sugieren que las mujeres son un poco más susceptibles que los hombres a un estilo de atribución negativo, es decir, que suelen ser más críticas, tanto consigo mismas como con los demás, aunque no existen pruebas concluyentes que corroboren esta afirmación.[14] Quizá sea ésta una de las razones de que, según las investigaciones, las mujeres tiendan a ser menos felices en sus relaciones que los hombres.[15]

Un estudio analizó el nivel de felicidad o de infelicidad con el que las parejas hacían las atribuciones.[16] Se pidió a los participantes —varones— que imaginaran que sus esposas se habían comportado de un modo determinado, para que evaluaran las posibles causas de su conducta y manifestaran cómo se sentirían y cómo reaccionarían. La mitad de las situaciones imaginadas estaban relacionadas con acciones favorables de la mujer, y la otra mitad con acciones desfavorables. En general, las parejas felizmente casadas consideraron que el acontecer de las acciones favorables de la esposa era más que probable, ya que eran el resultado de los deseos mutuos de ambos miembros de la pareja, y que su reacción sería igualmente favorable. Por el contrario, las acciones desfavorables se consideraban relativamente escasas e involuntarias

---

13. Doherty, W. J., «Cognitive processes in intimate conflict: I. Extending attribution theory», *American Journal of Family Therapy, 9*, 1981, págs. 1-13; Kelley, H. H., *Personal relationships: Their structures and processes*, Hillsdale, Nueva Jersey, Erlbaum, 1979.

14. Doherty, W. J., «Atribution style and negative problem solving in marriage», *Family Relation, 31*, 1982, págs. 201-205.

15. Doherty, W. J., «Atribution style and negative problem solving in marriage», *Family Relation, 31*, 1982, págs. 201-205.

16. Fincham, F. y O'Leary, K. D., «Casual inferences for spouse behavior in maritally distressed and nondistressed couples», *Journal of Clinical and Social Psychology, 1*, 1983, págs. 42-57.

y, en consecuencia, recibían una atribución situacional y no disposicional, a pesar de pertenecer a la pareja. Los resultados de los matrimonios infelices fueron completamente opuestos: los comportamientos desfavorables se consideraban comunes, extensivos, deliberados y provocadores, y los desfavorable casi nunca se tenían en cuenta. En apoyo de estos datos, se ha podido observar que las parejas felices suelen hacer un mayor énfasis en el rol de las causas disposicionales por lo que a las conductas favorables se refiere, y al de los factores situacionales respecto a los comportamientos desfavorables. Las parejas infelices tienden a hacer todo lo contrario.[17]

Lo que eso significa en realidad es que tal vez no sean las acciones de la gente, sino cómo las percibimos, lo que influye en la calidad de una relación —y recibe la influencia de la misma—. Las mismas acciones se pueden percibir de formas radicalmente distintas, según el individuo sea feliz o infeliz en su relación. Eso fue lo que le ocurrió a Ann, que sólo realizó atribuciones negativas sobre el hecho de que su marido trabajara hasta muy tarde cada día cuando empezó a sentirse infeliz con su relación.

La historia de Arthur y Grace ilustra perfectamente esta situación. Durante mucho tiempo habían tenido una relación razonablemente dichosa, aunque ligeramente insulsa. Entonces Arthur conoció a otra mujer e inició una aventura amorosa con ella, pero se negó a aceptar cualquier responsabilidad por el *affaire* y a admitir que, teniendo en cuenta que su relación con Grace no le resultaba excitante, la mitad de la culpa, por lo menos, era suya. Arthur se volvió desaforadamente crítico con Grace, arremetiendo contra el comportamiento que había tenido hasta aquel día, pero que del que nunca antes se había quejado ni le había dado demasiado que pensar. En realidad, estaba recurriendo a nuevas atribuciones negativas para justificar su infidelidad.

En suma, si somos felices en una relación, nos inclinamos a magnificar la importancia de sus aspectos positivos y a minimizar la de los negativos, mientras que si nos sentimos infelices, hacemos lo contrario.[18] Esta tendencia es muy significativa, ya que las emociones y las conductas negativas predicen mejor la satisfacción personal que las positivas, lo que equivale a decir que los comportamientos negativos resultan más eficaces a la hora de destruir una relación que los positivos intentando salvarla.[19] Así es: las investigaciones in-

---

17. Graziano, W. G. y Musser, L. M., «The joining and the parting of the ways».
18. Jacobson, N. S., McDonald, D. W., Follette, W. C. y Berley, R. A., «Attributional processes in distressed and nondistressed married couples», *Cognitive Therapy and Research*, 9, 1985, págs. 35-50.
19. Jacobson, N. S., Follette, W. C. y McDonald, D. W., «Reactivity to positive and negative behavior in distressed and nondistressed married couples», *Journal of Consulting and Clinical Psychology*, 50, 1982, págs. 706-714.

dican que las parejas satisfechas poseen un coeficiente de, por lo menos, cinco interacciones positivas por cada una de negativa.[20] Si uno de sus miembros intenta discutir las interacciones negativas y el otro no quiere hacerlo o niega su existencia, el pronóstico de la relación será ciertamente patético.[21]

Claro está que lo que se percibe como una interacción negativa puede depender, ante todo, de nuestro grado de felicidad. Las parejas insatisfechas suelen considerar la misma interacción de una forma más negativa que las parejas satisfechas.[22] Es más, las primeras son mucho menos expertas que las segundas en descodificar las intenciones del otro a través de la comunicación. Eso significa que una vez iniciada la espiral negativa, puede resultar muy difícil detenerla, a causa de las interpretaciones imprecisas de aquellas intenciones.[23]

Cuando no somos felices, solemos enfatizar los factores situacionales en lo positivo y los factores disposicionales en lo negativo.[24] Si alguien nos hace sentir infelices, por ejemplo, podemos atribuir sus buenas acciones al tiempo —¿se habrá levantado con el pie derecho, aunque sólo sea por un día?—. En cambio, consideramos sus conductas desagradables como algo intrínseco a su persona. O cuando alguien que no merece nuestra confianza nos trata con una inesperada amabilidad, es muy posible que interpretemos sus atenciones como un deseo de congraciarse con nosotros; recelaremos de él, creyendo que intenta conseguir algo.

Las parejas infelices son más sensibles que las parejas felices a los sucesos negativos, tales como los desacuerdos o las discrepancias. Entre las primeras, el número de acontecimientos negativos que se producen a lo largo del día sólo están levemente relacionados con la satisfacción diaria global, mientras que entre las segundas, dicha cifra está asociada directísimamente con el nivel de satisfacción cotidiana.[25] No obstante, las parejas infelices tam-

---

20. Levenson, R. W. y Gottman, J. M., «Physiological and affective predictors of change in relationship satisfaction», *Journal of Personality and Social Psychology, 49,* 1985, págs. 85-94; Gotman, J. M. y Levenson, R. W., «Marital processes predictive of later dissolution: Behavior, physiology, and health», *Journal of Personality and Social Psychology, 63,* 1992, págs. 221-233.

21. Gottman, J. M., «The roles of conflict engagement, escalation, and avoidance in marital interaction: A longitudinal view of five types of couples», *Journal of Consulting and Clinical Psychology, 61,* 1993, págs. 6-15; Gottman, J. M., *What predicts divorce? The relationships between marital processes and marital outcomes,* Hillsdale, Nueva Jersey, Erlbaum, 1994.

22. Floyd, F. J. y Markman, H. J., «Observational biases in spouse observation: Toward a cognitive/behavioral model of marriage», *Journal of Consulting and Clinical Psychology, 51,* 1993, págs. 450-457.

23. Sternberg, R. J., *El triángulo del amor, op. cit.*

24. Huston, T. L., Chorost, A. F., «Behavioral buffers on the effect of negativity on marital satisfaction: A longitudinal study», *Personal Relationships, 1,* 1994, págs. 223-239.

25. Gottman, J. M., *Marital interaction: Experimental investigations,* Nueva York, Academic, 1979.

bién parecen mostrarse más sensibles a los eventos positivos, como por ejemplo las buenas noticias o el éxito escolar de los hijos, lo que permite deducir que la reacción de este tipo de relaciones tiende a ser siempre más intensa ante cualquier acontecimiento. En otras palabras, cada miembro de la pareja responde más y mejor a las cosas. Esto sugiere que los componentes de una relación infeliz que se esfuerzan deliberadamente para comportarse positivamente hacia su compañero o compañera sentimental, también deberán esforzarse para reaccionar ante los hechos. A medida que se incrementan las acciones positivas, la pareja infeliz puede recuperar, poco a poco, su perdida felicidad, aunque eso no sucederá a menos que aprendan a no atribuir actos positivos a situaciones concretas. Dicho de otro modo, si seguimos justificando nuestras acciones positivas en lugar de disfrutarlas, sin más, no tendrán un efecto positivo. Por ejemplo, cada miembro de la pareja podría decir que el otro se está comportando de una forma más positiva para cumplir con su acuerdo de mejorar la relación y no porque realmente sea una excelente persona. No es fácil salir de esta ciénaga.

Para recanalizar positivamente una relación, también se puede adoptar otra medida:[26] asumir una mayor responsabilidad acerca de lo que sucede en ella. Si nos colgamos medallas por lo bueno, pero culpamos de lo malo a nuestra pareja, las esperanzas de mejora serán nulas. Pero si somos capaces de hacer un esfuerzo consensuado y de buena fe para valorar los puntos de vista de la otra persona y ponernos en su lugar, no nos será tan difícil responsabilizarnos de sus problemas en la relación. Una buena forma de hacerlo consiste en no echarle toda o casi toda la culpa, sino en asumir una parte de ella e intentar comprender hasta qué punto las acciones de nuestra pareja son, en parte, reacciones a nuestros propios actos. En la interacción conyugal, el sentido de control es fundamental para alcanzar la felicidad. Los dos miembros de la pareja deben tener cierta responsabilidad de lo que está sucediendo y algún control sobre lo que pueda acontecer en el futuro.[27] En efecto, si tenemos la sensación de que nuestros actos están totalmente determinados por la situación, nuestro nivel de autocontrol será mínimo, y si estamos convencidos de que las acciones de nuestra pareja son una consecuencia de su forma de ser, nuestro control sobre ella también será mínimo. De ahí que cada cual necesite conocer a fondo el rol que desempeña como una fuente de su propia conducta y el rol de los orígenes situacionales del comportamiento de su compañero para poder superar el decisivo error de atribución.

26. Sternberg, R. J., *El triángulo del amor, op. cit.*
27. Sternberg, R. J., *Love the way you want it*, Nueva York, Bantam, 1991.

Eso no significa que siempre haya que seguir un sendero en busca de una constante mejora. Algunas relaciones no funcionan porque no pueden funcionar. Así de simple. Con una pareja física o intelectualmente abusiva e incapaz de cambiar, lo más probable es que la búsqueda de buenas razones que justifiquen su conducta no conducirán a un resultado más favorable. La parte más compleja de una relación quizá consista en saber cuándo hay que intentar salvarla y cuándo no merece la pena. En ocasiones, el individuo necesita la ayuda objetiva de un tercero (un terapeuta, por ejemplo) para poner las cosas en orden.

En las interacciones interpersonales, a menudo la gente no escucha a su pareja. Es posible que uno de los miembros de la relación repita una y otra vez una misma cosa, y que se asombre, si es que no se siente profundamente herido y/o insultado, de que su contraparte no parezca haber entendido nada. Quien escucha lo hace desde su propia perspectiva, desde su propio conjunto de categorías —en una palabra, desde su «torre de marfil»—, y como resultado, el conflicto nunca se resuelve.

La pérdida de intimidad a raíz de una comunicación deficiente es uno de los principales factores que permiten predecir el declive de una relación. Según un estudio, los índices de las mujeres casadas respecto a la naturaleza positiva y negativa de la comunicación de cada miembro de la pareja predijeron con una extraordinaria exactitud el grado de satisfacción o insatisfacción cinco años después de su elaboración.[28] A veces uno es simplemente incapaz de comprender el comportamiento individual de su pareja o las ideas o sentimientos que lo generan. Por una u otra razón, su forma de ver las cosas difiere demasiado de la nuestra. Cuando se produce esta falta de entendimiento, la solución óptima suele consistir en no encerrarnos de nuevo en nuestro modo de ver las cosas. En ocasiones, no queda otro remedio que saltar al vacío haciendo un acto de fe, confiando en las buenas intenciones de la otra persona. Obviamente, no se puede confiar ciegamente en todo el mundo, aunque con frecuencia las acciones y los motivos que no se comprenden en un momento determinado de la vida, suelen entenderse más adelante. Si realmente se desea la reconciliación y conservar la relación, lo más sensato es concederse un período de tiempo para intentar comprender a la otra persona, evitando una escalada de los conflictos.

La gente crea escenarios para dar sentido a los conflictos y, en especial, para rememorar lo que ha funcionado correctamente no sólo durante una relación, sino también después de que ésta haya llegado a su fin. Muchas veces, ninguna de las dos partes comprende demasiado bien qué es lo que falló. Es como si la re-

---

28. Filsinger, E. E. y Thoma, S. J., «Behavioral antecedents of relationship stability and adjustment: A five year longitudinal study», *Journal of Marriage and the Family, 50*, 1988, págs. 785-795.

lación, en sus últimos días, hubiese tomado vida propia —quizá una vida que parecía incomprensible a los dos miembros de la pareja—. Las rupturas suelen ser desagradables, y para afrontar satisfactoriamente ese malestar se pueden confeccionar guiones hipotéticos acerca de lo que se hizo mal. Se puede atribuir la ruptura a la deslealtad, a la desconsideración o a la codicia de poder de la pareja; o, en parte, a la propia falta de esfuerzo para conseguir que las cosas funcionaran, aunque lo más corriente es que el guión apunte directamente a la otra persona como la principal responsable del desastre. El individuo necesita esta clase de panorámicas autocomplacientes para superar una relación y seguir adelante.

Cuando se desea hacer borrón y cuenta nueva con una relación y olvidarse cuanto antes de ella, hay que darle algún tipo de terminación, un plumazo definitivo, un punto final, y generalmente un «paisaje» que cuente lo que salió mal puede satisfacer este trámite. A menudo la creación de estos guiones constituye una tarea muy ardua, puesto que casi nunca hacen justicia a lo sucedido y, hasta cierto punto, uno es consciente de que el guión que ha elaborado es una excesiva simplificación. Sin embargo, el escenario puede ayudar a mirar hacia delante.

Los escenarios de este tipo casi siempre adolecen de una cierta imprecisión y, al final, sus beneficios pueden verse diluidos en un mar de inexactitudes. Por un lado, evitan que volvamos a entablar una relación íntima con la ex pareja. Quizá tengamos que seguir conviviendo de algún modo con ella, ya sea en la oficina o educando a los hijos. Cuanto mejor comprendamos a nuestra pareja anterior y su relación con nosotros, más fácil nos resultará continuar interaccionando con ella.

Romper una relación también nos puede ayudar a comprendernos mejor a nosotros mismos y nuestra forma de relacionarnos con los demás. Cuanto más vaga sea nuestra comprensión de la relación, menor será también nuestra autocomprensión y la comprensión de aquellos con quienes interactuemos emocionalmente. Si se sacan escasas conclusiones de una rotura, cabe la posibilidad de incurrir en los mismos errores en futuras relaciones. Si usted desea aprender de las experiencias pasadas y aplicar lo aprendido a las nuevas relaciones, deberá, como mínimo, comprender de una forma relativamente precisa lo que salió mal y cómo evitarlo en sucesivas ocasiones.

Aun así, sabiendo que se tiene una comprensión inexacta de lo sucedido, siempre se puede optar por no escarmentar y seguir obsesionándose con las relaciones interpersonales, aunque sería aconsejable intentar mejorar el grado de precisión del relato de la relación para dar por concluida la historia. De lo contrario, no lograremos quitarnos de la cabeza la relación empeñándonos en hallar aquella solución que todavía no hemos sido capaces de encontrar. Nos resultará imposible seguir adelante con la conciencia en paz y buscar una nueva pareja. Eso es precisamente lo que vamos a analizar en el capítulo 13.

CAPÍTULO
# 13

# Disolución y nuevo comienzo de las relaciones humanas

Con el tiempo muchas relaciones dejan de funcionar, y es útil saber no sólo *por qué* ha sucedido (pérdida de intimidad, de pasión, de compromiso, etc.), sino también *cómo* ha sucedido. La socióloga Diane Vaughan se ha preguntado qué ocurre cuando una relación se «avería».[1]

TODO EMPIEZA CON UN SECRETO

Según Vaughan, el distanciamiento, o lo que ella llama «desemparejamiento», se inicia con un secreto. Uno de los miembros de la pareja empieza a sentirse incómodo, una incomodidad que puede aparecer en las primeras etapas de la relación, incluso antes de la boda, o al cabo de unos años. Pero lo esencial es que la quiebra del compromiso siempre empieza unilateralmente y sin despertar sospechas: en general, el individuo insatisfecho no suele decir nada. Unas veces ni siquiera es consciente de que algo anda mal o de qué se trata exactamente; otras, no tiene ni idea de cuáles pueden ser las consecuencias de sus sentimientos: ¿conducirán a una separación o sólo son temporales y se desvanecerán en cualquier momento? Debido a que el miembro

---

1. Vaughan, D., *Uncoupling*, Nueva York, Oxford University Press, 1986.

insatisfecho de la pareja no quiere decir nada sin estar completamente seguro de lo que está pasando, crea un mundo privado en el que pueda reflexionar sobre estos sentimientos. Sería mejor para todos si manifestara su insatisfacción, pero con frecuencia la comunicación no se establece. La teoría de Vaughan se centra, básicamente, en cómo una pérdida de intimidad puede conducir, lentamente, paso a paso, a la rotura del compromiso.

Al crear este mundo privado, el individuo insatisfecho, casi siempre sin darse cuenta de ello, provoca un corte en la comunicación: aunque no reconoce necesariamente estar mintiendo, retiene información que sería importante para su pareja. El secreto le permite meditar, desarrollar planes y tomar una decisión sobre lo que debe hacer. Entretanto su compañero, al no tener ni idea de aquella insatisfacción, se ve impotente para resolver la situación. Por fin, el miembro insatisfecho —el iniciador— empieza a canalizar su malestar hacia la pareja, pero le resulta difícil, porque es muy posible que ésta todavía no haya tenido tiempo de hacerse una composición de lugar. Incapaz de manifestar directamente y con precisión cuál es la fuente de la insatisfacción, el iniciador no se suele enfrentar frontalmente con su pareja de un modo que permita a ésta hacerse una idea global del problema, sino que, por el contrario, expresa su malestar de formas muy sutiles, muchas de las cuales el compañero de relación ni siquiera las considera como indicadores de una insatisfacción general.

Vaughan señala que con los primeros intentos de comunicar su infelicidad, lo que pretende, en parte, el iniciador es salvar la relación. Al manifestar su insatisfacción, pretende cambiar el comportamiento de su pareja o la marcha de la relación, con el propósito de crear una situación más aceptable. Pero casi nunca lo consigue, y no es de extrañar, porque su pareja aún no se ha apercibido de la naturaleza y magnitud de la insatisfacción. En efecto, algunas de las observaciones del iniciador no sólo no revelan las fuentes de su malestar, sino que más bien lo camuflan, prolongando su estado de infelicidad, mientras que la pareja no está en situación de hacer absolutamente nada al respecto.

El iniciador, descontento con la relación, busca fuentes de satisfacción alternativas (actividades fuera del hogar, nuevos amigos o una aventura amorosa). En este momento la pareja puede empezar a preguntarse qué esta ocurriendo y por qué. Es posible que atribuya los cambios a una segunda infancia o a alguna correría sentimental, cuando en realidad la verdadera fuente de insatisfacción es la propia relación. Al final, el iniciador creará una vida social independiente, dedicándose una cantidad cada vez mayor de tiempo y de energía. Por lo que a la pareja se refiere, lo más probable es que esta nueva vida le esté vedada y ni siquiera llegue a conocer todo lo que se cuece en ella.

A menudo el iniciador entablará una nueva relación, sexual o no, pero esta vez sí, llena de significado, como una fórmula para disipar la insatisfacción y la frustración, y de encontrar una alternativa. La nueva relación, que incluso se puede basar, en parte, en una fantasía, puede satisfacer la necesidad de establecer nuevos lazos afectivos, una situación que, a su vez, incrementa la necesidad de secretismo, de manera que el abismo que separa al iniciador y a su pareja suele ensancharse.

Con el distanciamiento sucede, en muchos aspectos, todo lo contrario de lo que acontece cuando el individuo se siente atraído, inicialmente, por alguien. Al enamorarnos, casi siempre nos concentramos en los rasgos favorables del amado. Descubrimos nuestras similitudes y nuestra compatibilidad con la nueva pareja, y nos esforzamos por considerar complementaria cualquier divergencia. A medida que la relación va evolucionando, se produce el fenómeno que se conoce como del «ángel caído», y queda claro que nadie puede alcanzar aquel nivel de perfección en el que tantas esperanzas habíamos depositado. Pero si la relación empieza a debilitarse, el enfoque del iniciador se desplaza hacia las cualidades desfavorables de la pareja, a la que se redefine, entonces, en función de sus características merecedoras de objeción. Se concentra en lo que le diferencia de su pareja, considerándola ahora perturbadora y carente del menor atractivo. Probablemente el iniciador reelaborará la historia de la relación, detectando aspectos negativos donde antes había aspectos positivos. De la noche a la mañana, la relación se contempla bajo una luz nueva y desfavorable, y el iniciador se convierte en una víctima del hecho de que no exista ningún relato histórico objetivo del pasado, remodelándolo a su antojo para adaptarlo a las necesidades del presente.

Su creciente insatisfacción se hace más evidente, tanto a los ojos de los demás como a los suyos propios. Mientras que antes pudo haber expresado su descontento con la esperanza de echar un salvavidas a la relación, ahora intenta convencer a su pareja de que todo anda mal y de que no vale la pena esforzarse por cambiarlo. El iniciador expresa su insatisfacción no sólo a la pareja, sino también a los demás, informando a sus amigos íntimos que, en su relación personal, las cosas no van como deberían ir. Puede bromear sobre su pareja, emitir alguna que otra exclamación de cólera o hacer sutiles comentarios de descrédito, pero el mensaje debe transmitirse de un modo u otro. Es probable que el iniciador evite a quienes tienen algún interés en que la relación siga adelante, porque le incomodan, y durante este período sólo seleccionará a sus amigos entre aquellos que estén dispuestos a apoyar sus intenciones.

En esta etapa es muy habitual que el iniciador haya encontrado a una *persona de transición*, es decir, alguien que le ayuda y que está a su lado en estos momentos difíciles, y que empieza a desempeñar un papel cada vez más decisivo en su vida. La persona de transición, que puede ser un amante o un amigo, es alguien que contribuye a que el iniciador se libere de la antigua relación. En ocasiones puede haber más de una, asumiendo roles diferentes. Por ejemplo, un psicoterapeuta y un amante desempeñan funciones diversas, ayudando, cada cual a su manera, a que el iniciador deje atrás una vieja vida y encuentre otra nueva.

A medida que el iniciador expresa con una mayor frecuencia y vehemencia su creciente descontento, la percepción social de la pareja puede cambiar. Su relación suele considerarse angustiosa. En ocasiones, el compañero sentimental puede ser el último en enterarse de cómo han surgido los problemas. Los iniciadores suelen recabar información sobre la transición que están experimentando, ya sea a través de libros, revistas, películas, obras de teatro u otros medios. Cuando saben cómo se las ingeniaron otras personas para afrontar situación similares, intentan aplicarlo a su propia experiencia. El iniciador empuja hacia una nueva vida, al tiempo que una fuerza invisible tira gradualmente de él para liberarlo de la anterior. A medida que él y su pareja se van distanciando el uno del otro, se incrementa el rol de sus respectivos amigos. Antes, el énfasis en la relación residía en las amistades y conocidos mutuos; ahora, cada cual busca su propio grupo de apoyo.

Existen comportamientos simbólicos que pueden adquirir una especial relevancia durante este período, tales como que el iniciador se quite el anillo de bodas —al que, de repente, parece haberse vuelto «alérgico»— o la erradicación de acciones que solían hacerse conjuntamente y que ahora se hacen por separado, como por ejemplo ir de excursión. En estos momentos el iniciador está muy alejado de la relación, mientras que la pareja aún puede permanecer vinculada estrechamente a ella, pues sigue siendo fundamental para su vida y su identidad, y es probable que ni siquiera se haya planteado seriamente lo que esta sucediendo.

Con frecuencia, parece increíble que dos personas puedan vivir juntas cuando una de ellas se ha distanciado sustancialmente de la otra sin que ésta lo haya advertido. Muchas veces las parejas afirman desconocer completamente o ser sólo vagamente conscientes de las cosas que no han ido bien en la relación. Al mismo tiempo, el iniciador suele asegurar haber hecho repetidos esfuerzos para advertir a su pareja acerca de la gravedad de la situación. Es evidente que se ha producido un corte en la comunicación, porque ambos ven la misma situación de un modo diferente.

En opinión de Vaughan, lo que ha ocurrido es que los miembros de la pareja han actuado en connivencia para encubrir el asunto. El iniciador es indirecto y sutil a la hora de protegerse a sí mismo o a ambos componentes de la relación, mientras que la pareja cree todo lo que se dice un poco a ciegas, sin intentar encontrar un significado más profundo. Si el iniciador se queja una y otra vez, la pareja considera su actitud desde un punto de vista literal y no como sintomático de un problema más profundo en la relación. Aunque quizá reconozca que algo anda mal, la pareja tiende a contemplarlo como un hecho normal que forma parte de las relaciones entre dos personas. Asimismo, es posible que no airee la situación ya que según el criterio dominante en nuestra sociedad, los problemas conyugales deberían ser siempre una cuestión privada, mientras que el iniciador, para el que la relación no es sino la crónica de una muerte anunciada, suele manifestar públicamente su insatisfacción. Por otro lado, la pareja puede pensar que los problemas no residen tanto en la relación como en el propio iniciador, aconsejándole que consulte a un profesional o que busque cualquier otro tipo de ayuda. Irónicamente, al hacerlo, el iniciador encuentra un nuevo aliado en su marcha hacia el desemparejamiento. Dado que, por la propia naturaleza de la terapia, el paciente se ve estimulado a reafirmar sus puntos de vista, todo parece apuntar a que la situación se definirá en términos satisfactorios para él, no para la pareja.

Al final, la connivencia se derrumba y el encubrimiento fracasa. A partir de ahora, los enfrentamientos serán directos. El iniciador, que ya se ha distanciado lo suficiente y que está seguro de su deseo de echar por la borda la relación, se vuelve más atrevido, ya que tiene menos que arriesgar si expresa con claridad sus sentimientos. Para él, ahora la cuestión ya no es si debe o no abandonar a su pareja, sino cómo puede llevarlo a la práctica. Es posible que en este momento empiece a hacer preparativos específicos para una nueva vida, tales como abrir una cuenta bancaria secreta o la ocultación de patrimonio frente a la pareja. Tal vez consulte con un abogado y empiece a diseñar un plan de «fuga». Incluso es probable que tenga *in mente* una fecha concreta para comunicar a su pareja la decisión de separarse de ella. A medida que se aproxima el día D, el iniciador ultima los preparativos de su nueva vida, aunque, a menudo, surge un imprevisto (problemas de salud, de trabajo, etc.), que le obliga a posponer temporalmente la fecha prevista de separación.

En general, llegados a este punto la pareja empieza a darse cuenta de que algo no marcha bien en la relación, mientras que el iniciador la da por terminada. Surge el enfrentamiento, aunque el iniciador no está dispuesto a responsabilizarse de él, sino que intenta desviar la carga del conflicto, o una parte de la misma, hacia la pareja. En ocasiones incluso la aguijonea más acusándola de algún «error fatal», un comportamiento que el iniciador tilda de absolutamente inaceptable y que puede consistir no sólo en una acción, sino también en una omisión: dejar de hacer algo que él considera necesario. Por ejemplo, si la pareja reacciona con una gran explosión emocional, el iniciador puede decir que eso viene a demostrar lo que ha sospechado durante mucho tiempo: que es una persona completamente irracional. A partir de ahora reducirá el grado de interacción con la pareja y también cabe la posibilidad de que inicie una estrategia de reiterada infracción de las normas tácitas que regían en la relación. Por su parte la pareja, que por fin se da cuenta de que algo está funcionando estrepitosamente mal, puede pasar a desempeñar el rol de detective, intentando averiguar lo que subyace debajo del problema y buscando pruebas de la conducta del iniciador, posesiones personales, etc., ya sea personalmente o a través de algún informador externo.

Cuando se alcanza el enfrentamiento abierto, ambos se muestran dispuestos a reconocer que los cimientos de la relación están gravemente deteriorados, y es probable que negocien su reflotamiento, aunque no se hallan en pie de igualdad, pues el iniciador tiene la sensación de haberlo intentado en repetidas ocasiones y siempre, claro está, en vano. Se esfuerzan por comunicarse y mejorar la calidad de su relación, pero sin resultados aparentes. Para el iniciador, todo puede haber concluido o, por lo menos, superado el punto de no retorno. De ahí que aunque la pareja haga un tardío, aunque esperanzado, intento de cambiar de actitud, su compañero da la sensación de dejarse llevar, mientras sigue elaborando su plan de escape. La pareja suele conceder una mayor prioridad y dedicar una buena parte de su energía a la relación y a hacer un esfuerzo para persuadir al iniciador de que se quede. Dicho esfuerzo puede salvar perfectamente la relación, aunque lo normal es que no consiga su objetivo, porque su compañero o compañera ha recorrido ya un largo trecho en pos de una vida radicalmente distinta. De algún modo el iniciador ya no es el mismo de antes y puede experimentar la sensación de ser un desconocido para su pareja. Cualquier cambio será superficial y no llegará a la raíz del verdadero problema que aqueja a la relación. Además, puede darse el caso de que éste sea un período de búsqueda para los dos miembros de la pareja y que, en realidad, lo que tienen entre manos no es una relación, sino otra cosa muy diferente: un intento de dar con su paradero. Aunque la pareja pretende encontrar la estabilidad regresando al pasado, la relación parece empeñada en perpetuar su estado de degeneración.

Ahora el equilibrio de poder en la relación se ha roto por completo. El iniciador, como persona menos implicada, ostenta un poder mucho mayor que el de su pareja, ya que la continuidad o la ruptura del compromiso depende exclusivamente de él. En última instancia puede proponer una separación temporal que dará publicidad al estado ruinoso de la relación y que no hará sino distanciarles aún más, si cabe: mientras la pareja puede contemplar la separación como la última esperanza de reconciliación, el iniciador suele considerarla como el primer paso material hacia la finalización definitiva de la relación.

A veces nos preguntamos para quién resulta más cómoda la separación, para el hombre o para la mujer. Con frecuencia, se suele decir que lo es para el varón, aunque sólo sea por motivos económicos. Pero según Vaughan, el rol es mucho más importante que el sexo: el iniciador está mucho más preparado para asumir la separación, ya que durante algún tiempo ha ido asumiendo, progresivamente, un rol independiente, mientras que para la pareja la separación puede ser súbita, con escasa preparación o reflexión previa sobre ella. Eso no quiere decir que la separación no vaya a ser difícil para el iniciador, al que, además, en ciertos casos, la pareja puede intentar complicarle la vida al máximo, a modo de venganza, con la esperanza de demostrarle que su nueva vida será sustancialmente peor que la anterior. No obstante, cualquier intento de la pareja suele tener un efecto «de bumerán», contribuyendo a que el iniciador se sienta más resuelto a salir de la relación.

El sufrimiento y el dolor que experimentan los dos miembros de la antigua pareja pueden ser equivalentes, aunque para el iniciador se han dilatado en el tiempo. El compañero, para el que todo es muy reciente, puede estar desesperado. Cada cual debe hacer nuevos amigos y conservar algunas de las viejas amistades del matrimonio, lo que suele desencadenar una competencia en toda regla, en la que cada uno de ellos intenta ganar adeptos —hacerlos partícipes de su punto de vista— entre los amigos de la pareja ya separada, a quienes les suele resultar muy difícil seguir siéndolo de ambos, viéndose obligados a elegir. Los hay que renuncian a ello negándose a escoger entre dos personas con las que han mantenido una excelente relación de amistad.

Generalmente lo que empezó como una separación temporal deriva en una separación permanente, porque muchas de las cosas que acontecen durante este período aumentan la independencia de los miembros de la antigua pareja. Es más, pueden llegar a ser tan antagonistas que la menor esperanza de reconciliación acabe desvaneciéndose. Ahora el segundo miembro de la pareja debe pasar por la misma redefinición de la relación que ya experimentó el iniciador. Al igual que éste en el pasado, la pareja tiene que empezar a descubrir las grietas en la armadura y a definir la relación como algo que, después de todo, quizá no fuese tan maravilloso como imaginaba. Es posible que no desee redefinir negativamente la relación, aunque según Vaughan eso es importante para su bienestar, pues necesita dejarla atrás. La redefinición puede ser dura, sobre todo si la pareja abriga sentimientos latentes de fracaso. Para superar satisfactoriamente la transición, debe ser consciente de que la responsabilidad no es sólo suya, sino compartida.

Lo que sucede durante esta etapa puede parecer extraño en muchos aspectos a los dos miembros de la pareja, porque cada cual se ha convertido en un observador de la vida del otro. Una buena parte de lo que oyen sobre su ex compañero de fatigas procede de terceras personas, ya sean los amigos o los hijos. En este momento, ambos deberían haber superado la idea de un posible salvamento de la relación, aunque muchas parejas no lo hacen hasta que el iniciador ha constituido, públicamente, una nueva relación con otra persona.

Aún están a tiempo de reconciliarse, y en ocasiones lo consiguen, pero según Vaughan es muy difícil que eso ocurra. Para lograr una genuina reconciliación, ambos tienen que redefinir positivamente tanto la pareja como la relación, además de modificar la definición pública de sí mismos, que ahora es la de una pareja separada. La reconciliación no puede significar un retorno a la relación anterior, sino una transición hacia algo diferente. Si es un retorno, tendrán muchas probabilidades de fracasar. Sólo funcionará si crean una nueva relación, más fuerte, más duradera y más realista que la que mantuvieron en el pasado.

Como bien ha señalado Vaughan, este proceso de desemparejamiento no se puede aplicar por un igual a todas las rupturas conyugales, si bien muchas de ellas muestran patrones similares. Como socióloga, Vaughan los ha documentado con una extraordinaria brillantez.

## Elaboración de un guión de desemparejamiento

El trabajo de investigación de Robert Weiss es otro de los grandes clásicos sobre la ruptura de las relaciones interpersonales.[2] Weiss inicia su estudio analizando por qué la tasa de separaciones conyugales se ha incrementado con los años. Existen diversas razones que pueden explicarlo. La primera es de orden socioeconómico: actualmente, tanto los hombres como las mujeres tienen una posición económica superior a la que disfrutaban décadas atrás, y la sociedad moderna pone un gran énfasis en los derechos individuales, hasta el punto que los dos miembros de la pareja tienen más posibilidades de ser social y económicamente independientes. La segunda es sociocultural: la época en la que el divorcio se consideraba escandaloso ha quedado atrás; en consecuencia, el individuo señalado en el pasado por el estigma de la separación, no vacila tanto a la hora de optar por esta vía. La tercera es de carácter religioso; en efecto, hoy en día la religión es más permisiva, e incluso la Igle-

---

2. Weiss, R., *Marital separation*, Nueva York, Basic, 1975.

sia católica está aceptando, cada vez más, la noción de divorcio civil. Algunas personas valoran notablemente lo que consideran como su único camino hacia la felicidad, y si este camino exige divorciarse, bueno es aprovecharlo.

Weiss cree que durante la separación cada miembro de la pareja elabora un relato o una historia de su fracaso matrimonial. Se trata, básicamente, de un guión que describe el curso de la relación y su declive. Cada cual considera el encogimiento del triángulo del amor desde una perspectiva diferente. El relato puede incluir algunos o muchos de los hechos que evidenciaban lo que andaba mal. No consiste únicamente en una cronología, sino en una asignación de culpas: a través del guión, los miembros de la pareja se reparten la responsabilidad del fracaso, sin olvidar, como es natural, la posible influencia de terceras personas y de las circunstancias del entorno en la separación. Así pues, en su respectiva narración ambos dejan constancia tanto de los factores disposicionales como situacionales.

Los relatos del marido y de la mujer casi siempre son distintos, y cualquier observador externo que pudiera oírlos ni siquiera se daría cuenta de que pertenecen a la misma relación. Cada cual ha seleccionado y reinterpretado los sucesos según sus propios intereses, con el fin de comprender lo que ahora parece haber funcionado mal. En muchos de estos guiones, Weiss ha descubierto que, en realidad, los hombres o las mujeres no estaban tan afligidos por el matrimonio en sí, como por los años que le han consagrado. Otro tema común era que cada esposo esperaba cosas diferentes de la vida. Algunas narraciones ponían de relieve errores crónicos de la pareja, y otras destacaban aspectos que, pese a ser irritantes, no deberían ser suficientes, a los ojos de un observador imparcial, para provocar una separación. Algunas parejas habían perdido la capacidad de comunicarse, y otras habían incurrido en infidelidad. Aunque la infidelidad puede contribuir al desguace de una relación conyugal, a menudo suele ser un síntoma inequívoco de que algunas cosas no se han hecho como se debería. Un aspecto muy usual en el fracaso matrimonial es la existencia de intercambios que tienen el efecto de invalidar el punto de vista que cada miembro de la pareja tiene de sí mismo. A pesar de que no tiene por qué ser siempre así, cabe la posibilidad de que ambos busquen su propia autovalidación a costa del otro. El rechazo puede adoptar innumerables formas, y a los cónyuges les resultará muy difícil conservar su autoestima.

Una de las cuestiones más importantes en el trabajo de Weiss estriba en su análisis de la erosión del amor y la persistencia de la relación afectiva. Weiss ha podido observar que aunque el amor que siente cada uno de los miembros de la pareja hacia su compañero puede haberse disipado, es posible que subsista su relación afectiva mutua. Aun cuando se hayan hartado de discutir, acaban olvidando las peleas. La ansiedad que les produce la separación podría asimilarse a la que sentían de niños durante las separaciones temporales de la madre.

Es esencial distinguir entre amor y relación afectiva. Según Weiss, el amor suele implicar un cierto grado de idealización, confianza, identificación y complementariedad, mientras que la relación afectiva, que suele acompañar al amor, es un vínculo con la pareja que da lugar a la sensación de «sentirse en casa» y a gusto con el cónyuge. Aunque el amor y el compromiso son cosas distintas, es fácil confundirlas, y algunas parejas no pueden evitarlo. Éste es el motivo por el que, en opinión de Weiss, una teoría de la relación afectiva no puede sentar las bases de una teoría del amor.

La pérdida del compromiso puede dar paso a una amplio registro de emociones, incluyendo algunas tan diversas como el estrés y la euforia. La angustia de la separación, junto con la profunda incomodidad derivada de la pérdida constituyen las emociones más acusadas que afligen al individuo. Como resultado de la angustia de la separación se puede experimentar aprensión, ansiedad o miedo. Hay quienes se sienten más eufóricos que apenados —como si el negro nubarrón que se cernía sobre su vida hubiese desaparecido o como si estuviesen flotando en el aire—. Aunque esta reacción de euforia da la sensación de ser distinta de la angustia, según Weiss ambas están relacionadas: la euforia puede ser una consecuencia de descubrir que el concepto de relación afectiva que antes se consideraba indispensable en realidad no lo es, y que cada cual es capaz de arreglárselas por sí solo. Aun así, la euforia no es sino otra forma de afrontar una misma cosa: la pérdida del individuo al que se estaba unido.

Weiss apunta varios factores que influyen en la angustia de la separación. Uno es de advertencia. Las separaciones que se producen después de un matrimonio aparentemente satisfactorio son mucho más difíciles que las que tienen lugar a raíz de una relación conyugal falta de armonía. A la pareja que consideraba satisfactorio el matrimonio, la separación puede darle la sensación de haber caído del cielo o surgido de la nada.

Otro factor que influye en la angustia es la duración de la relación matrimonial. Antes de los dos primeros años, la separación produce una angustia considerablemente menor que la que se experimenta una vez superado este período. Durante este período inicial, las parejas todavía no han integrado completamente el matrimonio en el tejido de su vida. Pero luego, siempre según Weiss, la duración de la relación conyugal parece tener muy poca incidencia en el mayor o menor grado de angustia al que se ven sometidos.

El tercer factor consiste en distinguir claramente el miembro que abandona a su pareja del miembro abandonado. La diferencia entre ambos está más relacionada con el carácter de la angustia que con la intensidad de la misma. Sin embargo, la definición de qué esposo ha decidido separarse es muy arbitraria, sobre todo teniendo en cuenta que el matrimonio se ha convertido en una institución intolerable para ambos. Sólo en contadísimas ocasiones uno de ellos decide separarse y el otro se opone rotundamente. En cambio Vaughan dice que, por término medio, el individuo abandonado es el que sufre el mayor nivel de angustia.

Quizá Vaughan esté más cerca de la verdad. Abandonar es duro, pero ser abandonado aún lo es más. Por un lado, quien abandona la relación es más probable que esté preparado para la separación que quien se ve abandonado, al que la situación suele cogerle desprevenido y con la guardia baja. Por otro, el que abandona a su pareja es quien toma la decisión y, a menudo, el abandonado no lo acepta de buen grado.

Por lo demás, el que abandona a su cónyuge es quien ejerce el poder en el matrimonio y, fruto de ello, este último se puede sentir, además de solo, impotente y tal vez infravalorado.

El cuarto factor que influye en el estrés consiste en la presencia de una nueva persona, que puede aliviar una parte del dolor y la pena de la separación. Aunque, evidentemente, será incapaz de eliminar toda la angustia, sí podrá, por lo menos, ayudar al miembro saliente de la pareja —el que abandona— a canalizar su energía para construir otra relación, al tiempo que deja atrás los desagradables recuerdos de la anterior. Por último, Weiss afirma que la calidad de la relación posmarital influye en el grado de ansiedad. El trato mutuo que se dispensen marido y mujer después de la separación será uno de los principales determinantes de su adaptación. Ni que decir tiene que cuanto mejor sea el trato, mejor será la adaptación.

Weiss dice que una de las consecuencias fundamentales de la separación consiste en un trastorno de la identidad. El individuo se siente inseguro de su propia personalidad y, en cierta medida, su identidad social y quizá también su identidad psicológica se hallan en un estado de transición. Los dos cónyuges —el que abandona y el abandonado— pueden sentirse culpables y despreciarse a sí mismos. Tal vez tengan problemas a la hora de planificar el futuro, debido a la incertidumbre de lo que éste les depara. Quizá revivan obsesivamente el matrimonio, intentando adivinar lo que funcionó mal. Aunque parezca una ironía, la crisis de identidad se produce precisamente cuando hay que tomar innumerables decisiones, si bien la capacidad para tomarlas está desequilibrada. Incluso la capacidad para trabajar sufre un grave desequilibrio. Weiss ha observado que, con frecuencia, la persona hace mejor su trabajo a la mitad de la separación, es decir, cuando el desafío intelectual es considerable, pero aún no ha alcanzado su máxima expresión.

Uno de los aspectos más complejos de la separación consiste en definir como patológica una relación que, hasta la fecha, se había definido como satisfactoria. Mientras que antes había determinadas reglas, muchas de ellas tácitas, ahora no está nada claro cuáles son las reglas que rigen la nueva situación, lo que obliga a los ex cónyuges a redefinir su relación. En algunos casos tienen muy poco que ver el uno con el otro, pero la mayoría de las veces su vida está lo suficientemente entrelazada como para que necesiten establecer una comunicación bastante regular, sobre todo si tienen hijos. En este tipo de situaciones, no les queda otro remedio que hacer un gran esfuerzo para imaginar la clase de relación que deberán mantener de ahora en adelante. Es de suponer, además, que se producirán conflictos de intereses respecto a la división de las propiedades, la custodia de los hijos, los derechos de visita, etc., todo lo cual hace extremadamente complicada la construcción de una nueva relación. En muchos casos, su relación empeorará.

Algunas parejas sienten una aversión tan profunda hacia una posible separación que deciden reconciliarse. Se desconoce qué proporción de matrimonios separados reinician su vida en común, pero lo que sí se sabe es que cuanto más avanzan hacia el divorcio, menos posibilidades tienen de reconciliarse. Si la separación fue impulsiva, la reconciliación puede producirse rápidamente, pero si fue deliberada y ya se ha presentado la demanda de divorcio, las probabilidades se reducen a uno de cada ocho casos. Según se desprende de los trabajos de investigación, existe un 50% de posibilidades de que una reconciliación llegue a prosperar. Sea como fuere, tal y como ya se ha apuntado anteriormente, la redefinición de la relación es una condición *sine qua non* para conseguirlo. Uno de los peligros de la reconciliación reside en que, si fracasa, uno de los miembros de la pareja, o ambos, puede haber agotado sus recursos con vistas a iniciar o afrontar una segunda separación.

Por último, si la separación sigue su curso los dos miembros de la ya «difunta» pareja necesitan rehacer su vida. Para ello deberán atravesar un período de transición —totalmente diferente de sus experiencias anteriores y quizá también de sus experiencias futuras— que marcará el final de una etapa de su vida y el comienzo de la siguiente. Nada resulta tan eficaz como una nueva pareja para aliviar la soledad. Pero a menos que cada ex cónyuge dedique el tiempo necesario a reflexionar sobre las causas del fracaso de la relación y a determinar, con la mano en el corazón, cuál fue su contribución a tan triste destino, la nueva relación se puede ver aquejada de los mismos problemas que asolaron la anterior. Si son capaces de madurar a partir de su pasada experiencia y de corregir sus defectos, el desemparejamiento puede ser una recompensa en lugar de un motivo de desesperación.

## Cómo recuperarse después de una separación

A menudo la gente se asombra de lo difícil —o fácil— que puede llegar a ser superar una relación.[3] Pero tanto si es fácil como difícil, lo cierto es que dependerá de diversos factores, uno de los cuales consiste en la diferencia entre la implicación emocional de las dos personas y el mayor o menor provecho que cada cual haya obtenido de la relación. A quienes están muy implicados emocionalmente en una relación, pero reciben muy poco de ella en términos de ganancias y beneficios objetivos, les puede resultar más fácil de lo que imaginan recuperarse después de la separación. De igual modo, quienes sin estar demasiado involucrados emocionalmente, obtienen un sustancial beneficio de la relación, pueden tener más dificultades de las previstas a la hora de superarla.[4] Así pues, la verdadera complejidad que lleva implícita la superación de una relación conyugal no siempre se puede predecir.

Para recuperarse de una separación, lo más importante quizá sea reconstruir la autoestima y el sentido de independencia. Muchas veces, al concluir una relación se nos hace muy cuesta arriba imaginar la vida sin nuestra pareja, como si fuese imposible seguir adelante sin su compañía. Pero sí lo es, o tal vez sería más fácil si pudiésemos encontrar a otra persona que ocupase su lugar. Es muy habitual que el individuo pase largos períodos de tiempo buscando a alguien que le ayude a despegar definitivamente de una relación anterior. Desea cubrir cuanto antes el vacío que ha dejado su «ex» para suavizar la transición. En la práctica, tener cerca a otra persona puede simplificar las cosas a corto plazo, pero con el tiempo no es probable que eso dé buenos resultados. Por una parte, la nueva relación suele fracasar, ya que, al haberse construido sobre un conjunto determinado de circunstancias, cuando la situación cambia también lo hace la relación. Además, los sentimientos residuales de culpabilidad de uno o de los dos ex cónyuges pueden comprometer muy seriamente su continuidad. Por último, siempre queda la posibilidad de que quien ha cambiado de pareja, la cambie nuevamente por otra, o viceversa. De ahí que mientras intentamos encontrar amigos que apoyen nuestra decisión, sería recomendable olvidarnos de una pareja de transición que, tarde o temprano acabará encajando mal en nuestro nuevo proyecto de vida.

Paul y Margie, sin ir más lejos, iniciaron un romance de oficina que, poco después, desembocó en un romance con todas las de la ley. Paul estaba

---

3. Sternberg, R. J., *El triángulo del amor, op. cit.*
4. Sternberg, R. J., *Love the way you want it*, Nueva York, Bantam, 1991.

casado; Margie ni lo estaba ni lo había estado con anterioridad. Tras muchas horas de profunda meditación, Paul se divorció de su esposa. Pero curiosamente lo que había sido una relación casi exenta de conflictos, se convirtió en un increíble festival de problemas. Lo que había sucedido era que, sin saberlo, una buena parte de la atracción que Margie sentía hacia Paul emanaba de su condición de casado. Mientras lo estuvo, Margie se sintió «segura», pero al separarse, Paul empezó a pedirle cosas que para ella resultaban inaceptables. Había creído estar preparada para asumir un compromiso, pero en realidad sólo lo estuvo mientras éste fue imposible. Al hacerse posible Margie se sintió presionada y, al final, rompió la relación.

A largo plazo, es preferible sustituir a la ex pareja por uno mismo. Lo más sensato no es estar con otra persona en lugar de la anterior, sino estar solo en lugar de estar con ésta. La decisión de romper la relación con un individuo y la de vincularse a otro deberían ser, en lo posible, independientes, tanto para despresurizar la nueva relación como para asegurar que el hecho de haber abandonado a la primera pareja ha sido una decisión correcta. Con el tiempo será mucho más reconfortante saber que dimos por terminada aquella relación porque era bueno para nosotros, y no porque pensábamos que cualquier otra cosa sería mejor que lo que teníamos, sobre todo si lo que tenemos ahora no lo es. Al poner el punto final a una relación íntima, el individuo suele tener necesidad de reconstruir sus sentimientos de autoestima e independencia, y aunque los amigos son de ayuda, eso es algo que debe hacer cada cual por sus propios medios.

Una nueva relación sólo será plenamente satisfactoria si uno tiene una buena relación consigo mismo, y la mayoría de las veces, cuando una relación de pareja llega a su fin, la relación con el yo está francamente deteriorada y hay que repararla. Es el momento de desarrollar la autoatracción y de asumir el control de lo que se nos viene encima; más tarde, cuando hayamos creado una vida nueva e independiente, podremos ir en busca de otra pareja desde una posición de fuerza. Aunque todo esto puede parecer obvio —y en realidad lo es—, su puesta en práctica suele acarrear innumerables dificultades.

Las recompensas de esta estrategia son muy diversas, y no sólo para el individuo, sino a la hora de atraer una pareja más apropiada. La gente no suele sentirse atraída por quienes dan la sensación de hallarse en una situación extremadamente menesterosa o de carencia de autoestima, sino que, en general, prefiere ser valorada por lo que es y no como instrumento para ayudar a que alguien deje atrás una relación anterior y levante definitivamente el vuelo.

Formación de una nueva relación

Un error muy común en el individuo cuando se propone buscar una nueva relación consiste en correr demasiado con el propósito de estrenarla cuanto antes. Una rápida expresión de amor y de afecto casi siempre suele desmotivar a su destinatario, pues se da cuenta de la imposibilidad de que aquella persona le pueda amar por lo que es, sino sólo por la imagen que se ha creado de ella en su mente. Tómese todo el tiempo del mundo para conocer a fondo a su potencial pareja. De este modo, tanto usted como ella serán conscientes de que sus expresiones mutuas de amor y de afecto son una consecuencia de su respectiva forma de ser y no de una imagen mental. Y mientras busca esta nueva relación, procure ver a sus parejas potenciales como realmente son y no como desearía que fuesen.

En este período quizá se sienta un poco desesperado y desee proyectar en una persona determinadas características que ésta no posee. Si tiene paciencia y da tiempo al tiempo, habrá menos probabilidades de reincurrir en los errores que hicieron fracasar su relación anterior y de que su nueva pareja sólo difiera superficialmente de la anterior. Asimismo, también tendrá menos posibilidades de que el principal atractivo de la nueva pareja consista ser completamente opuesta a la anterior. Seleccione sus «candidatos» con una mentalidad abierta, optando por alguien que se ajuste perfectamente a sus necesidades y a sus deseos. Concédase tiempo para descubrir quién es usted en realidad. Cuando lo sepa, habrá llegado el momento de pensar seriamente en una nueva experiencia sentimental. No olvide que si es infeliz consigo mismo, será imposible que otro sea feliz a su lado. La felicidad compartida empieza con la propia felicidad.